지적대화에 필요한 397
경제 레시피

경제는 돈이다!
지적대화에 필요한 397 경제 레시피

초판 1쇄 인쇄- 2025년07월19일

저자 - 주문진
편집 제작 - 행복을만드는세상
발행처 - 꿈이있는집플러스
발행인 - 이영달
출판등록 - 제2018-14호
주고 - 서울시 도봉구 해등로12길 44
전화 - 02) 902-2073
Fax - 02) 902-2074
마켓팅부- 경기도 파주시 상골길 339 (고려물류)

ISBN 979-11-93706-08-4 (03320)

* 이 책에 대한 무단전재 및 복사를 금합니다.
* 잘못된 책은 구입하신 서점에서 바꾸어 드립니다.

ⓒ 2025 꿈이있는집플러스

397 Economic Recipes Needed for Intellectual Dialogue

지적대화에 필요한 397
경제 레시피

왜? 경제신조어가 생기는지,
이 용어가 방송, 신문에 자주 나오는지,
기업에서 왜 이 용어를 사용하는지,
공무원 시험에 왜 나오는지 생각해본 적 있던가?
397가지 경제 용어,
그것을 모른다면 돈의 흐름에 뒤쳐져 있다는 것이다.

꿈여있는 집 플러스

프롤로그

　세상이 복잡해질수록, 경제라는 단어는 우리 일상 한가운데에 더욱 선명하게 자리 잡았다. 월급 통장을 확인할 때, 장바구니 물가를 떠올릴 때, 가계부를 고민할 때, 그리고 누구나 한번쯤은 고민하는 '이렇게 투자해도 될까?'라는 질문까지 이 모든 순간에 우리는 알게 모르게 경제 상식의 잣대를 들이대며 판단하고 선택하지만 정작 경제용어 하나하나의 의미를 명확히 이해하고 있는 사람은 많지 않다. 이 책은 바로 그런 공백을 메우기 위해 기획되었다. GDP, 인플레이션, 주가지수, 환율, 리스크관리 등등 익숙하지만 막상 정의를 묻는다면 머뭇거리기 쉬운 용어들을 한데 모아, 누구나 쉽게 읽고 이해할 수 있도록 풀어 쓴 경제 상식 사전이다.
　왜 우리는 경제 상식을 꼭 알아야 할까?
　미래를 스스로 준비하기 위해서이다. 직장인이라면 연금 제도를, 자영업자라면 세금 제도를, 학생이라면 기업의 취업에 나오는 경제 용어와 장학금·대출 제도를 알아야 한다. 각각의 제도와 용어가 무슨 의미인지, 어떤 리스크와 기회를 담고 있는지 알면, 자신의 커리어와 재정 설계를 스스로 디자인할 수 있습니다. 경제 상식은 나침반처럼, 불확실한 미래를 헤쳐 나가는 데 든든한 가이드가 되어 줄 것이다. 나와 내 가족의 삶을 지키기 위해서이기도 하다. 물가가 올라도 왜 올랐는지, 금리가 높아지면 대출 이자가 무엇이 달라지는지 이해한다면, 가계 지출 계획을 훨씬 합리적으로 세울 수 있다. 예컨대 물가상승률이 높아지는 시기에는 저축만 고집하기보다 실물 자산이나 물가 연동 상품을 검토하는 편이 나을 수 있듯이 경제 상식은 단순한 지식을 넘어 일상의 재무 설계 도구이자 위기 대응 매뉴얼이 될 수 있다.

397가지 경제용어 중에는 최신 경제 신조어, 뉴스, 신문에 자주 나오는 경제용어와 취업 준비하는 분들이라면 삼성, 현대, SK, 한화, 공기업, 은행, 금융업, 국가직 지방직 공무원, 중소기업의 시험, 면접에서 자주 나오는 경제용어를 알아두는 것이 좋다. 이 책을 통해 얻은 지식이 여러분의 목표를 현실로 바꾸는 작은 힘이 되기를 진심으로 바라며 경제 상식은 단순한 정보의 나열이 아니라, 우리가 서로를 만나고, 함께 성장하며, 더 행복한 삶을 설계하는 공통 언어로 모임이나 친구와의 대화에서 자유자재로 구사할 수 있는 든든한 동반자가 되어 드릴 것이다.

차례

Chapter 01
돈이 보이는 최신 신조어 경제 레시피 55

왜? 경제신조어가 생기는지 생각해본적 있던가? 그것을 모른다면 돈의 흐름에 뒤쳐져 있어서 이번 생에서는 부자가 되는 것을 포기해야 되지 않을까?

까방권 • 14 | 파이어 스프레드 • 15 | 슬로우리치 • 16 | 가계부 인플루언서 • 17 | 노머니족 • 18 | 이코노플렉스 • 19 | 하이퍼플래너 • 20 | 에코노랩스 • 21 | 리셋 파이낸스 • 22 | 제로웨이스트 인베스터 • 23 | 시뮬머니 • 24 | 엔데믹 오버페이 • 25 | 버티컬 커머스 환상 • 26 | 이모셔널 에셋 • 27 | NFT 포비아 • 28 | 머니멀라이프 • 29 | 파이 부스터 • 30 | 노드 앤 리치 • 31 | 알고(리즘)벤처 • 32 | 플렉스레이터 • 33 | 세컨잡스 • 34 | 프라이스 블라인드 • 35 | 럭셔리 트렌지션 • 36 | 디지털 절약주의 • 37 | 프리즘 이코노미 • 38 | 스몰 에셋 모빌리티 • 39 | 마이크로 런치 전략 • 40 | 셀프 밸류 스톡 • 41 | 에어포켓 가계부 • 42 | AI플레이션 • 43 | 구독플레이션 • 44 | 소셜플레이션 • 45 | 에그플레이션 • 46 | 기후플레이션 • 47 | 그리드플레이션 • 48 | 스킴플레이션 • 49 | 갑통알 • 50 | 국장탈출 • 51 | 배트맨 • 52 | 에이징테크 • 53 | 디지털 노마드 증후군 • 54 | 밀크플레이션 • 55 | 팬더스트리 • 56 | 디깅소비 • 57 | 차이나런 • 58 | 코드오렌지 • 59 | 브레그렛 • 60 | 뱅보드차트 • 61 | 금리 노마드족 • 62 | 짠테크 • 63 | 치즈픽 • 64 | 밀키찬스 • 65 | 밀크슬롭 • 66 | 미코노미 • 67 | 호모 프롬프트 • 68

Chapter 02
방송, 신문에 자주 나오는 경제 레시피 89

왜? 이 용어가 방송, 신문에 자주 나오는지 생각해본적 있던가? 그것을 모른다면 돈의 흐름에 뒤쳐져 있다는 것이다.

가족 해체 경제학 • 70 | 비혼주의 • 71 | DINK족 • 72 | 혼잡 세대 • 73 | 고독사 • 74 | 가족의 재정의 • 75 | 1인 가구 경제 • 76 | 디지털 상속 • 77 | 정서 노동 • 78 | 감정자본주의 • 79 | 플랫폼 노예 • 80 | 피로사회 • 81 | 무기력 자본주의 • 82 | 자존감 경제 • 83 | 인플루언서 피로감 • 84 | 나를 파는 시대 • 85 | 감정의 알고리즘화 • 86 | 팔리는 외로움 • 87 | 불안 마케팅 • 88 | 셀프브랜딩 강박 • 89 | 디지털 디톡스 • 90 | 마음 소비 • 91 | 정서적 빈곤층 • 92 | 감정 노동의 시장화 • 93 | 위로 자본주의 • 94 | 소비가 아닌 회복의 심리학 • 95 | 화이트나이트 • 96 | 포이즌 필 • 97 | 슈퍼보드 • 98 | 샌드위치 세대 • 99 | 라곰 세대 • 100 | 기후세대 • 101 | 브레이크 세대 • 102 | 착한 소비 트렌드 • 103 | 슬로우 라이프 • 104 | 제로웨이스트 • 105 | 리터루족 • 106 | 모바일 쉼표족 • 107 | 슬로우 푸드 • 108 | 리필 스테이션 • 109 | 비우는 삶 • 110 | 1일 1쉼 • 111 | 캐리 트레이드 • 112 | 엔 캐리 트레이드 • 113 | 삼(Sahm)의 법칙 • 114 | J커브 효과 • 115 | 규제 샌드박스 • 116 | 데스밸리 • 117 | 로우볼 전략 • 118 | 루이스 전환점 • 119 | 리디노미네이션 • 120 | 마천루의 저주 • 121 | 블루라운드 • 122 | 그린라운드 • 123 | 피구 효과 • 124 | 중진국 함정 • 125 | 블루슈머 • 126 | 슈바베지수 • 127 | 슈바베의 법칙 • 128 | 슈퍼 사이클 • 129 | 애그플레이션 • 130 | 피시플레이션 • 131 | 베지플레이션 • 132 | 오버슈팅 • 133 | 준조세 • 134 | CRB 지수 • 135 | 넛지 효과 • 136 | 네덜란드병 • 137 | 애그테크 • 138 | 제로레이팅 • 139 | 데이터 독점 • 140 | 넷플릭스세 • 141 | 디지털 농민 • 142 | 리쇼어링 • 143 | 벤처 캐피털 • 144 | 인플루언서 마케팅 • 145 | ESG 경영 • 146 | 탄소 국경세 • 147 | 세컨더리 보이콧 • 148 | 디커플링 • 149 | 테크래시 • 150 | 디지털세 • 151 | K-콘텐츠 수출 • 152 | K-반도체 전략 • 153 | 탈세계화 • 154 | TSMC 리스크 • 155 | 사이버 레질리언스 • 156 | ESG 워싱 • 157 | 기후 위플래시 • 158

Chapter 03
돈의 흐름을 이해하는 경제 레시피 63
돈의 흐름을 알아야 돈이보인다. 돈의 흐름을 모른다면 이번 생에서의 부자는 생각해 봐야한다.

마처세대 • 160 | 엔바운드 • 161 | 탕핑족 • 162 | 베지노믹스 • 163 | 비건페스타 • 164 | 테크래시 • 165 | 본드런 • 166 | 펀드런 • 167 | 구글세 • 168 | 데카콘 기업 • 169 | 그린메일 • 170 | 베이비부머 • 171 | 낀세대 • 172 | MZ세대 • 173 | 노키즈존 논쟁 • 174 | 리쇼어링 • 175 | 니어쇼어링 • 176 | 프렌드쇼어링 • 177 | 공급망 무기화 • 178 | 인플레이션 리스크 • 179 | 전략적 자립 • 180 | 슈링크플레이션 • 181 | 스킴플레이션 • 182 | 치킨게임 • 183 | 샌드위치 세대 • 184 | 레몬시장 • 185 | 체리피커 • 186 | 카푸치노 효과 • 187 | 카페라떼 효과 • 188 | 밴드왜건 효과 • 189 | 빈틸터리 효과 • 190 | 언번들링 • 191 | 가우스 이론 • 192 | 잔물결 효과 • 193 | 나비 효과 • 194 | 풍선 효과 • 195 | 블루칩 • 196 | 그레이 스타트업 • 197 | 소프트패치 • 198 | 니치 마켓 • 199 | 윔블던 현상 • 200 | 퀀트 투자 • 201 | 롤오버 • 202 | 콘탱고 • 203 | 백워데이션 • 204 | 슈바베지수 • 205 | 디드로 효과 • 206 | 갈라파고스 증후군 • 207 | 젠트리피케이션 • 208 | 콩코드 효과 • 209 | 스톡옵션 • 210 | 콜옵션 • 211 | 왝더독 현상 • 212 | 언더독 효과 • 213 | 아웃소싱 • 214 | 탄소배출권 • 215 | 디레버리징 • 216 | 피봇 • 217 | 펀더멘털 • 218 | 모멘텀 • 219 | 캡티브 마켓 • 220 | 스테이킹 • 221 | 명목금리 • 222

Chapter 04
삼성전자 GSAT 상식영역 기출 등에 나오는경제 레시피 29
삼성전자의 취업, 면접 시험에 나오는 경제용어!기업의 경제용어 사용 흐름을 알아야 돈을 벌 수가 있다. 기업은 세상의 변화에 가장 민감하기 때문이다.

기회비용 • 224 | 한계효용체감의 법칙 • 225 | 수요의 가격탄력성 • 226 | GDP(국내총생산) • 227 | 인플레이션 • 228 | 디플레이션 • 229 | 통화정책 • 230 | 재정정책 • 231 | 유동성 함정 • 232 | 필립스 곡선 • 233 | 스태그플레이션 • 234 | 공급 충

격 • 235 | 파레토 법칙 • 236 | 승수효과 • 237 | 자본금융시장 • 238 | 정보의 비대칭성 • 239 | 독점시장 • 240 | 생산가능곡선 • 241 | 한계비용 • 242 | 절대우위/비교우위 • 243 | 환율 • 244 | 양적 완화 • 245 | 물가상승률 • 246 | 대체재 • 247 | 보완재 • 248 | 수요, 공급 법칙 • 249 | 규모의 경제 • 250 | 학습효과 • 251 | 산업연관 효과 • 252

Chapter 05
현대, 기아 상식, HMAT 등에 나오는 경제 레시피 17
현대, 기아자동차 취업, 면접 시험에 나오는 경제용어! 자동차 산업 특성상, 공급망, 무역, 원자재, 제조업 관련 경제 개념도 많이 나온다

비교우위 • 254 | 원자재 가격지수 • 255 | 공급망 리스크 • 256 | 가치사슬 • 257 | 무역수지 • 258 | 생산성 • 259 | R&D 투자 • 260 | ESG 경영 • 261 | 로봇세 • 262 | 가격차별 • 263 | 전환비용 • 264 | 탄소세 • 265 | 제로금리 정책 • 266 | 샤워실의 바보 • 267 | 공유경제 • 268 | 한계소비성향 • 269 | 정보의 비대칭성 • 270

Chapter 06
LG그룹 LG Way Fit Test 등에 나오는 경제 레시피 23
LG그룹 취업, 면접 시험에 나오는 경제용어! 기업이 사용하는 취업, 면접에 나오는 경제 용어만 알아도 성공이다.

공유경제 • 272 | 수직계열화 • 273 | 클러스터 전략 • 274 | 지속가능성 • 275 | 플랫폼 경제 • 276 | 파레토 법칙 • 277 | 네트워크 효과 • 278 | 지속가능 소비 • 279 | 소비자 잉여 • 280 | 승수 효과 • 281 | 파편화 • 282 | 한계효용 체감의 법칙 • 283 | 수요예측 • 284 | 스위치 전략 • 285 | 가격 전략 • 286 | 가치 소비 • 287 | 브랜드 자산 • 288 | 감정 노동 • 289 | 선택과 집중 • 290 | 기준금리 • 291 | 지급준비율 • 292 | 유동성 • 293 | 금리 인상/인하 • 294

Chapter 07
은행, 금융업 시험 면접에 나오는 경제 레시피 17

은행, 금융업 취업, 면접 시험에 자주 나오는 경제용어! 은행, 금융업은 돈에 민감하기 때문에 꼭 알아둘 필요가 있다.

통화량 • 296 | 리스크 프리미엄 • 297 | 그림자 금융 • 298 | 예대마진 • 299 | 지급결제 시스템 • 300 | 바젤Ⅲ • 301 | 채권금리와 가격의 역관계 • 302 | 콜금리 • 303 | 외환보유액 • 304 | CDS 프리미엄 • 305 | 핀테크 • 306 | 화폐의 시간가치 • 307 | 프라이빗 뱅킹 • 308 | 불완전판매 • 309 | 리스크 프리미엄 • 310 | 레버리지 • 311 | 헤지 • 312

Chapter 08
롯데 신세계 그룹 등에 나오는 경제 레시피 33

공기업, 증권사, 보험회사 취업, 면접 시험에 나오는 경제용어! 기업이 사용하는 취업, 면접에 나오는 경제 용어만 알아도 성공이다.

파생상품 • 314 | 옵션 • 315 | 선물 • 316 | 스왑 • 317 | 상장지수펀드 • 318 | 상장지수채권 • 319 | 파생결합펀드 • 320 | 신용부도스왑 • 321 | 공매도 • 322 | 유동성 • 323 | 변동성 • 324 | 베타 • 325 | 무위험이자율 • 326 | 신용등급 • 327 | 마진콜 • 328 | 시장효율성 가설 • 329 | 구조화 상품 • 330 | 담보 가치 대비 대출금 비율 • 331 | 연간 소득 대비 부채 상환액 비율 • 332 | 총부채원리금상환비율 • 333 | 주가수익비율 • 334 | 주가순자산비율 • 335 | 부실채권 • 336 | 총자산이익률 • 337 | 자기자본이익률 • 338 | CAR • 339 | 유동성 비율 • 340 | 한계효용 체감의 법칙 • 341 | 기회비용 • 342 | 수요의 가격 탄력성 • 343 | 공공재 • 344 | 경기순환 • 345 | 독점 • 346

Chapter 09
공기업, 국가, 지방직 공무원 시험에 나오는 경제 레시피 11

국가직, 지방직 공무원 취업, 면접 시험에 나오는 경제용어! 공무원 취업, 면접에 나오는 경제 용어만 알아도 성공이다.

국내총생산 • 348 | 기축통화 • 349 | 소비자물가지수 • 350 | 수요, 공급의 법칙 • 351 | 스태그플레이션 • 352 | 생산가능곡선 • 353 | 경기지표 • 354 | 유효수요 • 355 | 재정정책 • 356 | 통화정책 • 357 | 정부실패 • 358

Chapter 10
한화그룹 시험 면접 등에 나오는 경제 레시피 17

한화그룹 취업, 면접 시험에 자주 나오는 경제용어! 기업이 사용하는 취업, 면접에 나오는 경제 용어만 알아도 성공이다.

외부효과 • 360 | ESG 경영 • 361 | RE100 • 362 | 탄소배출권 • 363 | 에너지 믹스 • 364 | 방산수출 • 365 | 공급망 재편 • 366 | 인수합병 • 367 | 고정비와 변동비 • 368 | 자본조달 • 369 | 손익분기점 • 370 | 소비자물가지수 • 371 | 국내총생산 • 372 | 실업률 • 373 | 생산자물가지수 • 374 | 근원 물가지수 • 375 | 스태그플레이션 • 376

Chapter 11
SK그룹 시험 면접 등에 나오는 경제 레시피 25

SK는 ESG, 친환경, ICT, 바이오, 반도체 등 혁신 중심 산업을 강조하는 만큼 시험에서도 트렌디하면서도 본질을 찌르는 경제 개념이 자주 나온다.

기준금리 • 378 | DJSI • 379 | 데이터 중심 경영 • 380 | 탄소중립 • 381 | 이중구조 해소 • 382 | 클라우드 전환 • 383 | 파이낸셜 스토리 • 384 | 가치사슬 • 385 | 실질금리 • 386 | 환율 • 387 | 통화량 • 388 | 생산갭 • 389 | 재정수지 • 390 | 국가채무 • 391 | 무역수지 • 392 | 경상수지 • 393 | 채권수익률 • 394 | 플랫폼 경제 • 395 | 투

자수익률 • 396 | 순현재가치 • 397 | IRR • 398 | 회수기간 • 399 | EBITDA • 400 | 손익분기점 • 401 | 운전자본 • 402

Chapter 12
중소기업 시험, 면접 등에 나오는 경제 레시피 27
중소기업 취업시험(인적성, NCS, 면접 포함)에 자주 등장하는 경제레시피! 특히 중소기업은 실무 적용, 비용관리, 정부지원, 시장 경쟁 중심의 개념이 잘 나온다.

현금흐름 • 404 | 재고자산 회전율 • 405 | 유동비율 • 406 | 당좌비율 • 407 | 부채비율 • 408 | 공헌이익 • 409 | 규모의 경제 • 410 | 기회비용 • 411 | Price Elasticity of Demand • 412 | SWOT 분석 • 413 | PEST 분석 • 414 | KPIs • 415 | 가치사슬 • 416 | 고정비 • 417 | 원가절감 • 418 | 정부보조금 • 419 | 납품단가 후려치기 • 420 | 경상이익 • 421 | 원가회수기간 • 422 | 시장점유율 • 423 | 소비자물가지수 • 424 | 생산자물가지수 • 425 | 실업률 • 426 | 자연실업률 • 427 | 재정정책 • 428 | 공개시장조작 • 429 | 화폐승수 • 430 | 필립스 곡선 • 431

Chapter 01

돈이 보이는
최신 신조어 경제 레시피

왜? 경제신조어가 생기는지 생각해본적 있던가?
그것을 모른다면 **돈의 흐름에 뒤쳐져** 있어서
이번 생에서는 부자가 되는 것을 포기해야 되지 않을까?

까방권
(KKABANG-gwon)

특정 인물이나 그룹이 비난이나 비판에서 면제되는 권리를 유머러스하게 표현한 신조어

까방권은 **까임 방지권의 줄임말**로, 주로 연예인 팬덤 내에서 팬들이 좋아하는 스타에 대한 부정적 반응을 제지하거나, 친구 관계에서 '너만은 나를 까지 않아도 돼'라는 허용의 의미로 쓰인다. 이 권리는 현실의 법적 권리가 아닌 과장된 표현으로, 상대에게 '나에게는 까지 않을 자유가 있어'라는 메시지를 전하는 수단이다. **인터넷 댓글이나 SNS에서 팬덤 간 갈등이 발생할 때 자주 등장**하며, 긍정적 지지를 과시하는 동시에 반대 목소리를 낮추려는 효과를 노린다.

 지적대화에 필요한 포인트
까방권은 '너한테는 비난하지 않을게'라는 면죄부를 주는 것과 같다.

반드시 알아둬야 할 Tip
까방권을 남용하면 건전한 비판이나 대화 자체를 막아버려 문제 해결의 기회를 잃을 수 있다. 비판을 완전히 배제하기보다는, 건강한 피드백은 허용하는 것이 좋다.

파이어 스프레드
(FIRE-spread)

신용도가 낮은 기업이나 채권이 부실화하면서 그 충격이 연쇄적으로 확산되는 현상이다.

파이어 스프레드는 처음에는 **개별 기업의 채무 불이행으로 시작**되었다. 이 불이행이 금융기관의 손실로 이어지면서 시장에 불안감을 조성하게 되면서 투자자들이 유사 채권이나 자산을 일제히 매도함으로써 가격이 급락하는 연쇄 반응이 발생하기도 하며 이로 인해 건전한 기업이나 금융기관에도 부실 우려가 전염되어 자금 경색이 심화되고 결국 시장 전반의 유동성이 급감하며 금융 시스템이 위기에 빠질 수 있다.

지적대화에 필요한 포인트
마치 불씨 하나가 마른 나뭇잎에 옮겨붙어 순식간에 숲 전체로 번지는 것이다.

반드시 알아둬야 할 Tip

파이어스 프레드는 초기 징후를 미리 감지하고 대응하지 않으면 걷잡을 수 없이 확산될 수 있다. 관련 자산의 포트폴리오 분산과 스트레스 테스트가 필수적이다.

슬로우리치
(Slow-rich)

단기간에 큰 이익을 추구하지 않고 장기간에 걸쳐 꾸준히 자산을 축적하는 재테크 전략이다.

　슬로우리치는 **시장의 단기 변동성에 휩쓸리지 않고 정기예금, 적립식 투자 등 저위험 자산과 지속적인 저축을 통해 자본을 키워나가는 방식**이다. 복리의 마법을 최대한 활용해 시간이 흐를수록 자산이 기하급수적으로 증가하는 효과를 누리게 되며 이 과정에서는 충동적인 매매나 레버리지 사용을 지양하며, 재정적 목표를 세우고 계획적으로 소비와 저축을 관리하는 습관이 중요하다. 또한 인내심을 바탕으로 시장 하락기에도 흔들리지 않는 것이 핵심이다.

 지적대화에 필요한 포인트

매일 작은 물방울이 한 방울씩 모여 커다란 웅덩이를 이루듯 매달 조금씩 저축을 쌓아가는 것이다.

반드시 알아둬야 할 Tip

슬로우리치는 **단기 수익을 포기해야 하므로 급하게 자산을 불리려는 사람에게는 적합하지 않으며**, 인플레이션을 고려한 자산 배분이 필요하다.

가계부 인플루언서
(Household Ledger Influencer)

개인의 소비, 수입 내역을 기록하고 소셜 미디어에 공개하며 재무 관리 팁을 제공하는 사람이다.

가계부 인플루언서는 **매일 혹은 주기적으로 자신이 카드 사용 내역, 현금 지출, 고정비 등을 꼼꼼히 정리하여 사진이나 영상으로 공**유한다. 이 과정에서 구독자들에게 절약 방법, 예산 설정 요령, 투자 초보 가이드 등을 제시하며 재테크에 대한 동기부여를 불러일으킨다. 또한 자신의 성공과 실패 사례를 솔직하게 나누어 신뢰를 쌓고 커뮤니티를 형성하기도 한다. 콘텐츠가 일상 속 실용적인 팁으로 작용하며 사용자 참여를 유도하여 재정 습관 개선을 돕는다.

지적대화에 필요한 포인트
친구에게 지출 내역을 보여주며 '이렇게 하면 한 달에 10만 원을 아낄 수 있어'라고 알려주는 것과 같다.

반드시 알아둬야 할 Tip
개인 금융 정보가 과도하게 노출될 수 있고 타인의 소비 패턴과 비교하며 불필요한 경쟁심이 생길 수 있음에 유의해야 한다.

노머니족
(No-money族)

지출을 최소화하거나 거의 하지 않으면서 생활하는 사람들을 일컫는 신조어이다.

노머니족은 **필수 지출 외에는 거의 모든 소비를 자제**하며 무료 활동이나 공유 경제를 활용해 생활비를 최소화한다. 이들은 공공 도서관, 무료 이벤트, 중고 물품 교환 등 비용이 들지 않는 자원에 의존하며 소액이라도 지출이 발생할 때마다 철저히 계획을 세워 예산을 관리한다. 과도한 소비를 지양함으로써 경제적 자유를 얻고자 하며 불필요한 지출을 줄이는 것이 핵심이다.

지적대화에 필요한 포인트
한 잔의 커피를 사는 대신 집에서 물을 마시며 무료로 제공되는 와이파이를 이용하는 것이다.

반드시 알아둬야 할 Tip
극단적인 절약은 삶의 질을 떨어뜨리고 **사회적 활동을 제한해 고립감을 유발**할 수 있으므로 적절한 균형을 유지해야 한다.

이코노플렉스
(Econo-flex)

검소한 소비 습관이나 절약 팁을 과시하며 경제적 센스를 뽐내는 행위이다.

이코노플렉스(Econo-flex)는 '경제적 소비'와 '자기 과시(Flex)'를 결합한 신조어이다. 단순히 싸게 사는 것이 아니라, 가성비와 가심비를 동시에 챙기며 스마트하게 소비하는 방식이다. 예를 들면 명품 대신 퀄리티 있는 중소 브랜드를 선택하거나, 집밥을 감성 있게 꾸며 SNS에 올리는 사례이다. 비싸지 않아도 나만의 안목과 철학이 담긴 소비를 통해 자신을 드러내는 것이다. MZ세대 사이에서 유행하며, **합리적 소비를 통한 자기 브랜딩 방식으로 주목** 받고 있다. 소비를 줄이는 것이 아니라 가치를 중심으로 소비를 재편하는 문화이다.

 지적대화에 필요한 포인트

친구가 '이번 달 생활비를 30% 절감했다'고 장바구니 영수증을 자랑하는 것과 같다.

반드시 알아둬야 할 Tip

절약 경쟁에 집착하면 불필요한 스트레스가 쌓이므로 자신만의 페이스를 지켜야 한다.

하이퍼플래너
(Hyper-planner)

모든 일정을 세분화해 장기, 단기 목표를 구체적으로 계획하고 관리하는 사람이다.

하이퍼플래너는 **하루를 몇 분 단위로 나누어 세밀한 시간표를 작성**한다. 디지털 캘린더와 생산성 앱을 활용해 할 일과 목표를 시각화하고 우선순위를 설정하여 미리 발생할 수 있는 변수까지 고려해 '플랜 B', '플랜 C'까지 준비하기도 한다. 이렇게 짜인 계획에 따라 움직이며 효율을 극대화하려는 성향이 강하다. 하지만 **지나치게 계획에 얽매이면 융통성이 떨어지고 예기치 못한 상황에 스트레스**를 받을 수 있다.

 지적대화에 필요한 포인트
마치 1분 단위로 알람을 맞춰 하루를 관리하는 것과 같다.

반드시 알아둬야 할 Tip
계획이 조금만 어긋나도 큰 불안과 피로를 느낄 수 있어 일정 간 여유 시간을 반드시 확보해야 한다.

에코노랩스
(Econo-lapse)

개인의 재정 변화 과정을 스냅샷 형태로 촬영해 연속 편집한 타임랩스형 콘텐츠이다.

　에코노랩스는 '경제(Economy)'와 '타임랩스(Time-lapse)'를 결합한 신조어이다. **짧은 시간 안에 빠르게 변하는 경제 흐름이나 소비 패턴의 압축된 변화를 표현**하는 말이다. 물가, 환율, 소비자 심리 등 경제 지표들이 짧은 기간에 급변하면서 시장이 빠르게 요동치는 현상을 가리킨다. 특히 디지털 시대에는 정보 확산 속도가 빨라 경제 변화도 과거보다 훨씬 짧은 주기로 일어나고 있다. 예를 들어, SNS를 통해 확산된 트렌드가 하루 만에 제품 품절 사태를 일으키는 현상도 이에 해당한다. 소비자의 반응과 기업의 대응이 마치 타임랩스 영상처럼 빠르게 맞물려 돌아가는 것이 특징이다. 에코노랩스는 **예측보다는 즉각적인 분석과 대응력이 중요한 시대**임을 의미한다.

지적대화에 필요한 포인트
마치 식물이 자라는 과정을 타임랩스 영상으로 찍어 빠르게 보여주는 것과 같다.

반드시 알아둬야 할 Tip
변동성이 큰 시점은 편집에서 제외되기 쉬워 현실과 괴리된 기대를 부를 수 있다. **개인 정보 노출에도 주의**해야 한다.

리셋파이낸스
(Reset-Finance)

개인의 재정 상태를 초기화하고 새로운 목표에 맞춰 재구축하는 금융 전략이다.

리셋파이낸스는 **기존의 금융 습관이나 자산 포트폴리오를 완전히 재정비하는 흐름을 의미**한다. 코로나19, 고금리, 경기침체 등의 충격 이후 개인과 기업이 금융 전략을 다시 세우는 경향을 말한다. 예를 들어, 공격적 투자 대신 현금 확보와 부채 상환 중심의 전략으로 방향을 트는 경우가 많아졌다. 주식·부동산보다 **예적금, 채권 등 안정적인 자산으로 이동하는 흐름이 대표적 현상**이다. 가계 재무구조의 체질을 개선하고, 금융위험에 더 유연하게 대응하기 위한 행동이다. 단순한 절약이 아니라 위험 대비와 미래 생존을 위한 구조 조정의 개념에 가깝다. 지속 가능하고 건강한 금융 생활을 위한 금융 습관 리셋 운동이라 할 수 있다.

 지적대화에 필요한 포인트

컴퓨터를 초기화한 뒤 필요한 프로그램만 다시 설치해 깔끔하게 사용하는 것과 같다.

반드시 알아둬야 할 Tip

리셋 과정에서 지나치게 과도한 절약이나 충동적 소비 중단은 스트레스를 유발할 수 있으므로 점진적으로 실행해야 한다.

제로웨이스트 인베스터
(Zero-Waste Investor)

투자 자산의 비효율과 낭비를 최소화하여 수익 극대화와 리스크 최소화를 동시에 추구하는 투자자이다.

제로웨이스트 인베스터(Zero-Waste Investor)는 낭비 없는 투자 철학을 실천하는 투자자를 의미한다. 수익률만을 좇기보다는 자본, 시간, 자원, 환경적 영향을 모두 고려하는 방식이다. 불필요한 리스크나 과잉 소비를 줄이고, 가치 중심의 지속 가능한 자산에 투자하는 태도이다. 예를 들어 ESG 기업, 친환경 에너지, 사회적 기업 등에 대한 투자도 이에 해당한다. 단기 수익보다 장기적인 사회·환경적 이익과 개인의 삶의 균형을 중시한다. 이들은 투자 자체를 '삶의 연장선'으로 보고, 금융이 세상에 긍정적인 영향을 줄 수 있어야 한다고 믿는다. '돈을 버는 방식'에서도 윤리적 책임과 철학을 지키는 것이 특징이다.

 지적대화에 필요한 포인트

냉장고 안 유통기한 지난 식품을 버리고 신선한 재료만 채워 넣어 식재료 낭비를 없애는 것과 같다.

반드시 알아둬야 할 Tip

과도한 거래로 인한 수수료 과다 지출이나 단기 시장 변동에 따른 불필요한 매매를 피하기 위해 신중한 기준을 세워야 한다.

시뮬머니
(Simul-money)

가상의 자산이나 구매력을 시뮬레이션하여 투자 전략을 사전에 테스트하는 가상 화폐이다.

시뮬머니(Simul-money)는 '시뮬레이션(Simulation)'과 '머니(Money)'의 합성어로, **현실 세계의 돈과 유사하게 작동하지만 실제 화폐는 아닌 디지털 자산이나 가상 화폐를 의미**한다. 예를 들어 게임 머니, 메타버스 내 화폐, 혹은 테스트용 CBDC(중앙은행 디지털화폐) 등이 이에 해당한다. 실제 거래와 유사한 환경에서 사용되며, 금융 실험이나 소비자 반응 테스트용으로도 활용된다. 가상 세계에서 자산의 흐름이나 소비 행동을 예측하고, 현실 경제의 대응 전략을 사전에 준비할 수 있다. MZ세대 사이에선 시뮬머니를 통해 재테크나 소비 감각을 미리 익히는 교육적 수단으로도 주목받고 있다. 디지털 금융 환경에서 실전 같은 모의 자산 관리 경험을 제공한다는 점이 핵심이다.

 지적대화에 필요한 포인트

보드게임에서 가상의 돈으로 플레이하면서 실전 전략을 연습하는 것과 같다.

반드시 알아둬야 할 Tip

시뮬레이션 결과가 실제 시장 성과를 보장하지 않으므로 현실 투자 시에는 결과를 그대로 신뢰하지 말고 **추가 검증이 필요**하다.

엔데믹 오버페이
(Endemic Overpay)

팬데믹이 종식되고 엔데믹 단계로 전환된 이후에도 과도하게 높여진 가격으로 소비자에게 비용을 전가하는 현상이다.

엔데믹 오버페이는 **일시적 수요 급증을 장기 수익 기회로 오해하여 책정된 과도한 가격**이다. 서비스나 상품의 정상 운영 비용을 훨씬 초과하는 마진이 붙어 소비자가 부담을 떠안게 만드는 전략으로 관광, 외식, 공연 업계에서 흔히 나타나며 이벤트 티켓, 호텔 숙박비 등이 비정상적으로 인상되기도 한다.

기업은 '정상 회복'을 강조하며 인상 요인을 국민 정서보다는 수익성 우선으로 삼는 경향이 강하여 이로 인해 소비자는 비용 대비 가치를 느끼지 못하면서도 가격에 묶여 지갑을 열어야 하는 상황에 직면한다.

지적대화에 필요한 포인트
유행이 지나간 마스크를 비싸게 팔던 시기에 다시 가격이 폭등하는 것과 같다.

반드시 알아둬야 할 Tip
수요가 일시적일 때 과도한 지출을 피하려면 **가격 비교와 사전 예산 설정이 필수**이다.

버티컬 커머스 환상
(Vertical Commerce Illusion)

특정 카테고리나 니치 시장에 집중한 커머스 플랫폼이 마치 지속 가능한 성장과 높은 수익을 보장하는 것처럼 과대평가 되는 현상이다.

　버티컬 커머스는 **특정 상품, 서비스 분야에 전문화된 형태로 빠른 고객 확보가 가능**하다는 장점이 있다. 그러나 초기 틈새 시장 성공이 전체 시장에서도 동일하게 재현된다는 보장은 없으며 경쟁 심화와 고객 확장 한계가 존재한다. 많은 스타트업이 초기 투자 유치 후 성장 둔화로 자금 압박을 겪거나, 대형 플랫폼의 진입으로 시장이 잠식되기도 하며 이로 인해 '버티컬 커머스만 잘하면 된다'는 인식이 실제 수익성과 지속 가능성을 과대평가하는 환상으로 이어질 수 있다.

지적대화에 필요한 포인트
작은 동네 카페가 입소문으로 대박난 뒤, 같은 비법으로 전국 모든 매장을 성공시킬 수 있다고 착각하는 것과 같다.

반드시 알아둬야 할 Tip
틈새시장의 성공을 전체 시장 확장 전략으로 착각하지 말고, 시장 규모, 경쟁 구도, 확장 가능성을 자세히 검토해야 한다.

이모셔널 에셋
(Emotional Asset)

개인이나 브랜드가 감정적 유대와 신뢰를 바탕으로 보유하는 무형의 가치를 의미한다.

이모셔널 에셋은 **고객과의 정서적 연결고리를 강화**하여 충성도를 높이는 자산이다.

브랜드 스토리, CSR 활동, 고객 경험 디자인 등이 감정적 자산을 축적하는 주요 수단이다. 강력한 이모셔널 에셋을 갖춘 기업은 위기 상황에서도 고객 이탈을 최소화할 수 있다.

개인은 인간관계나 네트워크에서 신뢰와 공감을 통해 이모셔널 에셋을 쌓아 장기적인 협력 기회를 확보할 수 있다.

 지적대화에 필요한 포인트

오랜 친구와 나눈 작은 약속이 큰 신뢰로 쌓여 어떤 부탁도 거절하기 어려운 관계를 만드는 것과 같다.

반드시 알아둬야 할 Tip
감정적 유대를 조작하거나 과장하면 반감만 산 뒤 신뢰를 회복하기 어려워지므로 **진정성이 필수적**이다.

NFT 포비아
(NFT-phobia)

NFT 구매나 거래를 시도할 때 발생하는 불안감과 거부 반응으로, 디지털 자산에 과도한 두려움을 느끼는 심리적 현상이다.

　NFT 포비아(NFT-phobia)는 'NFT(Non-Fungible Token)'와 '공포증(Phobia)'의 합성어이다. NFT 시장의 급성장과 급락, 사기 피해 사례 등을 보며 **NFT에 대한 불신과 두려움을 느끼는 현상**을 말한다. 투자 수단으로서의 신뢰 부족, 가격의 변동성, 기술 이해 부족 등이 공포감을 키우는 원인이다. 특히 '디지털 그림에 왜 수천만 원을 쓰냐'는 의문에서 시작된 정서적 거리감도 주요한 특징이다. NFT의 개념은 이해했지만, 실제 거래에는 참여하지 않는 '기술 회피형 소비자'도 이에 포함된다. 과도한 기대 후 하락을 겪은 투자자들의 심리적 후유증으로도 설명된다. 이러한 포비아는 디지털 자산 전반에 대한 신중한 접근을 유도하는 사회적 경향이다.

 지적대화에 필요한 포인트

마치 한 번 휴대폰을 분실한 뒤 스마트폰 사용 자체를 불안해하며 앱 설치를 주저하는 심리와 같다.

반드시 알아둬야 할 Tip

과도한 두려움으로 인해 정보 탐색을 회피하면 시장 변화에 뒤처질 수 있으므로, 균형 잡힌 정보와 소규모 실습으로 불안 완화가 필요하다.

머니멀라이프
(Money-mal Life)

소비를 최소화하고 자본을 극대화하는 생활 방식이다.

머니멀라이프(Money-mal Life)는 'Money(돈)'와 'Minimal Life(미니멀 라이프)'를 결합한 신조어이다. **물질적 풍요보다는 금전적인 절제와 단순함을 추구하는 삶의 방식**을 의미한다. 과소비를 줄이고, 꼭 필요한 것만으로 살아가며 자신의 경제적 평온을 지키려는 태도이다. '작게 쓰되, 더 나은 삶을 살자'는 가치를 실천하는 사람들이 늘어나며 등장한 개념이다. 소득이 적더라도 지출을 관리하며 심리적 여유와 지속 가능한 삶을 추구한다.

반드시 부자가 되지 않아도 돈에 끌려가지 않는 자율적인 생활이 핵심이다. 머니멀라이프는 단순한 절약이 아니라 삶의 질을 스스로 정의하려는 현대인의 선언이다.

 지적대화에 필요한 포인트

마치 매달 커피를 두 잔만 사는 대신 그 돈을 저축 통장에 넣는 것과 같다.

반드시 알아둬야 할 Tip
과도한 절약이 일상 만족도를 저하시킬 수 있으므로 적절한 소비 여유를 유지해야 한다.

디파이 부스터
(DeFi Booster)

여러 디파이(DeFi) 프로토콜의 이자 수익을 자동으로 최적화, 집중해 사용자의 수익률을 극대화하는 자동화 도구이다.

  디파이 부스터는 다양한 유동성 풀과 대출 프로토콜을 연결해 **최적의 이자율을 찾아 자동으로 자금을 배분**한다. 수집된 보상 토큰을 즉시 재투자해 복리 효과를 극대화한다.

  레버리지를 활용해 투자 규모를 확대함으로써 추가 수익을 노리기도 한다. 스마트 컨트랙트 기반으로 24시간 시장 변동에 자동 대응하지만, 자산 변동성에 그대로 노출될 수 있다. 고수익을 추구하는 만큼 스마트 컨트랙트 버그나 청산 리스크도 높다.

지적대화에 필요한 포인트
마치 이자율이 높은 예금 상품을 찾아 일일이 옮기지 않고 자동으로 갈아타는 금융 비서와 같다.

반드시 알아둬야 할 Tip
스마트 컨트랙트 결함이나 급격한 시장 하락 시 투자 원금이 전액 손실될 위험이 있다.

노드 앤 리치
(Node & Rich)

블록체인 네트워크에서 다수의 노드를 운영해 스테이킹 보상과 거래 수수료를 집중적으로 확보하여 자산을 축적하는 참여자를 가리키는 신조어이다.

Node & Rich는 네트워크 분산에 기여하는 대신 **여러 대의 풀 노드나 검증 노드를 가동해 보상을 극대화하는 전략**이다. 이들은 초기 하드웨어, 운영 비용을 감내하고 지속적인 유지 관리를 통해 안정적인 수익원을 확보한다. 스테이킹 보상 외에도 거래 수수료 일부를 수취하며 자산 규모를 꾸준히 늘려 간다. 결과적으로 소규모 참여자에 비해 네트워크 보상 비중이 과도하게 집중될 수 있어 탈중앙화에 역행하는 측면이 있다.

지적대화에 필요한 포인트
마치 여러 대의 자판기를 설치해 하루 종일 무인으로 음료 판매 수익을 올리는 것과 같다.

반드시 알아둬야 할 Tip
과도한 노드 운영 집중은 네트워크 건강성을 해칠 수 있고 **초기 비용, 전기료, 보안 리스크 관리가 필수적**이다.

알고(리즘)벤처
(Algo Venture)

머신러닝과 빅데이터 기반 알고리즘을 활용해 투자 전략을 자동 실행하는 벤처 투자 형태이다.

알고(리즘)벤처는 **데이터를 수집, 분석해 시장 패턴을 수치화하고 투자 모델을 구축**한다. 개발된 알고리즘은 매수, 매도 타이밍과 자산 배분을 자동화하여 사람의 감정 개입을 최소화한다. 실시간 시장 변동에 빠르게 대응할 수 있어 고빈도 거래나 퀀트 전략에 적합하다. 그러나 모델의 과최적화나 예측 오탐률로 인해 예상치 못한 손실을 입을 위험이 있다. 투명성 확보를 위해 알고리즘 로직 검증과 백테스팅이 필수이다.

지적대화에 필요한 포인트
주식 앱에 미리 정한 규칙대로 자동으로 사고파는 로봇 비서를 두는 것과 같다.

반드시 알아둬야 할 Tip
알고리즘은 과거 데이터에 기반하기에 예측 불가능한 이벤트에 취약할 수 있으며 **과신은 위험을 초래**한다.

플렉스레이터
(Flexlator)

소비자나 기업이 자신의 구매력과 라이프스타일을 과시하면서 동시에 비용 절감 기회를 찾아내는 행동이다.

플렉스레이터는 **고가의 명품이나 프리미엄 서비스를 이용하면서 할인 코드나 캐시백 혜택을 적극 활용**하는 전략이다. 이들은 소셜 미디어에 소비 인증을 하면서도 동시에 최대한의 절약 방법을 구사한다. 브랜드 충성도와 가성비를 모두 추구하기 때문에 때로는 타이밍 좋은 프로모션 공략에 집중한다. 이 과정에서 소비의 즐거움과 실속을 동시에 얻는 것이 핵심이다.

 지적대화에 필요한 포인트
비싼 카페 라떼를 마시면서도 멤버십 쿠폰으로 할인받아 결제하는 것과 같다.

반드시 알아둬야 할 Tip
할인과 혜택에 집착하다 보면 무분별한 소비가 늘어날 수 있으므로 예산을 철저히 관리해야 한다.

세컨잡스
(Second-jobs)

본업 이외에 부수적으로 수행하는 추가적인 직무나 수입 활동이다.

세컨잡스는 **고정 급여 외에 생활비 보충이나 스킬 향상을 위해 부업을 병행**하는 트렌드이다. 디지털 플랫폼을 통해 프리랜서 업무, 온라인 판매, 강의, 튜터링 등 다양한 형태로 확장되고 있다. 주 52시간 근무제 이후 여유 시간 활용이 중요해지면서 일반 직장인 사이에서도 보편화되고 있다. 이는 개인의 경제적 안정성을 높이는 동시에 새로운 경력 기회를 모색하게 해준다.

지적대화에 필요한 포인트
퇴근 후 주말을 이용해 온라인 마켓에서 만든 수공예품을 판매하는 것과 같다.

반드시 알아둬야 할 Tip
과도한 업무 병행은 본업 성과 저하와 번아웃을 초래할 수 있으므로 **적절한 시간 관리가 필요**하다.

프라이스 블라인드
(Price-blind)

소비자가 상품의 가격 정보를 인지하지 못한 채 구매 결정을 하는 현상이다.

프라이스 블라인드는 **온라인 쇼핑에서 '가격 숨김' 기능이나 오프라인 매장의 가격 표시 미비로 발생**한다. 가격을 모른 채 제품의 디자인, 브랜드, 후기 등 다른 요소만으로 선택하게 되어 합리적 비교가 어려워진다. 이로 인해 소비자는 예산 초과 지출 위험이 높아지고, 기업은 높은 마진을 확보할 수 있게 된다. 특히 프로모션 시 가격 구조가 복잡할수록 소비자는 실제 할인폭을 정확히 파악하기 힘들어지는 문제가 있다.

 ## 지적대화에 필요한 포인트

옷을 입어보고 가격표 없이 스타일만 보고 구매했다가 계산대에서 예상보다 비싼 값을 듣는 것과 같다.

반드시 알아둬야 할 Tip

가격 정보를 확인하지 않고 구매할 경우 예산 관리가 어렵고, 합리적 소비 판단이 왜곡될 수 있으므로 반드시 상세 가격을 확인해야 한다.

럭셔리 트렌지션
(Luxury Transition)

럭셔리 제품과 대중적 제품 간 경계가 흐려지면서 고급 브랜드가 대중 시장으로 확장하거나 대중 브랜드가 프리미엄 라인을 도입하는 현상이다.

　럭셔리 브랜드가 접근성 확대를 위해 **엔트리 레인지 제품을 출시하는 전략**이다. 대중 브랜드는 한정판 협업이나 고급 소재를 활용해 프리미엄 이미지를 구축한다. 소비자는 전통적 럭셔리의 희소성과 대중적 프리미엄의 만족감을 동시에 경험한다. 이 과정에서 브랜드 간 구분이 모호해지고 경쟁이 심화되는 양상이 나타난다. 결과적으로 가격 프리미엄이 약화되기도 한다.

지적대화에 필요한 포인트
고가 명품 브랜드가 비교적 저렴한 입문용 가방을 출시해 누구나 명품을 경험할 수 있도록 하는 것과 같다.

반드시 알아둬야 할 Tip
지나친 확장은 브랜드 희소성과 고유 가치를 희생시켜 소비자의 피로감과 신뢰 하락을 초래할 수 있다.

디지털 절약주의
(Digital Minimal Saving)

디지털 도구와 플랫폼을 활용해 불필요한 비용을 최소화하고 저축을 극대화하는 생활 철학이다.

디지털 절약주의(Digital Minimal Saving)는 **디지털 시대에 맞춘 새로운 소비 절제 철학을 의미**한다. 불필요한 구독 서비스, 앱 내 결제, 온라인 쇼핑 등을 의식적으로 줄이는 절약 방식이다. 광고와 추천 알고리즘에 휘둘리지 않고, 디지털 소비를 스스로 통제하려는 태도이다. 모바일 간편결제의 편리함 속에서 지출 감각이 무뎌지는 것을 경계하는 움직임이다. 디지털 환경에서도 '비우고 덜 쓰는 것'이 가능하다는 실천적 인식이 확산되고 있다. MZ 세대를 중심으로, **지출 내역을 기록하거나 자동 구독을 해지하는 습관도 이에 포함**된다. 이는 단순한 절약을 넘어 디지털 소비를 스스로 디자인하려는 생활 철학이다.

지적대화에 필요한 포인트

스마트폰 알림을 통해 커피 할인 쿠폰을 바로 사용하고 남은 돈은 자동으로 저축 통장에 이체하는 것과 같다.

반드시 알아둬야 할 Tip

디지털 도구에 과도하게 의존하면 기술 오류나 해킹으로 인한 정보 유실, 보안 사고 위험이 있으므로 **주기적으로 백업하고 보안 설정을 강화**해야 한다.

프리즘 이코노미
(Prism Economy)

다양한 소비자 요구와 가치관을 스펙트럼처럼 분류해 맞춤형 상품, 서비스를 제공하는 경제 패러다임이다.

프리즘 이코노미는 **소비자를 획일적 그룹이 아닌 다차원적 스펙트럼으로 보고 세분화된 니즈를 반영해 상품을 기획**한다. 브랜드는 각 스펙트럼 색상에 대응하는 맞춤형 라인을 출시해 개인화 경험을 강화한다. 데이터 분석을 통해 소비자 개개인의 가치, 취향, 행동을 프리즘처럼 분리하여 최적의 제안을 제시한다. 이로써 고객 만족도를 높이고 충성도를 확보하며, 시장 다변화에 유연하게 대응할 수 있다.

지적대화에 필요한 포인트
무지개 빛깔마다 다른 맛으로 준비된 아이스크림 가게에서 자신만의 색을 골라 즐기는 것과 같다.

반드시 알아둬야 할 Tip
세분화가 과도해지면 운영 비용과 복잡도가 급증할 수 있으므로 핵심 고객군에 집중하는 전략이 필요하다.

스몰 에셋 모빌리티
(Small Asset Mobility)

개인이 보유한 소액 자산을 빠르고 유연하게 이동, 거래, 활용할 수 있도록 지원하는 금융 서비스 모델이다.

스몰 에셋 모빌리티는 **주식, 채권, 암호화폐 등의 자산을 최소 단위로 분할 매매하고 즉시 전환**할 수 있는 플랫폼 기능을 제공한다. 소액 투자를 통해 다양한 포트폴리오를 구성하고, 시장 상황에 맞춰 빠르게 자산 배분을 재조정할 수 있다. 로보어드바이저와 연계해 자동화된 자산 이동, 리밸런싱이 가능하며, 모바일 앱을 통해 언제 어디서나 거래, 이체가 이루어진다. 이로써 소액 투자자도 대규모 기관과 유사한 유동성 관리와 전략 실행이 가능해진다.

 지적대화에 필요한 포인트

커피 한 잔 값으로 주식 한 주를 쪼개 사서, 필요할 때 즉시 다른 주식으로 갈아타는 것과 같다.

반드시 알아둬야 할 Tip
소액 거래가 잦을수록 수수료 부담이 커질 수 있으며, 잦은 리밸런싱은 과도한 거래로 이어져 자산 손실을 초래할 수 있다.

마이크로 런치 전략
(Micro-lunch Strategy)

제품이나 서비스를 소규모 버전으로 자주 출시해 빠르게 시장 반응을 확인하는 전략이다.

　마이크로 런치 전략은 **전체 기능을 한꺼번에 완성하기보다 핵심 기능만 담은 최소 실행 가능 제품(MVP)을 자주 내보내는 방법**이다. 이를 통해 고객의 피드백을 실시간으로 수집하고 우선순위에 따라 빠르게 개선 사항을 반영할 수 있다. 작은 업데이트를 반복하면서 리스크를 분산하고 개발 효율을 높이며 불필요한 기능 개발을 방지한다. 또한 시장 변화에 민첩하게 대응할 수 있어 경쟁 우위를 확보하기에 유리하다.

지적대화에 필요한 포인트
친구들에게 노트의 일부분만 미리 보여주고 의견을 받아가며 완성도를 높이는 것과 같다.

반드시 알아둬야 할 Tip
너무 잦은 버전 업으로 사용자 혼란을 초래할 수 있으므로 주요 업데이트 시점에는 충분한 안내와 안정성 검증이 필요하다.

셀프 밸류 스톡
(Self-value Stock)

개인이 보유한 주식을 타인의 의견이나 단기 흐름이 아닌 자신만의 가치 판단에 따라 장기 보유하거나 거래하는 태도이다.

셀프 밸류 스톡은 **투자자가 시장의 소음에 휩쓸리지 않고 기업 본질적 가치를 스스로 분석해 매수, 매도 시점을 결정하는 전략**이다. 이들은 재무제표와 산업 전망을 심도 있게 이해하고 정량적, 정성적 지표를 병행해 투자 결정을 내린다. 단기 주가 변동에 일희일비하지 않고 꾸준히 보유하며 복리 효과를 극대화한다. 감정적 매매를 최소화해 불필요한 거래 비용과 심리적 스트레스를 줄이는 데 초점을 맞춘다. 자기 확신이 강할수록 외부 충격에도 흔들림 없이 포트폴리오를 유지할 수 있다.

 지적대화에 필요한 포인트

좋아하는 밴드의 음반을 오랫동안 소장하며 시간이 지날수록 그 가치를 음미하는 것과 같다.

반드시 알아둬야 할 Tip

자기 평가에만 의존하면 편향된 판단을 내릴 수 있어 **객관적 데이터와 주기적 점검이 필요**하다.

에어포켓 가계부
(Air-pocket Budgeting)

일시적 현금 유동성 공백을 대비해 짧은 기간 동안 사용할 비상 예산을 별도로 설정해 관리하는 방식이다.

　에어포켓 가계부(Air-pocket Budgeting)는 항공 용어인 '에어포켓(Air Pocket)'에서 착안한 **불규칙하고 갑작스러운 지출을 고려한 예산 관리 방식**이다. 평소엔 일정하게 유지되던 소비 흐름 속에서 예상치 못한 지출이 갑자기 발생하는 상황을 대비하는 전략이다. 예를 들어, 갑작스러운 병원비, 선물 비용, 대출 이자 증액 같은 변수들을 미리 일정 금액으로 반영해두는 것이다. 가계부 안에 작은 '비상예산 칸'을 마련해, 생활비와 고정비 외에도 예외 지출을 감당할 수 있도록 준비한다. 이는 실제 생활 속 '지출의 에어포켓'을 완충하기 위한 심리적·금융적 안전장치 역할을 한다. **월급의 일부를 '불확실성 예산'으로 설정하는 것이 핵심**이다. 예산을 현실적으로 설계하고, 지출 충격에 흔들리지 않도록 돕는 스마트한 가계부 운영법이다.

 지적대화에 필요한 포인트

계단을 오르기 전에 중간 중간 숨 고르기 공간을 마련해 다음 단계를 준비하는 것과 같다.

반드시 알아둬야 할 Tip
에어포켓 금액을 과소평가하면 실제 공백 시 도움이 되지 않아 계획이 무효화될 수 있으므로 신중한 산정이 필요하다.

AI플레이션
(AI-flation)

인공지능 기술의 급격한 도입으로 인해 생산 비용 상승과 노동 시장 변화가 경제 전반에 가격 상승 압력을 가중시키는 현상이다.

　AI플레이션은 인공지능 솔루션 도입에 따른 **초기 투자 비용과 데이터 인프라 확충 비용이 제품 및 서비스 가격에 반영**되면서 시작된다. 또한 자동화로 인한 일자리 재배치와 숙련 노동자의 임금 상승 압력이 심화되어 인건비가 전반적으로 올라가기도 한다. 기업은 AI 도입 효과를 유지하기 위해 지속적으로 기술을 업그레이드하며 이 비용이 최종 소비자에게 전가될 수 있다. 결국 인공지능으로 인한 효율성 향상이 생산 비용 절감으로 이어지기보다 새로운 구조적 물가 상승으로 귀결되는 것이다.

지적대화에 필요한 포인트
공장에서 로봇을 설치하느라 기계를 새로 사면 제품 가격이 올라가는 것과 같다.

반드시 알아둬야 할 Tip
AI플레이션이 일시적인 기술 전환 비용인지 장기적 구조 변화인지를 구분해 대응해야 한다.
기술 투자와 인력 재교육을 균형 있게 계획하는 것이 중요하다.

구독플레이션
(Subscriptionflation)

구독 서비스 이용 비용이 지속적으로 인상되면서 소비자의 생활비 부담이 늘어나는 현상이다.

   구독플레이션(Subscriptionflation)은 '구독(Subscription)'과 '인플레이션(Inflation)'의 합성어이다. **다양한 구독 서비스의 누적 비용이 물가 상승처럼 체감되는 현상**을 의미한다. 넷플릭스, 음악 스트리밍, OTT, 클라우드, 전자책, 음식 배달 구독 등 서비스가 늘어날수록 월 지출이 불어나게 된다. 처음엔 소액처럼 느껴지지만, 합산하면 고정비 수준으로 커져 소비자 부담을 유발한다. 자동 결제 시스템으로 인해 지출에 대한 인식이 희미해지고, 체감 물가가 상승한 것처럼 느껴진다. 특히 MZ세대와 1인 가구 사이에서 '구독 가난'을 체감하는 사례가 늘고 있다. **구독플레이션은 디지털 소비의 무의식적 반복이 가져오는 새로운 소비 함정**이다.

 지적대화에 필요한 포인트

매달 커피 한 잔 값처럼 작게 느껴지던 구독료가 여러 개 쌓여 한 달에 커피 값 수십 잔어치가 되어버리는 것이다.

반드시 알아둬야 할 Tip

정기적으로 구독 내역을 점검하고 사용하지 않는 서비스는 과감히 해지해야 한다. 묶음 할인이나 연간 결제 혜택만 믿고 무분별하게 가입하지 않도록 주의해야 한다.

소셜플레이션
(Social-flation)

소셜 미디어상의 트렌드와 바이럴 효과로 인해 특정 상품이나 서비스의 수요가 과도하게 급증하면서 가격이 일시적으로 상승하는 현상이다.

소셜플레이션은 **사회적 요인이 물가 상승을 유발하거나 증폭시키는 현상**을 의미한다. 전통적으로 물가 상승은 수요·공급, 원자재 가격, 임금 등 경제적 요인에 의해 발생해왔다. 하지만 최근에는 사회적 트렌드, SNS 유행, 윤리적 소비, ESG 가치 소비 등이 물가에 직접적인 영향을 미치고 있다. 예를 들어 환경 보호를 위한 비닐 포장 제거, 동물 복지에 따른 유기농 제품 확대 등이 제품 가격을 올리는 요인이 되고 있다. 또한 '인증 소비'처럼 SNS에 올릴 수 있는 제품이 인기를 끌면서 고가 소비가 일종의 표준이 되는 경향도 있다. 즉, 가격이 아니라 '가치'가 소비를 결정하고, 그 가치가 다시 가격을 올리는 구조가 만들어지고 있다. 이처럼 **사회문화적 흐름이 물가에 반영되는 현상이 소셜플레이션**이다. 경제 외부의 비경제적 요인이 물가 결정에 큰 변수로 작용하고 있다는 점에서 주목받고 있다.

 지적대화에 필요한 포인트
SNS에서 한정판 운동화가 화제가 되면 정상가보다 더 높은 가격에 거래되는 것과 같다.

반드시 알아둬야 할 Tip
소셜미디어의 과도한 정보에 휩쓸려 충동 구매를 하지 않도록 실제 가치와 필요성을 꼼꼼히 따져봐야 한다.

에그플레이션
(Egg-flation)

달걀 가격이 급등하여 식품 물가 전반에 인플레이션 압력을 가하는 현상이다.

　에그플레이션은 가금류 질병, 사료 비용 상승 등으로 달걀 공급이 감소하면서 시작된다. **공급 부족이 소비자 구매 가격에 즉각 반영되어 달걀 단가가 급등**한다. 달걀은 빵, 과자, 가공식품 등 다양한 식품의 원재료로 쓰여 식품 전반의 가격 상승으로 이어진다.
　제과, 외식업체들이 생산 비용을 소비자에게 전가하면서 전체 장바구니 물가가 상승한다. 이처럼 달걀 하나가 식품 물가의 촉매제가 되어 전반적 인플레이션을 가속화하는 것이다.

 지적대화에 필요한 포인트
우유 한 팩이 오르듯 달걀 한 판 가격이 치솟아 식탁 메뉴 전반이 비싸지는 것과 같다.

반드시 알아둬야 할 Tip
달걀 가격 변동에만 의존해 식단을 변경할 경우 영양 밸런스가 무너질 수 있으므로 **대체 식재료를 함께 고려**해야 한다.

기후플레이션
(Climate-flation)

기후변화로 인한 극심한 자연재해와 이상기후 현상이 공급망과 생산 비용에 지속적인 압력을 가해 물가 상승을 촉발하는 현상이다.

여러 차례의 **폭염, 혹한, 가뭄, 홍수 등 이상기후가 농, 축, 수산물 생산량을 감소시**키면서 공급 부족이 발생한다. 이로 인해 원재료 가격이 상승해 제조비용과 유통비용이 증가한다. 기업은 증가한 비용을 소비자에게 전가하여 제품과 서비스 가격이 올라간다. 반복되는 이상기후는 계절 특수성을 넘어 전반적인 물가 상승 압력으로 작용한다. 기후위기 대응과 지속가능성 투자를 미루면 기후플레이션이 장기화될 수 있다.

지적대화에 필요한 포인트
심한 가뭄으로 과일 수확량이 줄어들어 마트 과일 가격이 급등하는 것과 같다.

반드시 알아둬야 할 Tip
기후플레이션 대응을 위해 대체 식재료와 에너지 절감 방안을 미리 마련하지 않으면 생활비 부담이 가중될 수 있다.

그리드플레이션
(Greed-flation)

기업의 탐욕적 가격 책정이 원가 상승을 넘어섭니다.

그리드플레이션은 **기업들이 원자재 가격 상승이나 공급망 위기를 명분 삼아 실제보다 과도하게 상품 가격을 인상하면서 나타나는 탐욕 기반의 물가 상승 현상**이다. 이는 원가 상승분 이상의 가격 인상이 반복되면서 기업의 이윤은 커지지만 소비자의 부담은 더 커지는 구조를 만들어낸다. 일부 기업은 경쟁이 적거나 독점적인 시장 지위를 활용해 가격을 조정하며, 이런 행태는 전통적인 인플레이션과는 달리 탐욕이 물가를 끌어올리는 방식으로 전개된다. 특히 전쟁, 팬데믹, 물류난 같은 위기 상황에서 소비자들은 가격 인상을 어느 정도 받아들이게 되고, 기업은 이를 기회로 삼아 고의적인 폭리를 취하기도 한다. 이 과정에서 실질 임금은 제자리이거나 하락하지만, 생활물가는 빠르게 올라가면서 가계의 구매력은 점점 약해진다.

 지적대화에 필요한 포인트

빵값이 밀가루값 상승분 아니라 빵집 사장의 이익 욕심까지 더해져 크게 오르는 것이다.

반드시 알아둬야 할 Tip
기업의 과도한 마진 확보 여부를 주시하고, 대체 상품, 서비스를 비교해 합리적 소비를 유지해야 한다.

스킴플레이션
(Skimp-flation)

기업이 가격 인상 대신 제품, 서비스의 품질이나 양을 줄여 소비자가 동일한 금액으로 받는 가치가 감소하는 현상이다.

　　스킴플레이션은 **기업이 직접 가격을 올리지 않고도 실질적인 인플레이션 효과를 내기 위해 품질, 양을 서서히 축소**하는 전략이다. 더 적은 양의 원료나 저가 재료를 사용해 생산비를 절감하면서 소비자에게 눈에 띄지 않게 변화를 감추기도 한다. 포장 디자인이나 포맷 변경으로 소비자가 인지하기 어렵게 하여 불만 없이 비용 절감을 실행한다. 이러한 절차를 반복하면 전반적인 소비자 구매력은 낮아지지만 물가 상승으로 체감되지 않는다.

 지적대화에 필요한 포인트

속이는 물가 상승으로 소비자가 잘 느끼지 못하게 이뤄지는 교묘한 인플레이션으로 과자를 조금씩 얇게 만들어 봉지 크기는 그대로 두어 눈에 잘 띄지 않게 하는 것과 같다.

반드시 알아둬야 할 Tip

구성 성분과 중량을 꼼꼼히 확인하지 않으면 실질 구매력이 떨어질 수 있으므로 정량 비교를 통해 합리적 소비를 유지해야 한다.

갑통알

갑자기 통장 잔액이 예상보다 줄어들어 모바일 뱅킹 알림이 울릴 때 느끼는 당황과 불안의 감정을 뜻하는 신조어이다.

갑통알은 '**갑자기 통장을 보니 알바해야겠다**'의 줄임말로, 예상치 못한 고금리, 고물가 압박 속에서 계좌 잔고를 확인한 순간 급작스럽게 아르바이트 같은 추가 수입원을 찾아 나서야 한다는 청년층의 경제적 곤란과 긴박감을 압축한 신조어이다. 갑통알 세대는 부동산, 교육, 의료비 상승으로 인한 고정비 부담, 예측 불가능한 소비자 물가 상승, 그리고 기존의 아르바이트나 프리랜스 일감마저 불안정해진 현실 속에서 자발적이기보다 **생계형으로 아르바이트를 전전**하며 '단기 생존형 노동시장'에 편입되는 모습을 반복한다.

 지적대화에 필요한 포인트

월말 자동이체 후 통장 잔고 경고 알림이 울려 결제 실패 문자를 받았을 때 느끼는 충격이다.

반드시 알아둬야 할 Tip

갑통알이 자주 발생하면 재정적 스트레스가 커질 수 있어 예산 관리를 철저히 해야 하는 신호이다.

국장탈출
(Exit Domestic Market)

국내 증시를 떠나 해외(주로 미국) 주식으로 자금을 이동하는 2차 머니무브 현상이다.

　국장탈출은 **국내 증시 대신 미국을 비롯한 해외 주식시장으로 투자** 자금을 옮겨 수익 기회를 모색하는 이른바 '2차 머니무브(Money Move)' 현상을 뜻하는 신조어로, 낮은 거래량과 제한적인 종목 구성, 빈번한 정책 리스크에 지친 투자자들이 보다 다양하고 혁신적인 기업에 접근하기 위해 국경을 넘어 자산 배분의 지평을 넓히는 흐름을 포착한 용어이다. 특히 모바일 기반 해외 주식 거래 플랫폼의 활성화와 원, 달러 환전 절차 간소화가 맞물리며, 개인투자자들은 삼성전자, 현대차 같은 전통 대형주뿐 아니라 테슬라, 애플, 엔비디아 등 성장주에 직간접 투자하고, 이를 통해 글로벌 펀더멘털(fundamental)과 테크놀로지 트렌드에 발 빠르게 대응하게 되었다.

지적대화에 필요한 포인트
국내 주식 대신 미국 주식으로만 투자하는 '국장탈출'이 2025년 대세가 됐다는 국내 주식 자금을 해외 주식으로 이동하는 행위이다.

반드시 알아둬야 할 Tip
해외 주식 투자 시 **환율 변동과 거래 비용, 세금 등을 반드시 고려**해야 한다.

배트맨
(BATMMAAN)

미국 증시를 주도하는 8대 기술주인 브로드컴(Broadcom), 애플(Apple), 테슬라(Tesla), 마이크로소프트(Microsoft), 메타(Meta), 아마존(Amazon), 알파벳(Alphabet), 엔비디아(Nvidia)를 이르는 신조어이다.

배트맨은 'Buy At The Maximum, Move Away At Night'의 약자로, **고점에서 매수하고 급락 직전에 도망치는 투자자**를 뜻하는 신조어이다. 주로 주식이나 코인 시장에서 유행에 휩쓸려 급등한 자산을 따라 샀다가 하락 조짐이 보이면 두려움에 급히 팔아버리는 경우가 많다. 정보 부족과 군중 심리에 의해 감정적으로 매수·매도하는 특징이 강하다. 특히 SNS나 유튜브를 통해 자극적인 정보만 보고 투자에 나서는 경우가 많아 손실 확률이 높다. 배트맨은 **시장에 대한 분석 없이 유행만 좇는 투자 방식의 위험성을 풍자적으로 표현한 단어**이다. 반복되는 고점 매수와 저점 손절은 장기적으로 자산을 갉아먹는 결과를 낳기 쉽다.

 지적대화에 필요한 포인트

미국을 대표하는 8대 빅테크 기업을 묶어 부르는 용어이다.

반드시 알아둬야 할 Tip

특정 기업군에 과도하게 자금을 몰아넣으면 포트폴리오 다변화가 부족해 리스크가 커질 수 있으므로 **분산투자를 병행**해야 한다.

에이징테크
(Aging-tech)

고령 인구의 증가에 대응해 노년층의 삶을 지원, 개선하는 기술과 서비스를 총칭하는 용어이다.

에이징테크는 **건강 모니터링 웨어러블, 원격 진료 플랫폼, 인지 기능 강화용 디지털 치료제 등으로 구성**된다. 이들 기술은 만성질환 관리, 낙상 예방, 사회적 고립 완화 등을 목표로 개발된다. IoT 센서와 AI를 활용해 실시간으로 생체 신호를 분석하고 이상 징후를 조기에 경고할 수 있다. 또한 로봇 돌봄 서비스나 자동화된 가정용 스마트 기기가 일상생활 자립을 돕는다. 결국 고령자의 삶의 질을 향상시키고 의료, 복지 비용을 절감하는 데 기여한다.

지적대화에 필요한 포인트

혼자 사는 어르신이 스마트 워치로 혈압을 측정하고 이상 징후가 감지되면 가족과 의료진에게 자동으로 알림이 전송되는 서비스이다. 노년층의 자립과 건강 관리를 돕는 첨단 기술 모임이다.

반드시 알아둬야 할 Tip

개인 건강 데이터가 민감한 만큼 보안, 프라이버시 정책을 철저히 준수해야 한다. AI 판단 오류에 대비해 반드시 의료 전문가의 검토를 병행해야 한다.

디지털 노마드 증후군
(Digital Nomad Syndrome)

원격 근무와 잦은 이동으로 인해 안정된 일상과 인간관계 부재에서 오는 만성 피로와 소속감 상실을 경험하는 심리적 상태이다.

 디지털 노마드는 **장소에 구애받지 않는 자유를 누리지만, 반복되는 새로운 환경 적응**과 일상 부재로 정신적, 신체적 피로가 누적된다. 안정된 거주지나 커뮤니티가 없으면 사회적 지지가 부족해 외로움과 불안을 자주 느끼게 된다. 이로 인해 집중력 저하와 수면 장애가 발생하기도 하며, 업무 효율성이 떨어지는 악순환이 반복된다. 또한 경계가 모호해진 일과 삶의 균형이 무너지며 번아웃 증상이 나타날 수 있다.

 지적대화에 필요한 포인트

매달 새로운 도시로 이동하며 온라인 회의에 참여하지만 현지 친구나 고정된 작업 공간이 없어 외로움과 피로가 누적되는 경우이다. 자유로운 이동 뒤에 찾아오는 외로움과 불안의 병이다.

반드시 알아둬야 할 Tip

 안정된 거주지와 일과 휴식의 균형을 유지하지 않으면 만성 스트레스와 번아웃으로 이어질 수 있으므로 주기적인 휴식과 네트워크 형성이 필요하다.

밀크플레이션
(Milkflation)

우유 및 유제품 가격이 사료 비용, 에너지 비용, 운송비 상승 등의 영향으로 복합적으로 급등하는 현상이다.

밀크플레이션은 **원유 자체 가격뿐 아니라 사료비 인상과 운송비 상승이 동시에 작용해 우유 및 유제품 가격이 급등하는 현상**이다. 이로 인해 우유를 원재료로 사용하는 빵, 치즈, 버터 등의 식품 생산비용도 함께 상승하여 전반적인 식품 물가에 압력을 가한다. 특히 우유는 일상 필수품이자 다양한 가공식품의 핵심 재료로 사용되기 때문에 가격 변동이 가계 장바구니에 직접적인 타격을 준다. 대체 우유나 식물성 음료로 수요가 이동하기도 하지만, 이들 제품의 수요 증가가 다시 가격 상승을 촉발할 수 있다. 정부와 기업은 사료 및 유통 체계의 효율화를 통해 공급망 안정과 가격 완화를 모색해야 한다.

지적대화에 필요한 포인트
작은 우유 한 팩 가격이 사료비 상승이라는 파도에 휩쓸려 거대한 파도처럼 커져 버리는 것과 같다.

반드시 알아둬야 할 Tip
2025년 식품, 생활경제 분야에서 핵심 이슈로 떠오른 신조어로 우유 가격 상승만 신경 쓴다면 대체품 과잉 수요로 인해 전체 유제품 시장의 변동성이 커질 수 있으므로, 가계 예산과 식단을 다각도로 관리해야 한다.

팬더스트리
(Pandustry)

팬데믹이 촉발한 변화로 새롭게 부상하거나 급성장한 산업 분야를 통칭하는 용어이다.

　팬더스트리는 코로나19 같은 **전염병 확산으로 소비, 생산 방식이 재편되면서 탄생**했다. 오프라인 활동이 제한되자 배달 서비스와 온라인 커머스가 폭발적으로 성장하고, 원격 교육, 원격 근무를 지원하는 플랫폼이 주목받았다. 헬스케어 분야에서는 비대면 진료와 디지털 치료제가 급부상했고, 가상 이벤트, 엔터테인먼트 시장이 확대되었다. 이처럼 팬더스트리는 새로운 수요를 창출하며 글로벌 경제 지형을 바꾸어 놓은 산업들의 집합이다.

지적대화에 필요한 포인트
한순간에 문을 닫은 오프라인 상점들이 온라인 쇼핑몰과 배달 앱으로 전환된 것과 같다.

반드시 알아둬야 할 Tip
팬더스트리는 전염병 특수 수요에 기반하므로 안정기에는 성장세 둔화가 필연적이다.

디깅소비
(Digging Consumption)

숨겨진 가치나 희소 아이템을 찾아 심층적으로 소비하는 행위이다.

디깅소비는 **소비자가 중고 시장, 빈티지 숍, 플리마켓 등에서 잘 알려지지 않은 보물 같은 상품을 발굴**해 구매하는 트렌드이다. SNS를 통해 찾은 희귀 아이템 정보나 팁을 공유하며 '나만의 특별한 소장품'을 만드는 데 집중한다. 이 과정에서 단순한 구매를 넘어 상품의 역사, 제작 배경, 문화적 의미를 조사하며 소비의 즐거움을 확장한다. 취향이 뚜렷한 소규모 커뮤니티에서 정보가 교환되고, 디깅 과정 자체가 하나의 놀이가 되기도 한다.

지적대화에 필요한 포인트
중고 시장 구석진 박스 속에서 오래된 LP판을 발견해 구매하는 것과 같다.

반드시 알아둬야 할 Tip
상품의 품질이나 진위 여부를 꼼꼼히 확인하지 않으면 높은 비용을 들여 헐값의 물건을 사들일 수 있으므로 유의해야 한다.

차이나런
(China Run)

글로벌 투자자들이 중국 시장으로 대규모 자금을 이동시키는 현상이다.

　차이나런은 **중국 내 외국계 기업이나 자본이 정치적 리스크, 규제 강화, 경제 성장 둔화 등으로 인해 급속히 빠져나가는 현상**을 의미한다. 제조업 중심의 탈중국 움직임, 투자 철수, 글로벌 기업의 공급망 다변화 등이 대표적인 모습이다. 미중 갈등, 반도체 통제, 인권 문제 등으로 글로벌 기업들이 중국 리스크를 회피하려는 흐름이 가속화되고 있다. 특히 '차이나 플러스 원' 전략처럼 베트남, 인도, 멕시코 등으로의 이전이 활발해지는 것도 이 현상의 일환이다. 이는 단순한 **경제 문제를 넘어 정치·외교적 신뢰 붕괴에 따른 글로벌 질서 재편을 반영하는 변화**이다. 차이나런은 중국 경제의 불확실성이 얼마나 큰지를 보여주는 신호로 해석되고 있다.

 지적대화에 필요한 포인트

인기 축제 소식에 사람들 수백 명이 한꺼번에 몰려드는 것과 같다.

반드시 알아둬야 할 Tip

중국 시장의 정책 변화나 지정학 리스크로 인한 급격한 자금 이탈이 발생할 수 있으므로 투자 비중과 타이밍을 신중히 관리해야 한다.

코드오렌지
(Code Orange)

미국의 경계 태세 2단계(Code Orange)에 빗대어 단기 금리가 장기 금리를 상회하는 금리 역전 현상을 일컫는 용어이다.

코드오렌지는 미국의 테러 경보 체계 중 '경계' 단계를 빗대어, **금융시장이나 경제가 위기 직전의 불안한 상태에 진입했을 때 사용하는 경고 신호**이다. 금리 급등, 환율 변동, 유동성 위축 등의 위험 요소가 겹치며 시장 전체가 긴장 상태로 들어가는 상황을 가리킨다. 경제가 무너진 것은 아니지만 위기의 조짐이 짙어지는 국면에서 투자자들은 불안감에 빠르게 반응하게 된다. 보통 정책 실패 가능성이나 외부 충격이 예고될 때 '지금은 코드오렌지다'라는 표현이 등장한다. 이는 시장에 보내는 일종의 비상 경고등이자, 선제적 대응을 촉구하는 신호이다.

 지적대화에 필요한 포인트

2025년 3월, 2년 만기 국채 수익률이 10년물보다 높아지며 투자자들은 '코드오렌지' 경고를 체감했다.

반드시 알아둬야 할 Tip

일시적 금리 변동에만 의존하면 잘못된 신호를 받을 수 있으므로, **다른 경제지표와 함께 종합적으로 판단해야** 한다.

브레그렛
(Bregret)

브레그렛은 영국이 EU 탈퇴 결정(브렉시트)에 대해 후회를 느끼는 감정을 일컫는 신조어이다.

　브레그렛은 영국이 **EU탈퇴 이후 파운드화 가치 하락과 무역 협상 난항이 현실화**되면서 사용되기 시작했다. 국민투표 당시의 낙관적 전망과 달리 경제, 사회적 불확실성이 커지자 언론과 소셜미디어에 '브레그렛을 느낀다'는 자성의 목소리가 확산되었다. 이후 정치권에는 정책 수정 요구와 재협상 논의가 이어지며 브레그렛이 정치, 경제적 파장을 상징하는 키워드가 되었다. 결국 브레그렛은 중대한 결정 후 예측치 못한 결과에 대한 반성과 재검토를 촉구하는 메시지로 자리 잡았다.

 ## 지적대화에 필요한 포인트
마치 친구들과 여행 계획을 자신만의 이유로 파기했다가 나중에 모두가 불편해진 상황을 보고 후회하는 것과 같다.

반드시 알아둬야 할 Tip
정책이나 중요한 선택에 대한 일시적 감정적 반응이 과도한 여론 동요로 이어지지 않도록 신중히 판단해야 한다.

뱅보드차트
(Bank-Board Chart)

은행 이사회가 주요 재무, 운영 지표를 시각화해 한눈에 파악할 수 있게 만든 대시보드형 차트이다.

뱅보드차트는 **은행 지점의 창구나 게시판에 게시되는 실시간 금리, 예적금 특판, 대출 조건 등을 시각적으로 정리한 정보 차트를 의미**한다. 과거에는 종이에 직접 써 붙였지만, 최근에는 디지털 화면이나 모바일 앱 형태로 진화하고 있다. 고객 유치 경쟁이 치열해지면서 주요 은행들은 뱅보드차트를 활용해 눈에 띄는 상품 정보를 빠르게 전달하려고 한다. 이는 단순한 안내를 넘어 금리 트렌드나 금융 소비자 행동을 유도하는 마케팅 수단으로 활용되고 있다. 뱅보드차트는 소비자에게 금융 정보를 한눈에 제공하고, 은행에는 경쟁력을 높이는 무기가 되고 있다.

 지적대화에 필요한 포인트

마치 자동차 대시보드가 속도, 연료, RPM을 한눈에 보여주듯, 은행 상태를 한 화면에 보여주는 것이다.

반드시 알아둬야 할 Tip

지표가 과도하게 많으면 오히려 복잡해져 의사결정에 방해가 될 수 있으므로 핵심 지표 위주로 구성해야 한다.

금리 노마드족
(Interest-rate Nomad)

이자 높은 예, 적금 상품을 옮겨다니며 최적의 금리를 추구하는 사람들을 일컫는 용어이다.

금리 노마드족은 **은행과 제2금융권 예, 적금 금리를 상시 비교하며 더 높은 이자를 제공하는 상품으로 자금을 이동**한다. 짧은 만기 상품도 주기적으로 갈아타며 효율적인 이율을 극대화한다. 이 과정에서 우대금리 요건과 해지 수수료, 세제 혜택을 꼼꼼히 검토하는 것이 필수이다. 그러나 빈번한 이동은 해지 이익 감소와 금융기관 한도 초과 등 불이익을 초래할 수 있다. 단순 금리 추종에만 집중하면 장기 투자 기회나 분산투자 기회를 놓치는 위험이 있다.

지적대화에 필요한 포인트
더 높은 적금 금리를 찾아 은행을 이사 다니는 집주인처럼 자금을 옮기는 것이다.

반드시 알아둬야 할 Tip
자주 갈아탈수록 해지 이익이 줄고 세금, 수수료 부담이 커질 수 있으므로 전체 수익률을 종합적으로 검토해야 한다.

짠테크
(JJan-tech)

소액까지 꼼꼼히 챙기며 절약을 실천하는 재테크 방법이다.

짠테크는 '짠돌이+재테크'의 합성어로, **작은 돈이라도 아끼고 모아 실속 있게 자산을 불리는 절약형 재테크 방식**을 의미한다. 커피값 줄이기, 캐시백 활용, 가계부 앱으로 지출 분석 등 일상 속 소비를 철저히 관리하는 것이 특징이다. 큰돈을 벌기보다는 새는 돈을 막고 생활 습관을 개선하는 데 초점을 둔다. MZ세대와 1인 가구 사이에서 소확행을 해치지 않으면서도 돈을 모을 수 있는 방식으로 주목받고 있다. 짠테크는 불안한 경제 속에서 생존과 자율의 균형을 찾으려는 실용적 전략이다.

 지적대화에 필요한 포인트

커피 한 잔 값의 동전을 모아 저축 통장에 매달 이체하는 것과 같다.

반드시 알아둬야 할 Tip

너무 작은 절약에 집착하면 오히려 스트레스로 이어질 수 있으므로 균형 있는 소비 습관이 필요하다.

치즈픽
(Cheese-flation)

치즈 가격이 원재료, 수요, 물류비 상승 영향으로 급등하여 가공식품 전반의 물가를 끌어올리는 현상이다.

   치즈픽은 **우유값 인상과 사료비 상승, 제조 공정 비용 증가**가 복합 작용해 치즈 단가가 올라가면서 시작된다. 치즈는 피자, 파스타, 샌드위치 등 다양한 가공식품의 핵심 재료이기 때문에 가격 변동이 곧바로 외식, 간편식 물가에 반영된다. 또한 수입 치즈에 대한 관세, 운송비 부담이 가세하면 국내 생산 치즈마저 가격 상승 압력을 받는다. 결국 치즈픽은 한 가지 식재료의 급등이 식품 물가 전체를 자극하는 촉매 역할을 한다.

 지적대화에 필요한 포인트
즐겨 먹던 피자 한 판 가격이 치즈값 상승 파도가 밀려와 함께 올라가는 것과 같다.

반드시 알아둬야 할 Tip
치즈 의존 비중이 높은 식단은 비용 부담이 커질 수 있으므로 대체 식재료를 함께 활용해 식비를 관리해야 한다.

밀키찬스
(Milky Chance)

소비자들이 우유 구매 시 제공되는 다양한 할인, 쿠폰, 1+1 프로모션 기회를 찾아 발품을 파는 현상이다.

대형마트와 편의점이 경쟁적으로 우유 할인 프로모션을 진행해 소비자들은 앱 푸시 알림을 놓치지 않고 구매 시기를 저울질한다. 멤버십 할인, 쿠폰 제공, 1+1 행사가 중첩되며 최적의 '밀키찬스'를 찾기 위한 발품 경쟁이 벌어진다. 소비자는 가격 비교 앱과 SNS 커뮤니티를 적극 활용해 실제 할인 여부를 확인한다. 프로모션 이외 기간에는 원가 회복을 위해 정상가보다 높은 가격을 책정하기도 한다. 마케팅 비용이 소비자에게 전가될 수 있다는 비판이 제기된다.

지적대화에 필요한 포인트
친구와 편의점 앱을 동시에 켜고 우유 할인 쿠폰을 찾아 가장 저렴한 매장을 향해 달려가는 것과 같다.

반드시 알아둬야 할 Tip
지나친 할인 경쟁은 제값에 구매하는 습관을 해치고, 프로모션 종료 후 원가 인상 부담을 초래할 수 있으므로 주의해야 한다.

밀크슬롭
(Milk-slop)

할인 행사나 과도한 구매로 유통기한이 임박한 우유를 다 소비하지 못하고 버리게 되는 낭비 현상이다.

　밀크슬롭은 카페에서 우유 거품만 가득 담아 실속 없이 부풀린 음료를 뜻하는 신조어로, **겉보기엔 그럴듯하지만 실제 내용물은 거의 없는 과장된 소비를 비유한 표현**이다. 라떼 주문 시 커피는 적고 우유 거품이 지나치게 많은 상황에서 유래되었으며, 일종의 '가격 대비 허무한 소비 경험'을 풍자한다. 단순히 커피뿐 아니라 마케팅만 화려하고 실속은 없는 모든 소비 행태에 확대 적용되기도 한다. 밀크슬롭은 소비자들이 이제 겉포장보다 내용과 가성비를 중시하는 흐름으로 돌아서고 있음을 보여주는 신호이다. 이는 과장된 브랜드 마케팅이나 허세 소비에 대한 피로감이 누적된 결과이기도 하다.

지적대화에 필요한 포인트
마트 우유 1+1 행사로 우유 네 팩을 샀지만 이틀 내 다 마시지 못해 두 팩을 그대로 버리는 것과 같다.

반드시 알아둬야 할 Tip
행사 참여 전 실제 소비량을 꼼꼼히 계산해 과잉 구매를 피하고, 남은 우유는 요리나 음료에 활용해 폐기를 최소화해야 한다.

미코노미
(Me+Economy)

개인이 자신의 삶과 가치관에 맞춰 소비, 저축, 투자를 주도적으로 설계하는 경제 활동이다.

미코노미는 '나(Me)'와 '경제(Economy)'의 합성어로, **개인의 취향과 만족을 중심으로 소비와 경제 활동을 전개하는 경향을 의미**한다. 타인의 시선보다 자기 만족을 중시하며, 1인 가구 증가, 혼밥·혼술·혼행 트렌드와도 연결된다. 브랜드보다는 가성비, 유행보다는 나만의 루틴과 취향이 소비 기준이 되는 것이 특징이다. 이는 '나를 위한 소비'가 자율성과 정체성의 표현으로 인식되기 시작한 결과이다. 미코노미는 개인 중심의 경제 흐름이 주류가 되는 새로운 소비 패러다임으로 자리잡고 있다.

지적대화에 필요한 포인트

자신만의 레시피대로 장을 보고 직접 식단을 짜듯, 개인 맞춤형 경제 활동을 설계하는 것이다.

반드시 알아둬야 할 Tip

과도한 맞춤화에만 집중해 기본적인 금융 원칙을 간과하면 리스크 관리가 소홀해질 수 있으므로 균형을 유지해야 한다.

호모 프롬프트
(Homo Prompt)

인공지능 모델과의 대화에서 적절하고 효과적인 응답을 이끌어내기 위해 설계된 입력 문구를 뜻하는 용어이다.

호모 프롬프트는 **사용자가 AI에게 원하는 정보나 스타일을 명확히 전달**하기 위해 상세한 지시어와 맥락을 포함한 문장을 구성하는 행위이다. 이 과정에서 키워드 배치, 질문 형식, 제약 조건 등을 전략적으로 활용해 출력 품질을 최적화한다. 적절한 프롬프트 설계는 AI의 창의성, 정확성, 일관성을 높이고 불필요한 재질의를 줄이는 데 기여한다. 다양한 실험과 검증을 통해 베스트 프랙티스를 찾아내고 프롬프트 라이브러리를 구축하기도 한다. 결국 **AI 활용 역량을 결정짓는 핵심 스킬**로 자리 잡고 있다.

 지적대화에 필요한 포인트

요리사가 손님 취향에 맞춰 레시피를 세심히 조율하듯, AI에게 원하는 답변을 정확히 안내하는 것이다.

반드시 알아둬야 할 Tip

프롬프트가 지나치게 복잡하면 AI가 핵심을 놓치거나 과도한 정보를 혼합해 엉뚱한 답변을 생성할 수 있으므로 **간결함을 유지**해야 한다.

Chapter 02
방송, 신문에 자주 나오는 경제 레시피

왜? 이 용어가 방송, 신문에 자주 나오는지 생각해본적 있던가?
그것을 모른다면 **돈의 흐름에 뒤쳐져** 있다는 것이다.

가족 해체 경제학
(Family Disintegration Economics)

가족 기능이 약화하면서 발생하는 경제, 복지, 노동의 변화 현상과 그에 따른 정책 분석 흐름.

　가족해체 경제학은 한때 가족이 맡았던 **노인 부양, 육아, 소득 공유, 정서 지원 등 기능이 붕괴되며 발생**하는 사회적 비용과 정책 공백을 분석하는 접근법이다. 독신 가구, 비혼 출산, 고령 독거인, 1인 청년 가구의 증가는 복지 체계, 주거 정책, 노동 구조까지 재설계를 요구한다. 과거엔 '가족이 해결하라'는 전제가 있었지만, 이제는 사회 시스템이 그 공백을 메워야 하는 시대가 도래했다. 이는 단순한 개인의 선택이 아니라 경제와 국가 시스템의 진화와 직결된다.

 지적대화에 필요한 포인트
가족이 사라지면, 그 빈자리를 사회가 어떻게 책임질 것인가의 문제다.

반드시 알아둬야 할 Tip
개인의 선택을 탓하기보다는, 변화에 맞춘 정책 설계가 핵심이다.

비혼주의
(Non-marriage Orientation)

결혼을 인생의 필수 선택이 아닌 '선택적 가치'로 여기는 삶의 태도.

　비혼주의는 단순한 결혼 포기 선언이 아니다. **결혼이 행복과 필연적으로 연결되지 않는다는 인식**에서 비롯된 자발적 선택이다. 경제적 부담, 양육 스트레스, 성역할 고정관념에 대한 반발이 주요 배경이다. 특히 여성 사이에서 더 강하게 나타나며, '혼자이되 고립되지 않는 삶'을 지향한다. 연애는 하되, 결혼은 하지 않겠다는 태도도 이 범주에 포함된다. 사회는 아직 이들을 향해 '왜?'를 묻지만, 이들은 '왜 꼭?'이라 되묻는다.

 ## 지적대화에 필요한 포인트
결혼을 필수가 아닌 선택으로 여기는 자발적 비혼 선언이다.

반드시 알아둬야 할 Tip
비혼을 '결핍'이 아닌 대안적 삶의 방식으로 이해해야 한다.

DINK족
(Double Income, No Kids)
맞벌이를 하면서 자녀를 두지 않는 부부 형태.

　DINK는 **경제적 자유와 개인 삶의 질을 중시**하는 신혼, 중년 부부의 생활 방식이다. 자녀 양육에 드는 비용과 시간, 경력 단절 문제를 피하고, 자기 계발과 소비, 여행, 주거 투자 등에 집중한다. 과거에는 회피로 보였던 이 선택이, 지금은 하나의 소비 계층이자 삶의 철학으로 자리잡았다. 하지만 가족 중심 제도에서는 여전히 주변화되며, 사회적 혜택에서 소외되는 경우도 많다.

 지적대화에 필요한 포인트
아이 없이 둘이 벌고 둘이 쓰는, 자발적 무자녀 맞벌이 부부다.

반드시 알아둬야 할 Tip
이들을 '이기적'이라 규정하기보다, 가치 다변화의 결과로 이해해야 한다.

혼잡 세대
(Solo Dining Generation)

혼자 식사하는 것이 일상인 세대 혹은 개인.

혼잡 세대는 '혼자 먹는 게 가장 자연스러운 세대'라는 의미로, 혼밥(혼자 밥 먹기)을 일상화하고 즐기는 MZ세대를 중심으로 한 소비자층을 일컫는 신조어이다. 이들은 혼자 밥을 먹는 것을 부끄러워하거나 외롭다고 느끼기보다, 자유롭고 효율적인 삶의 일부로 인식한다. 사회적 거리두기, 1인 가구 증가, 워라밸 중심 가치관이 확산되면서 혼밥 문화는 더욱 보편화되고 있다. 혼잡 세대는 외식 시장에도 변화를 주며, 1인 좌석, 자동 주문, 포장·배달 특화 메뉴 등을 확대시키고 있다. 이는 '함께 먹어야 한다'는 고정관념을 벗어나, **나만의 리듬으로 소비하는 트렌드를 보여주는 현상**이다.

 지적대화에 필요한 포인트

혼자 먹는 식사가 '선택의 자유'이자, 일상의 기본이 된 시대다.

반드시 알아둬야 할 Tip
혼밥을 고립이 아닌 자율로 보는 시선의 전환이 필요하다.

고독사
(Lonely Death)

가족, 사회와 단절된 상태에서 홀로 생을 마감하는 현상.

   고독사는 주로 **1인 고령 가구에서 발생하며, 사회적 연결망의 단절**이 만든 비극적인 죽음이다. 일본에서 먼저 사회적 이슈가 되었고, 한국에서도 급속히 증가 중이다. 경제적 어려움, 가족 해체, 정서적 고립이 주요 원인이다. 단순한 개인 문제로 보이기 쉽지만, 이는 복지 사각지대, 공동체 붕괴, 노인 돌봄 정책 미비가 낳은 구조적 문제다. 고독사는 그 사람의 죽음이 아니라 우리 모두의 외면의 결과다.

지적대화에 필요한 포인트
연결되지 못한 삶의 마지막, 그 이름은 고독사다.

반드시 알아둬야 할 Tip
   복지 제도와 사회적 관심이 생애 말기의 존엄을 보장해야 한다.

가족의 재정의
(Redefinition of Family)

혈연, 혼인 중심의 전통적 가족 개념을 넘어, 다양한 형태의 공동체를 포함하는 포괄적 가족 개념.

 가족의 재정의는 전통적인 가족 개념에서 벗어나, 혈연이나 혼인 관계가 아니어도 정서적 유대와 생활을 공유하면 가족으로 인정하는 사회적 흐름을 의미한다. **1인 가구, 비혼주의, 동거, 반려동물과의 동반 생활 등 다양한 형태의 공동체가 확산되면서 등장한 개념**이다. 이제 가족은 '같이 사는 사람'보다는 '서로를 돌보고 연결된 존재'라는 감정적 의미로 재구성되고 있다. 법과 제도는 아직 기존 가족 중심이지만, 실제 생활 속에서는 이미 가족의 정의가 다변화되고 있다. 이는 개인의 자유와 관계의 다양성을 인정하는 방향으로 사회가 진화하고 있음을 보여주는 신호이다.

지적대화에 필요한 포인트
가족은 혈연이 아니라, 삶을 함께 나누는 사람들로 정의되고 있다.

반드시 알아둬야 할 Tip
법 제도는 여전히 변화에 뒤처져 있다. 제도적 포용력 강화가 필요하다.

1인 가구 경제
(Single-person Household Economy)

1인 가구의 소비, 주거, 생활 특성이 형성한 독립적인 경제 영역.

  1인 가구 경제는 **혼자 사는 인구의 증가로 인해 나타나는 소비와 산업 구조의 변화 현상**을 의미한다. 소형 가전, 간편식, 1인용 가구 등 혼자 쓰기 좋은 상품과 서비스가 시장에서 빠르게 성장하고 있다. '혼라이프'를 즐기는 문화와 함께, 자기 자신에게 집중하는 소비 경향도 함께 확대되고 있다. 기업들은 1인 가구 특성에 맞춘 맞춤형 마케팅과 유통 전략을 강화하고 있다. 1인 가구 경제는 이제 틈새시장이 아니라 한국 사회의 주류 소비 패턴 중 하나로 자리잡고 있다.

지적대화에 필요한 포인트
혼자 사는 사람이 만든 '1인 경제 시대'가 도래했다.

반드시 알아둬야 할 Tip
1인 가구의 빈곤, 고립 리스크는 사회가 함께 대비해야 한다.

디지털 상속
(Digital Inheritance)

고인의 SNS 계정, 클라우드, 비트코인 등 디지털 자산을 사후에 어떻게 처리할지를 다루는 개념.

디지털 상속은 **고인이 남긴 온라인 계정, 가상자산, 사진, 이메일, 콘텐츠 등 디지털 자산을 상속하는 행위나 제도를 의미**한다. 과거에는 눈에 보이는 물리적 유산이 중심이었지만, 이제는 디지털 공간의 재산도 중요한 상속 대상이 되고 있다. 특히 가상화폐나 유튜브 채널, NFT, 클라우드 저장자료 등은 법적 소유권과 접근권에 대한 분쟁도 늘고 있다. 국내외에서는 이를 명확히 하기 위한 제도적 논의와 기술적 해결 방안이 함께 추진되고 있다. 디지털 상속은 **죽음 이후에도 온라인상의 '나'가 남는 시대의 새로운 유산 개념**이다.

지적대화에 필요한 포인트
사람이 떠난 뒤, 남겨진 디지털 삶을 어떻게 정리할 것인가의 문제다.

반드시 알아둬야 할 Tip
사전 계획 없이는 가족이 자산 접근조차 못할 수 있다.

정서 노동
(Emotional Labor)

감정 표현을 직무의 일부로 요구받는 노동 형태.

정서 노동은 **감정과 태도를 일정 기준에 맞춰 조절하거나 억누르며 수행하는 노동 형태**를 의미한다. 주로 서비스직이나 돌봄 노동처럼 타인과의 상호작용이 많은 일에서 요구되며, 겉으로는 친절하고 밝게 보여야 하지만 내면의 감정은 숨겨야 하는 경우가 많다. 지속적인 감정 조절은 정신적 피로와 소진으로 이어지기 쉬우며, 직무 스트레스의 중요한 원인이 된다. 단순한 신체 노동이나 두뇌 노동과는 다른 차원의 '보이지 않는 노동'으로 점점 사회적 관심이 높아지고 있다. 정서 노동은 **감정도 업무의 일부로 간주되는 시대가 낳은 새로운 노동 문제**이다.

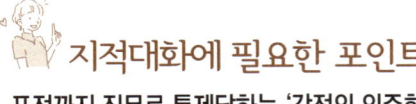 지적대화에 필요한 포인트

표정까지 직무로 통제당하는 '감정의 외주화'다.

반드시 알아둬야 할 Tip

정서 노동자에 대한 심리 보호와 정당한 보상 체계가 필수다.

감정자본주의
(Emotional Capitalism)

감정이 상품화되고, 감정을 매개로 수익을 창출하는 자본주의의 새로운 국면.

감정자본주의는 **감정이 상품처럼 거래되고, 경제 활동의 핵심 자원으로 활용되는 현대 자본주의의 새로운 양상을 의미**한다. 기업은 소비자의 감정에 호소하는 마케팅을 강화하고, 개인은 SNS를 통해 자신의 감정을 콘텐츠화하며 '좋아요'와 팔로워 수로 가치를 환산한다. 일터에서는 친절함, 공감, 열정을 요구받고, 일상 속에서도 감정은 끊임없이 관리되고 평가받는다. 이처럼 감정이 노동의 수단이자 소비의 대상이 되면서, 사람들은 감정마저도 효율과 성과의 논리로 다뤄야 하는 상황에 놓이게 된다. 감정자본주의는 **개인의 감정까지 시장에 편입되는 시대를 상징하는 개념**이다.

 지적대화에 필요한 포인트

감정도 수익이 되는 시대, '느낌마저 돈이 되는 세상'이다.

반드시 알아둬야 할 Tip
감정 피로사회에서 진짜 감정은 점점 사라질 수 있다.

플랫폼 노예
(Platform Labor Slavery)

배달, 라이딩, 콘텐츠 생산 등 플랫폼에 종속된 노동자들이 겪는 불안정한 노동 상태.

플랫폼 노예는 **배달, 대리운전, 쇼핑몰 판매 등 플랫폼을 통해 일하지만 정당한 권리나 안정성을 보장받지 못하는 노동자**를 가리키는 표현이다. 이들은 자영업자로 분류되지만 실질적으로는 플랫폼의 알고리즘과 수수료 구조에 종속되어 있으며, 일감을 배분받기 위해 과잉 경쟁을 벌이기도 한다. 소득은 불안정하고 휴식이나 보험, 노동조합 같은 기본 권리도 제대로 보장받지 못하는 경우가 많다. 플랫폼은 자유와 유연함을 내세우지만, 현실에서는 통제받는 노동에 가까운 구조가 고착화되고 있다. 플랫폼 노예는 **디지털 시대에 등장한 새로운 형태의 비가시적 착취 구조를 상징하는 개념**이다.

지적대화에 필요한 포인트
자유롭게 보이지만, 사실상 '앱의 명령'에 복종하는 신(新)노예다.

반드시 알아둬야 할 Tip
플랫폼은 기술일 뿐이다. 사람을 소모품처럼 쓰는 구조는 바뀌어야 한다.

피로사회
(Fatigue Society)

과잉의욕과 자기 동기화 압력 속에서 번아웃과 무기력을 겪는 현대인의 집단적 정서 상태.

피로사회는 **성과, 자율, 효율을 강조하는 현대 사회에서 사람들이 끊임없이 자기 자신을 몰아붙이며 정신적·육체적 피로에 시달리는 현상을 가리키는 개념**이다. 독일 철학자 한병철이 제시한 이 개념은, 외부의 강제가 아닌 자기계발과 자기 압박이라는 내면화된 강제가 우리를 지치게 만든다고 설명한다. 과거의 억압 사회가 '해야만 한다'는 명령을 강조했다면, 피로사회는 '할 수 있다'는 가능성을 통해 스스로를 착취하게 만든다. 모든 실패가 개인의 능력 부족으로 전가되며, 쉼조차 죄책감으로 느끼는 분위기가 조성되고 있다. 피로사회는 무한한 긍정과 능률 뒤에 감춰진 **현대인의 고독과 탈진을 드러내는 철학적 진단**이다.

 지적대화에 필요한 포인트

과잉의욕에 중독된 사회, '열심히 살다 탈진하는' 인간의 모습이다.

반드시 알아둬야 할 Tip

쉼은 사치가 아니다. 회복 없는 지속은 파멸로 간다.

무기력 자본주의
(Apathy Capitalism)

불평등과 부조리에 익숙해져, 분노나 저항보다 무기력이 지배하는 자본주의 체제의 특성.

무기력 자본주의는 **지속적인 경쟁과 불확실성, 생존 중심의 사회 구조 속에서 개인이 변화의 의지를 상실하고 무기력에 빠지는 자본주의의 한 단면을 가리키는 개념**이다. 열심히 해도 나아지지 않는 현실, 극심한 양극화, 시스템에 대한 불신 등이 누적되면서 사람들은 더 이상 분노하거나 저항하기보다 체념 속에 순응하게 된다. 이는 자본주의의 가장 강력한 통제 방식으로, 문제를 인식하면서도 아무런 행동을 하지 않게 만드는 정서적 마비 상태를 만든다. 소비는 계속되지만 삶의 동력은 약해지고, 사회는 점점 활력을 잃어간다. 무기력 자본주의는 희망을 잃어버린 시대가 만들어낸 침묵의 이데올로기이다.

지적대화에 필요한 포인트
분노 대신 체념, 아무것도 기대하지 않는 자본주의의 슬픈 얼굴이다.

반드시 알아둬야 할 Tip
무기력은 감정이 아니라 구조의 반영이다. 함께 외치는 순간, 반전이 시작된다.

자존감 경제
(Self-esteem Economy)

개인의 자존감이 소비, 브랜드 충성도, 사회적 정체성에 영향을 주는 경제 흐름.

현대 자본주의는 '너 자신을 사랑하라'는 메시지를 팔고 있다. 뷰티템, PT, 명품, **자기계발 콘텐츠는 모두 '나를 더 나답게 만들어주는 것'처럼 포장**된다. 이른바 자존감을 상품화한 시장이다. 하지만 문제는 이 자존감이 진짜 내면에서 나오는 것이 아니라, 비교와 소비를 통해 형성된다는 것이다. 자존감이 '충전되었다가 사라지는 배터리'처럼 소모되며, 결국 더 많은 소비로 이어진다.

지적대화에 필요한 포인트
'나를 위해 쓴다'는 소비조차, 자존감이라는 이름의 마케팅이다.

반드시 알아둬야 할 Tip
진짜 자존감은 소비가 아닌 존재의 수용에서 시작된다.

인플루언서 피로감
(Influencer Fatigue)

지나친 SNS 콘텐츠와 셀럽 중심 문화에 지친 사람들의 심리적 탈피 현상.

　인플루언서 피로감은 **SNS와 유튜브 등에서 끊임없이 노출되는 인플루언서의 콘텐츠에 대중이 느끼는 피로와 거부 반응을 의미하는 신조어**이다. 처음엔 화려한 삶과 진솔한 매력이 관심을 끌었지만, 반복되는 홍보성 콘텐츠와 과장된 일상, 진정성 부족으로 인해 신뢰가 점점 낮아지고 있다. 정보보다 자극을 우선하는 콘텐츠 구조와 알고리즘 피로도 이런 현상을 가중시킨다. 특히 소비자들은 광고성 콘텐츠와 실제 정보의 경계가 모호한 점에서 피로와 불신을 함께 느끼게 된다. 인플루언서 피로감은 '진정성 없는 연결'에 대한 대중의 무의식적 거부를 드러내는 디지털 시대의 정서적 반작용이다.

지적대화에 필요한 포인트
더 이상 인플루언서가 부럽지 않은 시대, 과잉 이미지에 지친 대중의 자가방어다.

반드시 알아둬야 할 Tip
'좋아요'가 존재 증명의 수단이 되는 순간, 나를 잃을 수 있다.

나를 파는 시대
(Selling Myself Era)

개인의 일상, 감정, 경험, 캐릭터까지 모두 콘텐츠로 상품화되는 디지털 시대의 현상.

　나를 파는 시대는 개인의 외모, 감정, 취향, 일상까지 브랜드화해 콘텐츠로 만들고, 이를 통해 생계를 유지하거나 가치를 인정받는 사회적 흐름을 의미한다. SNS에서는 자신을 '팔로워 수와 좋아요'로 측정하고, 취업 시장에서도 '셀프 브랜딩'이 생존 전략으로 작동하고 있다. **자신의 진짜 감정보다 보여지는 이미지가 더 중요해지면서, 사람들은 점점 자기 자신을 마케팅**하는 데 익숙해지고 있다. 이는 표현의 자유이자 기회일 수 있지만, 동시에 존재 자체가 '상품화'되는 시대의 이면을 드러내는 현상이다. 나를 파는 시대는 자기표현과 자기소외가 공존하는 디지털 자본주의의 자화상이다.

 ## 지적대화에 필요한 포인트
'나'는 더 이상 인간만이 아니라 콘텐츠다. 우리는 스스로를 팔고 있다.

반드시 알아둬야 할 Tip
자신을 팔며 자신을 잃지 않는 균형이 중요하다.

감정의 알고리즘화
(Algorithmic Emotions)

인공지능과 데이터 기반 알고리즘이 사람의 감정을 분석, 예측하고 이에 따라 콘텐츠나 상품을 자동 추천하는 현상.

감정의 알고리즘화는 인간의 감정이 데이터화되어 알고리즘에 의해 분석·예측되고, 나아가 소비와 행동까지 유도되는 디지털 시대의 현상이다. SNS '좋아요', 이모지, 감정 분석 AI처럼 감정은 이제 플랫폼 상에서 수치로 환산되고 분류되는 대상이 되었다. 이 과정에서 **사람들은 스스로 감정을 표현하기보다 플랫폼이 제시하는 감정 선택지에 따라 반응**하게 된다. 알고리즘은 개인의 감정 패턴을 학습해 콘텐츠를 추천하고 소비를 설계하며, 감정마저 '기계 친화적'으로 최적화되고 있다. 감정의 알고리즘화는 감정이 더 이상 순수한 내면이 아닌, 플랫폼 경제에 의해 조정되는 시대를 보여주는 신호이다.

 지적대화에 필요한 포인트
내 기분은 내가 만든다고 생각하지만, 사실은 '추천 알고리즘'이 만든다.

반드시 알아둬야 할 Tip
편리함은 통제와 한 끗 차이다. 감정조차 외부에 맡기지 마라.

팔리는 외로움
(Marketable Loneliness)

외로움을 자극하거나 위로하는 콘텐츠, 상품, 서비스가 시장에서 소비되는 현상.

팔리는 외로움은 현대인이 느끼는 **고독과 결핍이 상품과 서비스로 포장되어 판매되는 사회적 현상을 의미**한다. 반려식물, 감성 조명, 혼술 키트, 랜선 친구 서비스 등은 모두 외로움을 달래기 위한 소비의 형태로 나타난다. 사람들은 진짜 관계보다 비용을 지불해 고독을 완화할 수 있는 '정서적 대체물'을 구매하고, 기업은 이러한 감정을 새로운 시장으로 본다. **외로움이 치유의 대상이 아니라 '팔리는 감정'이 되는 순간, 개인의 고독은 자본주의의 논리에 편입**된다. 팔리는 외로움은 감정의 상품화가 어디까지 가능한지를 묻는 디지털 소비 시대의 슬픈 자화상이다.

지적대화에 필요한 포인트

외로움은 더 이상 숨기는 감정이 아니라, 팔리는 감정이다.

반드시 알아둬야 할 Tip

팔리는 감정은 진짜 치유가 아니다. 관계 없는 위로는 오래 가지 않는다.

불안 마케팅
(Anxiety Marketing)

소비자의 불안, 공포, 위기감을 자극해 구매를 유도하는 마케팅 전략.

불안 마케팅은 **소비자의 불안, 결핍, 두려움을 자극해 제품이나 서비스를 구매하도록 유도하는 마케팅 전략**이다. "당신만 없어요", "지금 안 사면 늦어요", "놓치면 후회합니다" 같은 문구는 불안 심리를 자극해 즉각적인 소비를 유도하는 전형적인 방식이다. 건강, 외모, 자녀 교육, 노후 준비 등 불안을 느끼기 쉬운 영역에서 자주 활용된다. 소비자는 무의식 중에 문제 해결보다 '불안 해소'에 반응하게 되고, 기업은 이를 반복적인 수익 구조로 삼는다. 불안 마케팅은 사람의 심리를 압박해 지갑을 여는, 가장 은밀하면서도 효과적인 심리 장치이다.

지적대화에 필요한 포인트
내 불안을 해결해준다며, 불안부터 키워놓는 마케팅이다.

반드시 알아둬야 할 Tip
불안은 진짜일 수도 있지만, 조작일 수도 있다.
먼저 질문해라!
정말 필요한가?

셀프브랜딩 강박
(Self-branding Pressure)

자기 이미지를 '콘텐츠'처럼 꾸미고 관리해야 한다는 압박감이 일상이 된 현상.

　셀프브랜딩 강박은 **자신을 하나의 브랜드처럼 포장하고 관리해야 한다는 압박감 속에서 살아가는 현대인의 심리적 현상을 의미**한다. SNS, 이력서, 면접, 심지어 일상 속 대화에서도 '어떤 사람처럼 보일 것인가'를 끊임없이 의식하게 된다. 진짜 자신보다 보여지는 이미지에 집중하게 되며, '꾸준함'과 '전문성'이 삶의 전시 기준이 되기도 한다. 이는 자아 성장의 도구이기도 하지만, 실패와 멈춤을 용납하지 않는 불안정한 자기 연출로 이어지기 쉽다. 셀프브랜딩 강박은 **현대 사회가 개인에게까지 마케팅을 요구하는 시대의 그림자**이다.

 지적대화에 필요한 포인트

'있는 그대로'가 아니라 '팔릴 수 있게' 자신을 가공하는 강박이다.

반드시 알아둬야 할 Tip

진짜 나를 잊은 '브랜드 나'는 오래가지 못한다. 당신은 팔기 위해 사는 존재가 아니다.

디지털 디톡스
(Digital Detox)

스마트폰, SNS, 인터넷 등 디지털 환경에서 벗어나 휴식과 회복을 추구하는 행동 또는 라이프스타일.

　디지털 디톡스는 **스마트폰, SNS, 인터넷 등 디지털 기기에서 잠시 벗어나 뇌와 감정을 회복시키는 휴식 실천을 의미**한다. 끊임없는 알림과 정보 과잉, 비교와 자극의 홍수 속에서 피로와 불안이 누적되며, 사람들은 의식적으로 '접속하지 않기'를 선택하기 시작했다. 일정 시간 동안 휴대폰을 꺼두거나, SNS 로그아웃, 자연 속 산책 같은 방식이 대표적이다. 단절은 불편하지만, 그 속에서 오히려 집중력, 수면, 감정 안정 등 삶의 리듬이 회복되기도 한다. 디지털 디톡스는 **속도의 시대에서 멈춤을 선택하는 용기 있는 자율 행위**이다.

 지적대화에 필요한 포인트

'쉼'은 뒤처지는 게 아니라, 나를 다시 찾는 회복의 시작이다.

반드시 알아둬야 할 Tip

디톡스는 일시적 이벤트가 아니라 습관이어야 한다. 매일의 작은 로그아웃이 필요하다.

마음 소비
(Emotional Spending)

기분 전환, 스트레스 해소, 감정적 보상을 위해 소비하는 행위.

　마음 소비는 기분 전환, 위로, 보상 등 감정적인 이유로 이루어지는 소비 행태를 의미한다. 꼭 필요해서가 아니라 스트레스를 해소하거나 외로움을 달래기 위해 지갑을 여는 경우가 많다. 예쁜 컵 하나, 향 좋은 캔들, 달콤한 디저트가 그날의 감정을 위로해주는 일종의 '정서적 쇼핑'이 되는 것이다. 소비는 순간적으로 만족감을 주지만, 때로는 후회와 죄책감으로 이어지기도 한다. 마음 소비는 지갑보다 마음이 먼저 반응하는 시대, 감정이 곧 소비의 엔진이 되는 풍경이다.

지적대화에 필요한 포인트
지갑은 가볍게, 마음은 더 무겁게 만드는 감정의 거래다.

반드시 알아둬야 할 Tip
'사는 순간'보다 '사는 이유'가 중요하다. 마음은 상품으로 채워지지 않는다.

정서적 빈곤층
(Emotional Poverty Class)

경제적 빈곤과는 별개로, 안정된 관계와 정서적 교류가 부족해 감정적으로 결핍된 상태에 놓인 사람들.

정서적 빈곤층은 **경제적 수준과 무관하게 따뜻한 관계, 공감, 위로 같은 정서적 자원을 충분히 누리지 못하는 사람들**을 일컫는 표현이다. 주변에 사람이 있어도 외롭고, 말은 많지만 깊은 대화는 부족한 시대 속에서 생겨난 신종 소외계층이다. 디지털 네트워크는 연결을 늘렸지만 정서적 연결은 오히려 약해졌고, 마음의 안전망 없이 혼자 버티는 삶이 일상이 되었다. 타인의 감정에 무관심하고, 자신의 감정조차 돌보지 못하는 상태가 지속되면 내면은 점점 메말라간다. 정서적 빈곤층은 관계의 부재가 만든 또 하나의 사회적 불평등을 보여주는 개념이다.

 지적대화에 필요한 포인트

감정은 넘치는데, 정서는 고립된 상태—정서적 가난의 시대다.

반드시 알아둬야 할 Tip
정서적 빈곤은 단지 개인의 문제가 아니다. 사회적 연결망이 사라질 때 생긴다.

감정 노동의 시장화
(Commodification of Emotional Labor)

고객 응대, 서비스 직군 등에서 감정을 연기하고 조절하는 것이 업무의 일부로 포함되며, 감정 자체가 상품처럼 사용되는 현상.

감정 노동의 시장화는 **감정 표현과 정서적 서비스가 상품처럼 거래되고 평가받는 현상을 의미**한다. 콜센터 직원의 친절한 말투, 카페 바리스타의 미소, 돌봄 노동자의 따뜻한 태도는 모두 정해진 감정 규칙에 따라 수행되어야 한다. 이 감정들은 이제 '노동의 일부'로 간주되며, 그 질은 곧 서비스의 가치와 직결된다. 고객 만족을 위해 감정을 억제하거나 연기하는 행위가 당연시되면서, 감정마저 생산성과 효율의 대상이 되고 있다. 감정 노동의 시장화는 인간적인 태도조차 자본의 논리 안에서 관리되고 평가되는 시대를 보여주는 상징적 현상이다.

 지적대화에 필요한 포인트
이젠 웃음과 공감조차 상품처럼 소비되고 평가되는 사회다.

반드시 알아둬야 할 Tip
감정이 상품이 되면, 진심은 소모되고 남지 않는다.

위로 자본주의
(Consolation Capitalism)

불안, 외로움, 스트레스 등 현대인의 정서적 고통을 상품화하여 위로를 제공하는 시장이 형성되는 현상.

위로 자본주의는 **불안하고 지친 사람들의 마음을 달래주는 상품과 서비스가 하나의 산업으로 성장한 자본주의의 새로운 얼굴을 의미**한다. 심리 상담, 명상 앱, 힐링 여행, 감성 굿즈, '당신을 위한 작은 선물' 같은 마케팅은 모두 위로를 팔고 있는 구조 속에 있다. 사람들은 고단한 일상에서 잠시라도 위로받기 위해 소비를 선택하고, 자본은 이 감정을 전략적으로 포착한다. 위로는 치유가 아닌 '지속 가능한 소비 동기'가 되고, 마음은 곧 구매의 출발점이 된다. 위로 자본주의는 감정마저 시장 논리에 따라 상품화되는 시대의 부드럽고 달콤한 착취 방식이다.

 지적대화에 필요한 포인트

위로는 감정이 아니라, 이젠 패키지로 팔리는 서비스가 되었다.

반드시 알아둬야 할 Tip

진짜 위로는 누군가의 '함께 있음'에서 온다. 소비는 그걸 대체할 수 없다.

소비가 아닌 회복의 심리학
(Healing Beyond Consumption)

상품 구매나 외적 만족이 아닌, 감정적 회복과 내면적 변화에 기반한 심리적 치유의 중요성을 강조하는 태도.

　소비가 아닌 회복의 심리학은 **구매와 소비를 통해 감정을 달래는 방식에서 벗어나, 진짜 치유는 소비 이후의 고요함 속에서 찾아야 한다는 인식에서 비롯된 심리적 전환**이다. 감정에 반응해 무언가를 사고 싶은 충동을 따르기보다는, 내면의 결핍을 직면하고 감정의 뿌리를 돌보는 것이 핵심이다. 명상, 글쓰기, 걷기, 관계 회복 같은 비물질적인 행위는 돈을 쓰지 않아도 회복을 가능하게 한다. 소비는 즉각적인 만족을 주지만, 근본적인 공허를 메우지 못하는 경우가 많다. 소비가 아닌 회복의 심리학은 자본이 아닌 존재를 중심으로 마음을 회복하려는 시대적 시도이다.

 지적대화에 필요한 포인트

회복은 '쇼핑백'이 아닌 '침묵과 감정의 소화'에서 시작된다.

반드시 알아둬야 할 Tip

회복은 빠르지도, 멋있지도 않다. 천천히 느리게 자신에게 돌아오는 일이다.

화이트나이트
(White Knight)

적대적 M&A 위기에 처한 회사를 우호적으로 인수해주는 '구세주 역할의 제3자 기업'.

　화이트나이트는 **기업 인수합병(M&A) 과정에서 적대적 인수자를 막고 회사를 구해주는 우호적인 투자자나 회사**를 일컫는 용어이다. 적대적 인수자가 회사를 강제로 인수하려 할 때, 화이트나이트가 등장해 더 나은 조건으로 회사를 인수하거나 경영권 방어를 돕는다. 이들은 종종 기존 경영진과 협력하여 회사 가치를 보호하거나 회복시키는 역할을 한다. 화이트나이트는 단순한 '구원자' 이상의 전략적 동맹으로, 경영권 분쟁에서 중요한 변수로 작용한다. 경영권 방어와 기업 생존의 핵심 카드는 바로 화이트나이트이다.

 지적대화에 필요한 포인트
적대적 인수로부터 회사를 구해주는 우호적 인수자다.

반드시 알아둬야 할 Tip
'백마 기사'도 결국 본인의 이익을 따진다. 조건 없는 구원자는 아니다.

포이즌필
(Poison Pill)

적대적 M&A를 막기 위해 경영진이 미리 준비해두는 방어 전략. ('독약'을 먹게 만들어 인수 매력을 떨어뜨림)

포이즌필은 **기업 인수합병(M&A) 시 적대적 인수자가 회사를 강제로 인수하는 것을 방지하기 위해 경영진이 사용하는 방어 전략**을 의미한다. 주로 신주를 저가에 발행하거나 주주 권한을 강화해 적대적 인수자의 지분 희석을 유도한다. 이 전략은 인수 비용을 높여 적대적 인수자의 접근을 어렵게 만들고, 경영권 방어에 효과적이다. 포이즌필은 단순한 기술적 장치가 아니라, 기업 경영의 자율성과 독립성을 지키기 위한 중요한 수단이다. 기업들은 상황에 맞춰 다양한 포이즌필 전략을 활용하며, 이는 M&A 판도에 큰 영향을 미친다.

지적대화에 필요한 포인트
적대적 인수자를 물리치기 위한 '경영권 방어 독약'이다.

반드시 알아둬야 할 Tip
지나친 방어는 주주의 권익을 해칠 수 있다. 남용은 경계해야 한다.

슈퍼보드
(Super Board)

정부가 대기업 구조조정을 주도하기 위해 설치하는 '강력한 컨트롤타워 성격의 협의체'.

'슈퍼보드'는 주로 **대기업 부실 문제나 산업 전환 위기 시기에, 여러 부처와 기관이 공동으로 참여하는 정책 조정기구**를 말한다. IMF 외환위기 때, 조선, 해운업 구조조정 시기, 최근 기후변화 대응 산업전환기 등에서 등장한다. 민관이 함께 참여해 대규모 산업구조 개편, 금융 지원, 고용 연계 등을 결정하며, 국가경제 전반에 영향을 주는 중요한 정책 주체로 간주된다. 일종의 비상 경제회의+구조조정 사령탑이라 볼 수 있다.

 지적대화에 필요한 포인트
산업 구조조정과 대기업 위기 대응을 위한 초국가적 의사결정기구다.

반드시 알아둬야 할 Tip
슈퍼보드는 신속함과 공정함, 사회적 합의를 모두 요구한다. 독단적 결정은 갈등을 키울 수 있다.

샌드위치 세대
(Sandwich Generation)

부모 부양과 자녀 양육을 동시에 책임져야 하는, 중간 세대의 사회적, 경제적 압박 상태.

샌드위치 세대는 **40~50대 중장년층을 중심으로, 위로는 노부모의 건강과 부양을, 아래로는 자녀의 교육과 경제 지원을 동시에 부담하는 세대**를 말한다. 특히 고령화와 경기 불황, 부동산 부담, 취업난이 겹치며 이들은 심리적, 경제적 피로감에 시달린다. 이 세대는 자기 삶을 챙길 틈도 없이 압박에 눌린 존재로, 사회적 안전망 부재와 '가족 돌봄의 개인화'라는 구조적 문제가 얽혀 있다. 세대 간 연대와 복지 재설계가 절실한 화두로 떠오른다.

 지적대화에 필요한 포인트
부모와 자녀 사이에서 이중 부담을 떠안는 중간 세대다.

반드시 알아둬야 할 Tip
샌드위치 세대의 책임을 '개인 노력'으로만 몰아가면 구조적 문제 해결이 어렵다.

라곰 세대
(Lagom Generation)

'지나치지 않게, 딱 적당히'를 추구하며 균형과 지속가능성을 지향하는 MZ세대의 새로운 라이프스타일 정체성. (스웨덴어 'Lagom': 너무 많지도, 너무 적지도 않게)

라곰 세대는 **무조건적인 성공, 과도한 경쟁보다 내 삶의 균형과 적정한 만족을 더 중요**하게 여긴다. 이들은 미니멀리즘, 가치소비, 워라밸, 환경 감수성 등 다양한 키워드 속에서 '덜 가지지만 더 행복한 삶'을 실천한다. 화려한 SNS보다 조용한 소확행, 명품 대신 오래 쓰는 친환경 제품을 선호하고, 소비에도 윤리와 취향의 기준이 들어간다. '잘 살기'보다는 '지속가능하게 살기'에 집중하는 이들의 라이프스타일은 ESG, 제로웨이스트, 비건, 슬로우 라이프 등과 맞닿아 있다.

 지적대화에 필요한 포인트

지나친 욕심보다 '적당한 행복'을 추구하는 균형 감각 세대다.

반드시 알아둬야 할 Tip

'적당함'이라는 선택이 현실에 대한 체념이 아니라 '의식적인 절제'임을 이해해야 한다.

기후세대
(Climate Generation)

기후위기와 함께 성장하며, 탄소중립과 생태 감수성을 일상적으로 고민하고 실천하는 세대.

　기후세대는 **지구온난화, 이상기후, 미세먼지, 생물 다양성 붕괴 등을 몸으로 겪으며 자라난 세대**를 뜻한다. 이들은 단순히 환경에 '관심 있는 세대'가 아니라, 기후위기를 생존의 조건으로 인식하고, 정치, 경제, 소비, 교육 등 전 영역에서 이를 해결할 주체로 스스로를 정의한다. '기후 행동', '기후 불안', '친환경 정체성' 등은 이들의 문화 코드이며, ESG, 리필 스테이션, 넷제로, 비건 식단 등도 자연스럽게 소비에 반영된다. 글로벌 청소년 기후 운동을 이끈 그레타 툰베리(Greta Thunberg)가 대표적 상징 인물이다.

지적대화에 필요한 포인트
기후위기를 '이슈'가 아니라 '일상'으로 받아들인 세대다.

반드시 알아둬야 할 Tip
기후세대를 진지하게 존중하지 않으면, 세대 갈등과 정치적 불신이 커질 수 있다. 동등한 대화가 중요하다.

브레이크 세대
(Brake Generation)

과속화된 사회 시스템 속에서 '멈춤', '쉼', '속도 조절'을 선택한 자발적 감속 세대.

　브레이크 세대는 **성장, 속도, 경쟁, 다다익선을 추구하는 기존 세대와 달리, 일, 관계, 소비, 정보 과잉 속에서 스스로 멈추고, 속도를 낮추는 삶**을 택한 세대다. 빠르게 살기보단 천천히 느끼며, 탈성장, 슬로우 라이프, 단절 여행, 마음챙김 등의 문화를 자연스럽게 수용한다. 이는 단순한 게으름이 아니라, '나를 지키기 위한 감속 전략'으로 해석된다. 유튜브 알고리즘 끄기, 주말 휴대폰 꺼두기, SNS 계정 삭제 등도 이들의 대표적 행동 패턴이다.

 지적대화에 필요한 포인트
스스로 멈추는 법을 아는 '속도 해체자 세대'다.

반드시 알아둬야 할 Tip
'브레이크'는 회피가 아니라 회복이다. 속도 조절 없는 삶은 결국 번아웃을 부른다.

착한 소비 트렌드
(Ethical Consumption)

환경, 인권, 동물복지, 지역공동체 등 사회적 가치를 고려해 구매, 사용하는 소비 방식.

착한 소비는 <u>단순히 제품의 가격이나 품질보다, 그 이면에 있는 '가치와 책임'을 보고 선택하는 소비 방식</u>이다. 친환경 포장, 비건 화장품, 공정무역 커피, 지역 소상공인 제품, 사회적 기업 상품 등이 대표적이다. 이는 단순 유행이 아니라, 소비가 곧 정치이자 윤리가 된다는 인식의 전환이다. 특히 MZ세대와 Z세대는 자신의 소비가 사회에 미치는 영향까지 고려하며, 브랜드가 환경을 파괴하거나 인권을 침해하면 불매로 이어지기도 한다.

 지적대화에 필요한 포인트

내 지갑이 사회를 바꾼다는 믿음으로 하는 '가치 중심 소비'다.

반드시 알아둬야 할 Tip

표면적 포장만 강조한 '그린워싱'이나 'ESG 워싱'에 속지 않기 위한 정보 감별력이 중요하다.

슬로우 라이프
(Slow Life)

빠른 삶보다 '느림과 여유'를 추구하며, 삶의 질과 내면의 만족을 중요시하는 라이프스타일.

슬로우 라이프는 **디지털 과속 사회에 지친 현대인들이 의도적으로 속도를 늦추고, 일상 속 여백과 감각을 회복하려는 움직임**이다. 빨리빨리 대신 천천히, 다다익선 대신 꼭 필요한 만큼만. 이들은 소박한 음식, 자연과 함께 걷는 시간, 글쓰기, 명상, 독서 등을 통해 삶의 본질을 다시 찾고자 한다. 이 흐름은 슬로우 푸드, 슬로우 여행, 슬로우 패션 등 다양한 문화로 확산되고 있으며, 코로나19 이후 '속도 조절'이 삶의 지혜로 받아들여지고 있다.

지적대화에 필요한 포인트
빠름보다 여유, 과잉보다 균형을 추구하는 '느림의 미학'이다.

반드시 알아둬야 할 Tip
느림은 게으름이 아니라 '삶을 풍요롭게 만드는 선택'이다. 의식 있는 느림이 중요하다.

제로웨이스트
(Zero Waste)

생활 속 쓰레기 발생을 줄이기 위해 '줄이고, 재사용하고, 재활용하는' 지속가능한 생활 실천 운동.

제로웨이스트는 **쓰레기 배출을 최소화해 자원 낭비를 줄이고 환경 부담을 경감하는 생활 및 생산 방식**을 의미한다. 일회용품 사용을 줄이고 재활용, 재사용, 분리수거를 철저히 하며, 제품 생산부터 소비, 폐기까지 전 과정에서 친환경을 실천하는 철학이다. 소비자는 포장재 없는 제품이나 다회용품을 선택하며, 기업들은 지속 가능한 패키징과 생산 방식을 도입하고 있다. 제로웨이스트는 환경 보호를 넘어 개인의 소비 습관과 가치관을 바꾸는 사회운동으로 자리잡고 있다. 이는 지구 생태계와 미래 세대를 위한 책임 있는 행동이다.

지적대화에 필요한 포인트
'버리는 삶을 줄이고, 다시 쓰는 삶을 늘리자'는 실천 중심 친환경 운동이다.

반드시 알아둬야 할 Tip
모든 쓰레기를 없앨 수는 없다. 완벽보다는 꾸준함과 유연한 실천이 더 중요하다.

리터루족
(Rethrough族)

'다시 생각하고, 다시 쓰고, 다시 나누자'는 가치 아래 중고 소비와 공유 소비를 실천하는 세대. (Rethink+Reuse+Rethrough=Rethrough族)

리터루족은 **중고 거래, 공유경제, 리사이클링 등 순환 소비 문화에 적극 참여하는 실천 세대**를 뜻한다. 이들은 '새 것'보다 가치 있는 것, 쓰던 것을 버리기보단 다시 쓰는 것을 중요하게 여긴다. 당근마켓, 중고나라, 공유 킥보드, 의류 대여 서비스 등은 이들의 일상이 되었고, 이를 통해 환경 보호, 비용 절감, 공동체 연결까지 실현한다. '가지지 않아도 충분히 누릴 수 있다'는 이들의 철학은 소유보다 경험, 신상보다 지속가능성을 중시하는 소비 패러다임 전환을 보여준다.

 지적대화에 필요한 포인트

'새 걸 사지 않아도 충분해'를 실천하는 순환 소비 세대다.

반드시 알아둬야 할 Tip
중고거래나 공유 서비스는 신뢰가 핵심이다. 투명성과 기본 매너가 선결 조건이다.

모바일 쉼표족
(Mobile Pause Generation)

디지털 기기 사용을 스스로 제한하고, 일상 속에서 휴식과 집중을 되찾는 사람들. (스마트폰을 끄는 순간, 쉼표가 시작된다.)

모바일 쉼표족은 **스마트폰과 디지털 기기에 과도하게 몰입한 후 의도적으로 잠시 멈추고 휴식을 취하는 세대**를 일컫는 말이다. 끊임없는 알림과 정보 홍수 속에서 정신적 피로를 느끼고, 잠깐이라도 디지털 세계에서 벗어나 마음의 여유를 찾으려는 시도가 늘고 있다. 이들은 완전한 단절보다는 '잠시 멈춤'의 균형을 추구하며, 건강한 디지털 사용 습관을 만들어가고 있다. 모바일 쉼표족은 빠른 속도와 과잉 정보 시대에 대응하는 현대인의 자기관리 전략이자 새로운 문화적 흐름이다.

 지적대화에 필요한 포인트

스마트폰을 끄고 나 자신과 연결되는 '디지털 자율 쉼표 세대'다.

반드시 알아둬야 할 Tip

단절 자체가 목적이 아니라 **'선택적으로 연결되는 능력'**을 기르는 것이 핵심이다.

슬로우 푸드
(Slow Food)

빠르게 조리하고 소비하는 패스트푸드에 반해, 전통 방식으로 천천히 만든 음식을 즐기는 식문화 운동.

　슬로우 푸드는 1986년 이탈리아에서 패스트푸드에 대한 반대 운동으로 시작되었다. 산업화된 음식 문화 대신 지역 농산물, 제철 식재료, 수공적 요리 방식을 통해 '맛'뿐 아니라 '지속가능성'과 '문화'를 함께 되살리자는 취지다. **단순한 식사에서 벗어나, 음식이 자연, 시간, 사람을 연결하는 가치 행위가 된다는 철학이 담겨** 있다. 요즘은 전통 장 담그기, 발효식품 만들기, 도시농업 등이 슬로우 푸드 흐름과 맞물려 로컬 푸드와 슬로우 라이프의 핵심 요소로 자리잡고 있다.

지적대화에 필요한 포인트
빨리 먹는 것보다 '어떻게 만들고, 누구와 먹느냐'를 중시하는 식문화다.

반드시 알아둬야 할 Tip
느린 음식이 불편함이 아닌 '관계의 회복'임을 잊지 말아야 한다.

리필 스테이션
(Refill Station)

샴푸, 세제, 식품 등 필요한 만큼만 덜어 쓰는 '포장 없는 가게'. (*제로웨이스트의 실천 거점 공간)

　리필 스테이션은 **쓰레기를 줄이기 위해 포장 없이 필요한 양만 리필해가는 친환경 소비 공간**이다. 소비자는 텀블러, 병, 통 등을 가져와 세제, 식품, 곡물, 향신료 등을 덜어가며, 과잉 포장, 일회용 쓰레기, 잉여 소비를 줄이는 지속 가능한 소비 방식을 실천한다. 최근 대형 마트와 편의점에서도 시범 운영이 확산되며, 환경과 소비를 함께 고민하는 실천가들의 일상 공간으로 자리 잡고 있다. 리필은 단순히 '채움'이 아니라 '가볍게 사는 법'이기도 하다.

 ## 지적대화에 필요한 포인트
필요한 만큼만 덜어 쓰며, 쓰레기를 줄이는 친환경 공간이다.

반드시 알아둬야 할 Tip
리필을 하려면 준비가 필요하다. 용기 가져오기와 세척 습관이 중요하다.

비우는 삶
(Minimal Living)

불필요한 물건과 관계, 정보 등을 덜어내고, 본질과 여백을 중심에 둔 삶의 방식.

　비우는 삶은 **필요 없는 물건과 욕심을 줄이고, 단순하고 본질적인 삶을 추구하는 생활 방식**이다. 소유를 최소화해 공간과 마음에 여유를 만들고, 과도한 소비 대신 진정한 가치를 찾는다. 이는 물질적 풍요보다 정신적 만족과 자율성을 중시하는 현대인의 라이프스타일로 자리 잡았다. 비우는 삶은 환경 보호와 경제적 안정에도 긍정적인 영향을 미치며, '소유의 무게'에서 자유로워지려는 시도이다. 이는 삶의 질을 높이고 행복을 재정의하는 중요한 철학적 흐름이다.

 ## 지적대화에 필요한 포인트
덜어냄을 통해 더 많은 것을 발견하는 '가벼운 삶의 기술'이다.

반드시 알아둬야 할 Tip
비움은 목적이 아니라 수단이다. 버리기가 아니라 '지키기 위한 선택'임을 기억하자.

1일 1쉼
(One Day One Rest)

바쁜 일상 속에서 의도적으로 짧은 쉼을 실천해, 정신적 균형을 회복하는 일상 회복 운동.

1일 1쉼은 **하루에 한 번 의도적으로 짧은 휴식을 가지는 삶의 태도나 방식을 뜻**한다. 바쁜 일상 속에서 번아웃이나 스트레스를 예방하기 위해 매일 짧은 시간이라도 완전한 휴식을 취하는 것을 강조하는 트렌드이다. 예를 들어 하루 중 5분 동안 명상하기, 점심시간에 스마트폰을 잠시 꺼놓기, 퇴근 후 집에서의 티타임 등을 통해 의식적으로 일과 휴식을 분리하며 자신을 돌보는 시간을 확보한다. 이는 지속가능한 삶을 위한 자기 관리 방법으로, 생산성 향상뿐 아니라 삶의 질과 정신 건강을 보호하는 데에도 큰 효과가 있다.

지적대화에 필요한 포인트

하루에 한 번은 스스로에게 '괜찮아, 쉬어도 돼'라고 말해주는 운동이다.

반드시 알아둬야 할 Tip

쉼을 미뤄선 안 된다. 작은 쉼의 실천이 큰 회복을 만든다.

캐리 트레이드
(Carry Trade)

금리가 낮은 나라에서 자금을 빌려 금리가 높은 나라에 투자해 수익을 얻는 전략.

캐리 트레이드는 **이자율 차이를 활용해 수익을 얻는 투자 방식**이다. 예를 들어 일본처럼 금리가 낮은 나라에서 엔화를 빌려, 금리가 높은 신흥국 채권 등에 투자하면 이자 차익을 챙길 수 있다. 이 전략은 안정적인 환율과 금리 환경에서 매력적이지만, 환율이 급변하거나 글로벌 금융 시장이 불안해지면 순식간에 손실이 커질 수 있다. 그래서 고수익처럼 보여도 항상 환위험과 유동성 리스크를 동반한다. 글로벌 자금 흐름을 이해할 때 중요한 키워드이기도 하며, 특히 신흥국 통화 불안의 배경에 이 전략이 숨어 있는 경우가 많다.

지적대화에 필요한 포인트

금리차를 이용해 빌려 투자하며 이익을 노리는 '금리 갭 투자 전략'이다.

반드시 알아둬야 할 Tip

환율 급변, 금리 역전 등으로 인해 손실이 눈덩이처럼 불어날 수 있다. 환헤지 전략과 리스크 관리가 반드시 필요하다.

엔 캐리 트레이드
(Yen Carry Trade)

일본의 초저금리를 활용해 엔화를 빌려 외국 고금리 자산에 투자하는 전략.

　엔 캐리 트레이드는 대표적인 캐리 트레이드 전략으로, **일본의 장기간 저금리 기조를 활용해 전 세계 투자자들이 자금을 조달하는 방식**이다. 투자자들은 낮은 금리로 엔화를 빌려 달러화, 유로화, 혹은 신흥국 자산에 투자해 이자 차익을 얻는다. 이 전략은 일본의 금리가 거의 '제로' 수준일 때 특히 활발하며, 글로벌 유동성을 확대시키는 원인이 되기도 한다. 하지만 일본의 금리가 상승하거나 글로벌 불확실성이 커질 경우, 투자자들은 엔화로 다시 환전하려 하면서 시장에서 '역캐리 트레이드' 붕괴가 발생할 수 있다. 이는 자산 가격 하락과 환율 급변으로 이어질 수 있어 주요 변수로 주목받는다.

 지적대화에 필요한 포인트

일본의 낮은 금리를 이용해 해외 고금리 자산에 투자하는 전략이다.

반드시 알아둬야 할 Tip
일본 금리 인상이나 시장 불안 시, 급격한 자금 회수와 환율 충격이 발생할 수 있다.

삼(Sahm)의 법칙
(Sahm Rule)

미국의 실업률이 최근 12개월 최저치보다 0.5%p 이상 상승하면 경기침체가 시작되었다고 판단하는 지표.

　삼의 법칙은 미국 경제학자 **클라우디아 삼(Claudia Sahm)이 제안한 실업률 기반 경기침체 판단 기준**이다. 핵심은 '최근 12개월 중 최저 실업률 대비 0.5%포인트 이상 상승'이라는 간단한 수치지만, 역사적으로 매우 정확한 경기침체 예측력을 보여왔다. 이는 실업률이 단기적으로 민감하게 반응하는 지표라는 점에 착안해, 복잡한 경기지표보다 훨씬 신속하게 침체 신호를 포착할 수 있다는 장점이 있다. 미국 연준 내부에서도 유효한 경기판단 도구로 검토되고 있으며, 경제 위기 초입을 빠르게 감지하는 데 큰 도움이 된다. 특히 **통화정책 결정 시 유용하게 사용**된다.

 지적대화에 필요한 포인트
실업률이 0.5%p 이상 상승하면 경기침체 가능성이 크다는 '경제 조기경보'다.

반드시 알아둬야 할 Tip
단기적 충격이나 일시적 고용 감소에도 작동할 수 있어, 다른 지표와 함께 종합적으로 해석해야 한다.

J커브 효과
(J-Curve Effect)

정책 변화나 외환 요인이 처음에는 손실처럼 보이지만, 시간이 지나면 점차 이익으로 전환되는 현상.

  J커브 효과는 그래프의 궤적이 영어 알파벳 J 모양을 따라가는 데서 유래했다. 예를 들어, 환율이 상승하면 수출은 당장 늘지 않고 수입만 비싸져 무역수지가 악화된다. 하지만 시간이 지나면서 수출이 늘고 수입 대체 효과가 발생해 결국 무역수지는 개선된다. **초기에 일시적인 악화가 있지만 장기적으로는 호전되는 흐름이 대표적**이다. 이 효과는 통화가치 하락, 정책 개편, 구조조정 등에서 자주 나타나며, 단기적 불이익을 참아야만 장기 성과를 얻을 수 있다는 경제적 메시지를 담고 있다. '당장 나빠 보여도 기다리면 좋아진다'는 인내형 경제 논리이다.

지적대화에 필요한 포인트
정책 변화 초기에 손해처럼 보여도, 시간이 지나면 회복되는 패턴을 말한다.

반드시 알아둬야 할 Tip
J커브가 반드시 발생하는 건 아니다. 구조적 문제나 정책 실패 시, 회복 없이 손실만 커질 수 있다.

규제 샌드박스
(Regulatory Sandbox)

신기술이나 신사업을 일정 기간 동안 기존 규제를 유예하거나 면제해주는 제도.

　규제 샌드박스는 어린이들이 모래놀이터(sandbox)에서 자유롭게 노는 것처럼, **기업이 새로운 기술이나 서비스에 대해 기존 법규의 적용 없이 실험해볼 수 있도록 허용하는 제도**다. 본격적인 상용화 전, 실증 테스트를 통해 제도적 충돌을 점검하고, 규제 혁신 여부를 판단하는 일종의 '규제 유예 구역'이다. 특히 핀테크, 바이오헬스, 자율주행, 공유경제 등 빠르게 발전하는 분야에서 활발하게 활용되고 있다. 정부는 이 제도를 통해 혁신을 장려하고, 기업은 안전하게 시장 반응을 확인할 수 있어 서로 윈윈할 수 있다. 다만 안전성, 소비자 보호 등 기본 원칙은 반드시 지켜져야 한다.

 지적대화에 필요한 포인트

신기술 실험을 위해 규제를 잠시 멈추는 '제도적 실험 공간'이다.

반드시 알아둬야 할 Tip
과도한 규제 유예는 소비자 피해로 이어질 수 있다. 실험과 안전 사이의 균형이 중요하다.

데스밸리
(Death Valley)

창업 초기 기업이 자금, 인력, 시장 확보 등의 어려움으로 인해 생존하기 힘든 위험 구간.

   데스밸리는 **스타트업이 창업 후 일정 기간 동안 외부 자금을 충분히 확보하지 못하거나, 제품, 서비스가 시장에서 검증되기 전까지 겪는 생존 위기의 시기**를 의미한다. 아이디어는 있지만 수익은 없고, 개발비와 인건비는 빠르게 소모되는 이 구간은 '죽음의 계곡'이라 불릴 만큼 많은 기업들이 이 단계에서 무너진다. 일반적으로 창업 1~3년 사이에 가장 두드러지며, 투자 유치, 고객 확보, 제품 완성도 모두가 불안정한 시기이다. 이 구간을 넘어서면 본격적인 성장 기회를 잡을 수 있지만, 그렇지 않으면 시장에서 조용히 사라지게 된다. 데스밸리를 건너기 위해서는 자금 계획과 지속적인 피드백 개선이 필수다.

 지적대화에 필요한 포인트

초기 창업기업이 가장 쉽게 무너지는 위험한 생존 구간이다.

반드시 알아둬야 할 Tip
아이디어보다 자금, 시장, 실행력이 핵심이다. 감정보다 현실 대응 전략이 필요하다.

로우볼 전략
(Low Volatility Strategy)

변동성이 낮은 종목에 장기 투자해 안정적인 수익을 추구하는 투자 전략.

    로우볼 전략은 **주가 변동폭이 작고 안정적인 흐름을 보이는 종목들에 분산 투자하여, 시장 하락 시 손실을 줄이고 상승장에서는 꾸준한 수익을 노리는 보수적 투자 방식**이다. 기존 금융 이론에서는 위험이 클수록 수익이 크다고 보지만, 실제로는 저변동성 종목이 장기적으로 더 나은 성과를 보이는 경우가 많았다. 이런 전략은 특히 경기 불확실성이 클 때 더 강한 방어력을 보이며, 전통적으로 유틸리티, 필수소비재, 건강관리 업종 등이 대표적이다. 요즘에는 로우볼 ETF나 퀀트 전략으로도 활용되며, 리스크는 줄이되 수익은 놓치지 않겠다는 투자자들에게 인기를 얻고 있다.

지적대화에 필요한 포인트
작게 흔들리는 종목에 장기 투자해 '조용히' 수익을 추구하는 전략이다.

반드시 알아둬야 할 Tip
너무 보수적으로 구성하면 상승장에서 수익 기회를 놓칠 수 있다. 시장 흐름과의 균형이 필요하다.

루이스 전환점
(Lewisian Turning Point)

농촌의 잉여 노동력이 고갈되어 산업 부문 임금이 상승하기 시작하는 전환 시점을 말한다.

　루이스 전환점은 개발경제학자 아서 루이스(Arthur Lewis)가 제시한 개념으로, 산업화 초기에는 농촌에서 도시로 값싼 노동력이 무제한 공급되기 때문에 기업이 낮은 임금으로 성장할 수 있다. 하지만 어느 시점이 지나면 더 이상 유입될 인력이 없어지고, 임금이 상승하면서 기업의 비용 부담이 커진다. 이때부터 **산업 성장은 '노동력 증가'가 아닌 '생산성 향상'에 의존하게 되며, 경제 구조 전환**이 필요해진다. 중국이 2010년대 중반부터 이 전환점을 통과하며 제조업 중심의 성장에서 고부가가치 산업 중심으로 이동한 것이 대표적인 사례다. 이는 저성장, 노동력 고령화, 인건비 인상과도 연결되며, 국가 경제 전략의 변화를 요구한다.

지적대화에 필요한 포인트
더 이상 값싼 노동력이 없고, 임금이 오르기 시작하는 산업 성장의 변곡점이다.

반드시 알아둬야 할 Tip
전환점 이후에도 저부가가치 산업에 머물면 '중진국 함정'에 빠질 수 있다. 구조 고도화 전략이 필수다.

리디노미네이션
(Redenomination)

화폐 단위를 변경해 기존 통화를 새로운 기준으로 바꾸는 조치로, 보통 1,000원을 1원으로 바꾸는 식의 '화폐 액면 절하'를 말한다.

리디노미네이션은 **통화 단위 자체를 바꾸는 것**으로, 예를 들어 1,000원을 1원으로 변경하면 화폐 숫자가 줄어들지만 국민의 자산 가치나 물가 수준은 변하지 않는다. 주로 인플레이션을 겪은 국가들이 복잡한 화폐 단위를 단순화하기 위해 실시하며, 회계 시스템과 가격표, ATM, 세금 시스템 등 전반적인 경제 인프라를 수정해야 하는 대규모 작업이다. 한국에서도 몇 차례 논의되었지만, 국민 혼란, 물가 상승 우려, 심리적 반감 등으로 실제 시행되지는 않았다. 실질적 경제 개혁보다 '상징적 리셋'의 효과가 크고, 사회 전반의 공감대 형성이 중요하다.

 지적대화에 필요한 포인트

화폐 단위를 줄여 숫자를 단순화하는 '돈의 얼굴 바꾸기'다.

반드시 알아둬야 할 Tip

물가 상승 오해와 자산 재산정 혼란 등으로 소비 위축과 사회적 불신을 초래할 수 있다. 신중한 사회적 합의가 선행되어야 한다.

마천루의 저주
(Skyscraper Curse)

세계 최고층 빌딩이 완공되거나 착공되는 시점에 경제 위기나 금융위기가 자주 발생한다는 경험적 법칙.

　마천루의 저주는 **새롭고 거대한 초고층 빌딩이 지어질 때마다 그 시점 전후로 경제가 침체하거나 버블이 붕괴**되었다는 관찰에서 비롯된 이론이다. 예를 들어, 엠파이어 스테이트 빌딩(대공황), 말레이시아의 페트로나스 타워(IMF), 두바이의 부르즈 칼리파(글로벌 금융위기) 등이 대표적 사례다. 이는 단순한 우연이라기보다는, 경제 호황기에 과도한 낙관과 저금리, 풍부한 유동성이 몰리며 '과잉 투자'가 초고층 빌딩이라는 형태로 상징화된 결과로 해석된다. 즉, 초고층 빌딩은 기술의 상징이자 경제 과열의 경고등일 수 있다. 경제학자 마크 손튼(Mark Thornton)이 체계적으로 연구해 이 이론을 널리 알렸다.

 지적대화에 필요한 포인트

세계 최고층 빌딩이 들어설 때 경제 위기가 찾아온다는 '경제 버블의 예고등'이다.

반드시 알아둬야 할 Tip

모든 마천루가 위기를 부르지는 않는다. 상징적인 현상일 뿐 인과관계로 오해하면 곤란하다.

블루라운드
(Blue Round)

국제 무역에서 근로자의 노동 조건과 인권 문제를 다루는 글로벌 협상 이슈로, '노동기준 라운드'라고도 불린다.

　블루라운드는 **기존의 상품과 서비스 중심 무역 협상(GATT, WTO)과 달리, 노동자의 권리와 근로 조건까지 무역 협정의 테이블에 올리자는 움직임**에서 비롯되었다. 선진국을 중심으로 형성된 이 개념은 '값싼 노동력으로 수출 경쟁력을 얻는 저개발국이 공정한 무역을 해치고 있다'는 문제의식에서 시작되었다. 대표적으로 미국과 유럽은 아동노동, 강제노동, 최저임금 미달 등의 문제를 무역 제재 사유로 삼으려 했으며, 이에 대해 개발도상국은 '신보호주의'라며 강하게 반발했다. 결국 WTO에서 본격적으로 채택되지는 않았지만, 기업의 ESG, 공급망 윤리 기준과 연결되어 지금도 실질적인 영향력을 발휘하고 있다.

 지적대화에 필요한 포인트

노동자의 인권과 근로 조건을 무역의 공정성 이슈로 끌어들인 협상 개념이다.

반드시 알아둬야 할 Tip
노동 보호라는 명분 뒤에 숨은 선진국의 시장 장벽으로 작용할 수 있다. 균형 있는 해석이 필요하다.

그린라운드
(Green Round)

국제 무역에서 환경 보호를 중심으로 논의되는 글로벌 협상 이슈로, 무역과 지속가능성을 결합한 개념이다.

그린라운드는 **환경 보전을 명분으로 무역 제한을 정당화하려는 움직임**에서 비롯되었다. 선진국은 개발도상국의 무분별한 개발이나 탄소 배출, 환경 파괴를 문제 삼아 수출입에 조건을 붙이려 했고, 이에 대해 개도국은 '환경을 핑계로 한 신보호주의'라며 반발했다. 플라스틱 규제, 온실가스 감축, 탄소 국경세(CBAM), RE100 등이 현대판 그린라운드의 연장선에 있다. 특히 WTO 체제에서 '환경보호를 이유로 무역 장벽을 세울 수 있느냐'는 문제는 여전히 논란거리다. 기업의 ESG 경영, 글로벌 공급망에서의 '환경 기준' 요구가 강해지며 그린라운드는 더욱 실질적 영향력을 행사하고 있다.

 지적대화에 필요한 포인트

환경 문제를 무역과 연결해 새로운 국제 규범으로 확장하려는 글로벌 협상 흐름이다.

반드시 알아둬야 할 Tip

환경 보호라는 명분이 자칫 개발도상국의 성장 기회를 가로막는 도구로 쓰일 수 있다. 공정한 전환이 중요하다.

피구 효과
(Pigou Effect)

물가가 하락하면 실질 자산 가치가 상승하고 소비가 늘어나 경기가 회복된다는 이론.

    피구 효과는 경제학자 아서 피구(Arthur Pigou)가 주장한 이론으로, **디플레이션 상황에서도 시장이 자동 회복될 수 있다는 논리**다. 물가가 떨어지면 가계의 현금, 예금 같은 명목 자산의 실질 가치가 증가하고, 이로 인해 소비 여력이 커져 총수요가 회복된다는 것이다. 다시 말해, **가격 하락→실질 자산 증가→소비 확대→경기 회복이라는 선순환 고리를 상정**한다. 이는 케인스학파가 주장한 '유효수요 부족'에 대한 반론으로 제시되었으며, 시장 자율조정 기능을 강조하는 고전학파 경제학의 논거 중 하나로 꼽힌다. 하지만 현실에서는 디플레이션이 오히려 소비를 더 위축시키는 경향이 있어 논란이 있다.

 지적대화에 필요한 포인트

물가 하락이 자산 효과를 불러와 소비와 경기를 회복시킨다는 이론이다.

반드시 알아둬야 할 Tip
실제로는 불황기에 소비 심리가 위축되어 피구 효과가 제대로 작동하지 않을 수 있다.

중진국 함정
(Middle-Income Trap)

개발도상국이 중진국 수준에 도달한 뒤 더 이상 고도성장을 하지 못하고 정체되는 현상.

　중진국 함정은 한 **나라가 저임금, 저기술 기반으로 빠르게 성장한 뒤, 일정 소득 수준에 이르면 고부가가치 산업으로 전환하지 못하고 경제가 장기 정체에 빠지는 현상**을 말한다. 노동 비용은 선진국 수준으로 올라가지만 기술력, 산업 구조, 제도는 여전히 후진적이어서 '경쟁력 상실'에 빠지게 된다. 남미, 동남아 일부 국가가 대표적인 사례이며, 한국, 중국 역시 한때 이 함정에 빠질지 주목받았다. 이를 극복하려면 혁신, 교육, 인프라, 제도 개혁이 동시에 이뤄져야 한다. 단순한 제조업 중심 성장만으로는 더 이상 나아가기 어렵다.

지적대화에 필요한 포인트
중소득국이 고소득국으로 도약하지 못하고 장기 침체에 빠지는 성장의 덫이다.

반드시 알아둬야 할 Tip
기술 혁신 없이 임금만 오르면 경쟁력을 잃는다. 산업 고도화가 필수다.

블루슈머
(Bluesumer)

기존 시장에 없거나 경쟁이 덜한 '블루오션 시장의 소비자'를 지칭하는 신조어. (Blue Ocean + Consumer의 합성어)

　블루슈머는 레드오션(경쟁 치열한 시장)과는 반대로, **아직 개척되지 않은 시장에서 새로운 수요를 창출하는 소비자**를 말한다. 이들은 숨겨진 니즈를 가지고 있고, 기존 제품이나 서비스에 만족하지 않으며, 차별화된 가치를 추구한다. 예를 들어, '비건 뷰티', '실버 휘트니스', '1인 가구 맞춤형 가전' 시장에서 활약하는 소비자들이 블루슈머의 대표적 사례다. 이들은 단순 소비자가 아니라 트렌드를 바꾸고 시장을 창출하는 '혁신의 씨앗'으로 여겨진다. 기업 입장에서는 블루슈머의 목소리를 먼저 읽는 것이 미래 시장 선점의 열쇠가 된다.

지적대화에 필요한 포인트
아직 채워지지 않은 시장의 새로운 수요를 만들어내는 소비자.

반드시 알아둬야 할 Tip
일시적 유행으로 오인하거나 소비자의 진짜 니즈를 오독하면 오히려 실패 확률이 크다.

슈바베지수
(Schwabe Index)

가계 소비지출 중 주거비(집세, 관리비 등)가 차지하는 비율을 나타내는 지표.

슈바베지수는 독일의 통계학자 슈바베(Hermann Schwabe)가 제안한 개념으로, **주거비가 전체 소비에서 얼마나 비중을 차지하는지를 수치**로 보여준다. 일반적으로 저소득층일수록 주거비 비중이 크고, 고소득층일수록 작다는 경향이 있다. 이 지표는 사회 전반의 주거 안정성과 소득 분포를 파악하는 데 활용되며, 25~30%를 넘으면 '주거비 부담 과다' 상태로 평가된다. 한국처럼 집값과 전월세가 급등하는 나라에서는 슈바베지수가 국민 삶의 질을 가늠하는 중요한 경제지표가 된다. 월급은 그대로인데 월세만 오를 때, 이 지수는 경고음을 울린다.

지적대화에 필요한 포인트
가계가 주거비로 얼마나 지출하고 있는지를 보여주는 '주거비 체감지수'다.

반드시 알아둬야 할 Tip
단순 수치만 보면 고소득자의 지출 비율이 낮아 보이지만, 실제 금액은 클 수 있으므로 절대값 해석도 필요하다.

슈바베의 법칙
(Schwabe's Law)

소득이 증가할수록 전체 소비에서 주거비가 차지하는 비율은 줄어든다는 법칙.

　바베의 법칙'은 주거비 지출의 소득탄력성이 1보다 작다는 데서 출발한다. 쉽게 말해, 사람이 **돈을 많이 벌게 될수록 의식주 중 '주거비'는 전체 지출에서 점차 줄어드는 비중**으로 나타난다는 것이다. 예를 들어 월 100만 원 버는 사람은 월세 30만 원이지만, 500만 원 버는 사람도 월세는 60만 원일 수 있다. 이처럼 소득 대비 주거비 비중이 줄어드는 현상은 중산층과 고소득층일수록 더 강하게 나타난다. 이 법칙은 '소득격차가 주거격차로 이어진다'는 구조의 분석 기반이 되기도 하며, 복지정책 수립 시 중요한 참고 지표로 활용된다.

 지적대화에 필요한 포인트

소득이 많을수록 주거비 비율은 작아지는 경향을 설명한 소비 법칙이다.

반드시 알아둬야 할 Tip
도시 집중 현상이나 자가 보유 여부에 따라 법칙이 왜곡될 수 있으므로 지역, 계층별 세부 분석이 중요하다.

슈퍼 사이클
(Super Cycle)

원자재 가격이 장기간에 걸쳐 상승세를 지속하는 거대한 경기 순환 흐름.

슈퍼 사이클은 원유, 철광석, 구리, 곡물 등 **원자재 가격이 단기간의 등락을 넘어서 수년 또는 수십 년에 걸쳐 장기적으로 상승하는 경제 흐름**을 의미한다. 주로 글로벌 산업 재편, 대규모 인프라 투자, 신흥국의 급성장 등 수요 폭발이 배경이 되며, 공급이 이를 따라가지 못할 때 더욱 극적으로 나타난다. 2000년대 중국의 급성장이 대표적인 예로, 이 시기 원자재 가격이 급등하며 세계 인플레이션 압력을 키웠다. 최근에는 친환경 전환, 전기차 수요, 디지털 인프라 확대가 새로운 슈퍼 사이클을 이끌 수 있다는 전망도 나온다. 이는 투자자, 기업, 정부 정책에 장기적인 영향을 준다.

지적대화에 필요한 포인트
원자재 가격이 장기적으로 계속 오르는 '거대한 경제적 파도'다.

반드시 알아둬야 할 Tip
일시적 가격 급등과는 다르며, 근본적인 수요 변화와 공급 제한이 동시에 작용해야 진짜 슈퍼 사이클이다.

애그플레이션
(Agflation)(Agriculture + Inflation의 합성어)

농산물 가격 급등이 전체 물가를 밀어올리는 현상.

애그플레이션은 가뭄, 전쟁, 수출 제한, 기후변화 등으로 인해 밀, 쌀, 옥수수, 대두 같은 주요 **곡물의 가격이 폭등하면서 식품 물가 전체가 상승하는 현상**을 말한다. 식량은 인간의 생존에 필수적이기에 가격 변동이 민감하게 체감된다. 대표적인 예로 2007~08년 세계 식량위기, 2022년 러시아-우크라이나 전쟁 이후 곡물값 상승 등이 있다. 이 현상은 특히 저소득층에게 큰 타격을 주며, 사회 불안을 야기할 수 있다. 최근에는 바이오연료 수요 증가와 기후 이슈까지 더해져 애그플레이션이 구조화되고 있다.

 지적대화에 필요한 포인트

곡물값 상승이 전반적인 물가 상승을 부추기는 '식탁발 인플레이션'이다.

반드시 알아둬야 할 Tip

곡물 가격은 날씨, 지정학, 투기까지 복합적으로 영향을 받기 때문에 단기 예측이 어렵다.

피시플레이션
(Fishflation)

수산물 가격이 기후 변화와 공급 감소로 인해 지속적으로 상승하는 현상.

피시플레이션은 Fish(물고기) Inflation(인플레이션)의 합성어로, 수산 자원 고갈, 해양 오염, 이상 수온 등의 이유로 **어획량이 줄면서 생선, 해산물 가격이 오르고, 이는 전체 식료품 물가에 영향을 주는 현상**이다. 최근 몇 년간 연어, 명태, 오징어 등의 수입 가격이 폭등하며 한국 소비자들도 이를 체감하고 있다. 특히 기후 변화가 장기화되며 '회 좋아하던 국민'들이 회를 멀리하게 되는 현상까지 나타난다. 해양 생태계의 변화가 식탁과 물가에 직접적인 충격을 주고 있다는 점에서 점점 더 주목받고 있다.

 지적대화에 필요한 포인트

기후변화와 자원 고갈로 수산물 가격이 지속 상승하는 해양발 인플레이션이다.

반드시 알아둬야 할 Tip

수산물 수급은 국제 어업 협정, 환경 정책 등 복합 요인에 따라 좌우되므로 국내 대책만으로는 한계가 있다.

베지플레이션
(Vegeflation)

채소 가격의 급등이 전체 식탁 물가에 영향을 주는 현상. (Vegetable + Inflation의 합성어)

    베지플레이션은 **채소류 가격이 급등하면서 가정의 식비를 직접적으로 압박하는 현상**을 뜻한다. 날씨 변화, 이상 고온, 폭우, 작황 부진, 유류비 상승 등이 복합적으로 작용하면서 상추, 배추, 고추, 대파 같은 기초 채소류 가격이 급등하게 된다. 한국처럼 반찬 위주의 식문화에서는 채소값 상승이 체감 물가를 강하게 자극한다. 특히 명절이나 김장철처럼 특정 시기엔 공급이 쏠리며 가격이 폭등하는 경우도 많다. 베지플레이션은 일시적인 현상처럼 보이지만 기후위기, 유통비용 증가, 농업 인구 감소로 인해 점차 구조적인 문제로 확산되고 있다.

 지적대화에 필요한 포인트

채소 가격 폭등이 식탁 물가 전체를 흔드는 '푸른 밥상발 인플레이션'이다.

반드시 알아둬야 할 Tip
단기 기후 변수 외에 장기적으로는 농촌 인구 감소와 공급 불안정이 더 큰 원인이 될 수 있다.

오버슈팅
(Overshooting)

자산 가격, 환율 등이 본질 가치보다 지나치게 과도하게 상승하거나 하락하는 현상.

오버슈팅은 **특정 요인에 의해 시장 가격이 균형 수준을 일시적으로 초과해서 급격히 움직이는 것**을 말한다. 대표적으로 환율 시장에서 많이 쓰이며, 예를 들어 갑작스런 금리 인상 발표에 따라 원/달러 환율이 실질 가치 이상으로 급등했다가 시간이 지나면서 점차 제자리를 찾아가는 과정을 뜻한다. 이는 정보 비대칭, 투자자 과민반응, 유동성 과잉, 투기적 수요 등에 의해 발생한다. 실제 가치보다 더 오른 뒤 다시 떨어지는 '거품' 현상도 일종의 오버슈팅이다. 경제학자 루디거 돈부시(R. Dornbusch)가 환율 이론에서 이 개념을 정립했다.

 지적대화에 필요한 포인트

가격이 본질보다 너무 높거나 낮게 과도하게 반응하는 '시장 과잉 반응' 현상이다.

반드시 알아둬야 할 Tip
오버슈팅은 빠르게 되돌림이 일어나므로, 고점이나 저점에서 무리하게 매매하면 손실 위험이 크다.

준조세
(Quasi-Tax)

법적으로는 세금이 아니지만, 국민이나 기업이 의무적으로 부담하는 공공성 지출.

준조세는 **세법상 명확한 조세 항목은 아니지만, 사실상 세금처럼 강제성이 있는 금전적 부담**을 말한다. 대표적으로 4대 보험료(국민연금, 건강보험 등), 공공기금 납부, 각종 협회비, 환경개선부담금 등이 여기에 해당한다. 정부나 공공기관이 직접 징수하는 경우도 있고, 법적 의무는 없지만 실질적으로 '거절 불가'인 관행성 비용들도 있다. 이러한 준조세는 기업의 경영 부담과 가계의 실질 세부담을 높이는 요인으로 작용하며, 투명성과 정당성 논란이 자주 제기된다. 특히 중소기업에게는 보이지 않는 비용으로 작용해 고용 위축을 초래할 수도 있다.

지적대화에 필요한 포인트

세금은 아니지만 사실상 '의무적'으로 부담해야 하는 공공성 지출이다.

반드시 알아둬야 할 Tip

무분별한 준조세 확대는 경제 주체의 부담을 늘리고 '숨은 조세 저항'을 유발할 수 있다.

CRB 지수
(CRB Index)

국제 원자재 가격의 전반적인 흐름을 나타내는 대표적인 종합 지수. (Commodity Research Bureau Index)

CRB 지수는 미국 상품조사국(Commodity Research Bureau)에서 만든 **19개 주요 원자재 가격의 평균 지수**로, 에너지, 농산물, 금속 등 다양한 분야를 포괄한다. 대표적으로 원유, 구리, 금, 밀, 커피, 설탕 등이 포함되어 있으며, 글로벌 인플레이션 전망이나 원자재 투자 흐름을 파악하는 데 핵심 지표로 활용된다. 이 지수가 상승하면 원자재 가격이 오르고 있다는 뜻이고, 이는 생산비와 소비자 물가 상승으로 이어질 수 있다. 특히 원자재 수입 의존도가 높은 국가에서는 이 지수의 변동이 환율, 무역수지, 산업 원가에 큰 영향을 미친다.

지적대화에 필요한 포인트
원자재 가격 흐름을 보여주는 글로벌 '물가 기상도'다.

반드시 알아둬야 할 Tip
CRB 지수는 미국 기준으로 구성되므로, 국내 실물경기와는 괴리가 있을 수 있다. 구성 품목도 정기적으로 변경된다.

넛지 효과
(Nudge Effect)

개인의 선택 자유를 침해하지 않으면서도 행동을 바람직한 방향으로 유도하는 전략. (Nudge = 슬쩍 밀다, 부드러운 개입)

넛지 효과는 행동경제학자 리처드 세일러(Richard Thaler)와 캐스 선스타인(Cass Sunstein)이 제안한 개념으로, **사람들이 더 나은 선택을 하도록 유도하되 강제하지 않는 정책 설계 방식**이다. 예를 들어, 엘리베이터 옆에 계단 이용 문구를 붙이거나, 건강식품을 눈에 잘 띄는 위치에 배치하는 것이 대표적 사례다. 사람들이 비합리적 선택을 자주 하는 경향(게으름, 자동반응)을 이용해 자연스럽게 '좋은 선택'을 하게 만드는 게 핵심이다. 복지, 건강, 환경, 소비 등 다양한 분야에서 활용되며, '선택 아키텍처'라는 개념으로도 불린다. 2017년 세일러는 이 공로로 노벨경제학상을 수상했다.

 지적대화에 필요한 포인트

강요 없이, 사람들의 행동을 '살짝 밀어서' 바람직하게 유도하는 전략이다.

반드시 알아둬야 할 Tip
넛지가 조작이나 왜곡으로 오용되면 '교묘한 통제'로 변질될 수 있다. 투명성과 신뢰가 중요하다.

네덜란드병
(Dutch Disease)

자원의 수출 증가로 통화가치가 상승하면서 제조업 경쟁력이 약화되는 경제 현상.

　네덜란드병은 1960년대 **네덜란드에서 천연가스 수출 급증으로 인한 부작용에서 유래한 용어**다. 자원 수출이 늘면서 외화가 유입되고, 이에 따라 자국 통화가 강세를 보이게 되는데, 이로 인해 제조업의 수출 경쟁력이 약화되고 산업 구조가 왜곡되는 문제가 발생한다. 자원은 많아졌지만, 일자리는 줄고, 내수 산업은 활력을 잃는 현상이 이어지는 것이다. 이는 자원 부국(석유, 가스 등)에서 자주 발생하며, 대표적으로 러시아, 나이지리아, 베네수엘라 등이 해당된다. 일시적인 풍요가 오히려 장기적인 산업 경쟁력 약화를 불러올 수 있다는 경고이기도 하다.

 지적대화에 필요한 포인트

자원 수출로 돈은 벌지만, 제조업은 죽어가는 '풍요 속 산업 쇠퇴' 현상이다.

반드시 알아둬야 할 Tip
자원 중심 경제는 외부 가격 변동에 매우 취약하다. 수익을 장기 산업전략에 재투자해야 극복할 수 있다.

애그테크
(AgTech)

농업(Agriculture)에 정보기술(Technology)을 접목한 스마트 농업 기술 또는 산업.

애그테크(AgTech)는 **드론, IoT 센서, 빅데이터, 인공지능, 로봇 등을 활용해 농업의 생산성과 지속 가능성을 높이려는 기술 융합** 분야다. 예를 들어, 토양 수분을 자동 측정해 물을 공급하거나, 위성 데이터로 작황을 분석하고, 자율주행 트랙터로 수확하는 식이다. 전통적으로 '느리고 반복적인' 노동 중심 산업이었던 농업이, 애그테크를 통해 정밀농업, 스마트팜, 도시농업, 수직농장 등으로 진화하고 있다. 이는 기후 변화, 노동력 감소, 식량 위기에 대응하는 핵심 솔루션으로 주목받고 있으며, '농업=미래산업'이라는 패러다임 전환을 이끈다.

 지적대화에 필요한 포인트

농업에 첨단기술을 접목해 생산성을 높이는 '농업의 디지털 혁신'이다.

반드시 알아둬야 할 Tip

기술 접근성과 초기 투자비용의 부담이 커서 고령 농가나 소규모 농가에는 격차가 벌어질 수 있다.

제로레이팅
(Zero-rating)

특정 앱이나 콘텐츠 이용 시 데이터 요금을 면제해주는 정책 또는 서비스 방식.

제로레이팅은 **이동통신사가 유튜브, 넷플릭스, 게임, 교육 앱 등 특정 콘텐츠에 한해 데이터 요금을 부과하지 않거나 할인해 주는 서비스**다. 소비자는 부담 없이 특정 앱을 오래 사용하게 되고, 기업은 자사 콘텐츠로 이용자를 유인할 수 있어 플랫폼 경쟁력 강화에 효과가 있다. 하지만 이런 혜택은 일부 콘텐츠에만 제공되기 때문에, 망 중립성 위배 논란이 크다. 즉, 특정 기업에만 특혜를 주고, 스타트업이나 소규모 플랫폼은 경쟁에서 밀릴 수 있다는 비판이다. 국내외에서 법적 규제 여부를 두고 계속 논쟁 중이며, 디지털 생태계의 공정성과 다양성 문제와 직결된다.

지적대화에 필요한 포인트
특정 콘텐츠 이용 시 데이터 요금을 안 받는 '통신망 요금 면제 서비스'다.

반드시 알아둬야 할 Tip
망 중립성 훼손 우려로 인해 디지털 공정 경쟁 환경을 해칠 수 있다.

데이터 독점
(Data Monopoly)

소수의 거대 플랫폼 기업이 이용자의 데이터 대부분을 독점적으로 보유하고 통제하는 현상.

데이터 독점은 **구글, 아마존, 메타, 네이버, 카카오 같은 빅테크 기업이 수집, 분석, 활용 가능한 데이터를 과도하게 독점하면서 경쟁자 진입을 막고, 소비자 선택권을 제한하는 현상**을 말한다. 이들은 검색 기록, 소비 습관, 위치 정보, 쇼핑, 금융 데이터 등 수많은 개인정보를 쌓아 AI와 맞춤 광고, 추천 알고리즘 등에 활용한다. 이 데이터들이 네트워크 효과를 통해 점점 더 강력한 플랫폼 장벽으로 작용하고, 이는 결국 '플랫폼 갑질', AI 편향성 같은 사회 문제로 확산된다. 최근 유럽과 미국 등은 데이터 독점 규제를 강화하며 공정 경쟁과 개인정보 보호를 추구하고 있다.

지적대화에 필요한 포인트
데이터를 가진 자가 시장을 지배하는 '**디지털 권력의 집중**'이다.

반드시 알아둬야 할 Tip
사용자는 편리함을 얻지만, 데이터 권리와 사생활을 잃을 수 있다. '데이터 주권' 인식이 필요하다.

넷플릭스세
(Netflix Tax)

해외 온라인 콘텐츠 기업(OTT 등)에게 부과되는 디지털세 또는 통신망 사용료 성격의 과세 개념.

넷플릭스세는 **넷플릭스, 유튜브, 디즈니플러스 등 해외 거대 콘텐츠 기업이 국내에서 막대한 수익을 올리면서도, 세금이나 통신망 사용료를 거의 내지 않는 문제**에서 출발했다. 이들은 로컬 법인 없이도 인터넷만 있으면 서비스를 제공할 수 있어, 기존 기업과 비대칭적인 규제 환경에 놓여 있었다. 이에 따라 각국 정부는 '디지털세' 또는 '망 이용료'를 통해 공정 과세를 시도하고 있다. 한국에서도 넷플릭스가 국내 통신사망에 무임승차한다는 비판이 커지면서 논의가 본격화되었고, 2022년에는 일정 부분 법제화되었다. 소비자 요금 인상으로 이어질 수 있어 여전히 찬반이 엇갈린다.

지적대화에 필요한 포인트
외국 OTT가 국내에서 돈 벌면 세금도 내야 한다는 '디지털 시대의 공정 과세'다.

반드시 알아둬야 할 Tip
무리한 과세는 서비스 축소나 요금 인상으로 이어질 수 있어 이용자 피해도 고려해야 한다.

디지털 농민
(Digital Farmer)

정보기술을 활용해 농작물 재배, 유통, 마케팅까지 스마트하게 운영하는 현대 농업인.

　디지털 농민은 **스마트폰, 드론, IoT 센서, 클라우드 시스템 등을 이용해 농업 전 과정을 데이터 기반으로 관리하는 4차 산업혁명형 농부**를 뜻한다. 이들은 토양 수분 측정, 기상 예측, 작황 모니터링, 자율주행 수확기, SNS 마케팅, 라이브 커머스까지 모두 디지털로 소화하며 전통 농업과는 완전히 다른 방식으로 일한다. 특히 MZ세대 귀농인들이 이 흐름을 주도하면서 농촌의 이미지도 변화하고 있다. 이는 애그테크의 실천자이자, 농업을 '디지털 산업'으로 재정의하는 핵심 주체다. 농촌 고령화와 기후위기 속에서 지속 가능한 대안으로 주목받는다.

 지적대화에 필요한 포인트

기술과 데이터를 무기 삼아 일하는 '스마트 시대의 농부'다.

반드시 알아둬야 할 Tip
디지털 격차와 초기 비용 장벽으로 인해 소농, 고령 농가는 진입이 어렵다. 정책적 지원이 필수다.

리쇼어링
(Reshoring)

해외로 나간 제조업이나 생산 공장을 다시 본국으로 불러들이는 산업 정책 또는 기업 전략.

리쇼어링은 Re(다시)+Shore(국내로)의 합성어로, **기업이 생산 거점을 해외에서 자국 내로 되돌리는 움직임**이다. 원래는 인건비 절감 등을 이유로 중국, 동남아 등으로 공장을 이전하는 '오프쇼어링'이 일반적이었지만, 최근엔 공급망 리스크, 무역 분쟁, 기술 유출 우려, ESG 등의 이슈로 다시 본국 회귀가 늘고 있다. 특히 코로나19 이후 글로벌 공급망이 흔들리자 '전략물자는 국내에서'라는 분위기가 확산되었고, 미국, 일본, EU 등은 정부 차원의 보조금과 세제 혜택을 통해 리쇼어링을 적극 유도하고 있다. 이는 단순한 기업 전략을 넘어 국가 산업 안전보장 정책으로도 기능한다.

지적대화에 필요한 포인트
해외 생산을 접고 본국으로 다시 돌아오는 '제조업 귀향 전략'이다.

반드시 알아둬야 할 Tip
생산비 상승과 노동력 부족 등으로 리쇼어링이 항상 효과적인 건 아니다. 장기적 경쟁력 확보가 관건이다.

벤처 캐피털
(Venture Capital)

성장 가능성이 높은 스타트업에 자본을 투자해 수익을 추구하는 고위험, 고수익 투자 방식.

　벤처 캐피털(VC)은 **초기 자금이 부족한 스타트업에 지분을 대가로 자금을 투자하고, 해당 기업이 성장해 상장하거나 인수되면 수익을 회수**하는 방식이다. 전통 금융기관이 꺼리는 '위험한 도전'에 과감히 자금을 투입하며, 혁신의 파트너로서 벤처 생태계의 핵심 역할을 한다. 단순한 돈줄이 아니라, 경영 자문, 네트워크 연결, 후속 투자 유치까지 함께 도와주는 전략적 투자자로 자리매김하고 있다. 실리콘밸리의 성공 뒤에는 벤처 캐피털이 있었고, 한국에서도 쿠팡, 배달의민족, 마켓컬리 등이 VC 투자를 통해 급성장했다.

지적대화에 필요한 포인트
잠재력 있는 스타트업에 투자해 '다음 유니콘'을 찾는 고위험, 고수익 자본이다.

반드시 알아둬야 할 Tip
모든 스타트업이 성공하는 건 아니기 때문에, 실패에 대한 리스크 감내가 전제되어야 한다.

인플루언서 마케팅
(Influencer Marketing)

영향력 있는 개인(인플루언서)을 활용해 제품이나 브랜드를 홍보하는 디지털 마케팅 전략.

인플루언서 마케팅은 **유튜버, 인스타그래머, 틱톡커 같은 SNS 기반의 인기 인물들이 콘텐츠 속에 자연스럽게 상품이나 브랜드를 노출**시키는 방식이다. 이들은 팔로워들과의 신뢰 관계를 바탕으로 광고보다 강력한 설득력을 발휘하며, 특히 Z세대, MZ세대 소비자에게 매우 효과적이다. 브랜드는 인플루언서의 이미지와 콘텐츠 스타일에 맞춰 메시지를 전달하고, 단순 홍보를 넘어 브랜드 감성을 전파할 수 있다. 하지만 진정성 없는 협찬, 광고 표시 미흡 등의 문제가 생기면 소비자의 반발도 커질 수 있다.

 지적대화에 필요한 포인트

팔로워 많은 사람의 '입소문 파워'를 이용한 디지털 입체 마케팅이다.

반드시 알아둬야 할 Tip

광고 표기를 누락하거나 과도한 홍보는 신뢰를 잃고 역효과를 낳을 수 있다. 진정성과 투명성이 중요하다.

ESG 경영
(ESG Management)

환경(Environment), 사회(Social), 지배구조(Governance)를 고려한 지속가능한 경영 방식.

    ESG 경영은 단순히 이익을 내는 것을 넘어 **기업이 환경을 보호하고, 사회적 책임을 다하며, 투명한 지배구조를 갖춰야 한다는 새로운 경영 기준**이다. **환경**(E)은 탄소배출, 에너지 절감, 폐기물 관리 등, **사회**(S)는 인권, 다양성, 노동권, 지역사회 기여 등, **지배구조**(G)는 투명한 경영과 이사회 구조를 포함한다. 글로벌 투자자들은 ESG 점수가 높은 기업에 더 많은 투자를 하고, 정부도 ESG 공시를 의무화하며 압박을 강화하고 있다. 소비자 또한 '윤리적 소비'를 통해 기업의 지속 가능성을 평가하고 있다. 이제 ESG는 기업의 생존 전략이자 브랜드 신뢰의 기준이다.

지적대화에 필요한 포인트
돈만 잘 버는 게 아니라, '착하게 오래가는 기업'을 만들기 위한 경영 원칙이다.

반드시 알아둬야 할 Tip
겉만 번지르르한 ESG '워싱'이 오히려 기업 신뢰를 무너뜨릴 수 있다. 실천이 핵심이다.

탄소 국경세
(Carbon Border Tax)

탄소 배출이 많은 수입 제품에 대해 세금을 부과하는 제도로, 기후변화 대응과 산업 보호를 동시에 노리는 정책.

　탄소 국경세는 유럽연합(EU)을 중심으로 추진되는 제도로, **자국 내 기업은 탄소 규제를 받는데, 수입품은 규제 없이 싸게 들어오는 상황을 막기 위해 도입된 세금**이다. 철강, 시멘트, 알루미늄 등 탄소 집약 산업이 우선 적용 대상이며, 생산 과정에서 탄소를 얼마나 배출했는지에 따라 수입 시 추가 비용이 붙는다. 이는 자국 기업을 보호하고 글로벌 온실가스 감축을 유도하는 수단이지만, 개발도상국 입장에서는 새로운 무역 장벽으로 보이기도 한다. 앞으로 탄소 정보 공시, 탄소 회계, 저탄소 기술 도입이 수출 기업의 생존 조건이 될 수 있다.

 지적대화에 필요한 포인트

탄소를 많이 배출한 제품엔 '탄소값'을 물리는 국제적인 기후세다.

반드시 알아둬야 할 Tip

수출 의존도가 높은 국가일수록 타격이 클 수 있다. 친환경 생산 전환이 필수다.

세컨더리 보이콧
(Secondary Boycott)

제재 대상국과 거래하는 제3국 기업, 개인에게도 제재를 가하는 간접적 압박 조치.

　세컨더리 보이콧은 **미국이 주로 사용하는 경제 제재 방식으로, 예를 들어 이란이 제재 대상국일 때 이란과 거래하는 한국 기업도 간접 제재**를 받을 수 있다. 이 방식은 직접 제재(Primary Sanction)를 피해가려는 기업과 국가를 견제하는 수단으로 활용되며, 국제 금융망에서 퇴출시키거나 달러 사용을 금지시키는 강력한 효과를 가진다. 최근에는 러시아, 북한, 중국 등과 관련된 이슈에서도 자주 언급되고 있다. 전 세계 기업들은 미국 제재 리스트를 민감하게 주시하며, 자칫 연루되면 글로벌 공급망에서 고립될 수 있다.

 지적대화에 필요한 포인트

제재 대상국과 거래한 제3자도 벌받는 '간접 압박형 경제 제재'다.

반드시 알아둬야 할 Tip
국제 정세에 따라 제재 범위가 넓어질 수 있으며, 무의식적 연루만으로도 피해를 입을 수 있다.

디커플링
(Decoupling)

서로 밀접하게 움직이던 두 경제 주체(국가, 산업, 시장)가 각자의 방향으로 따로 움직이기 시작하는 현상.

디커플링은 원래 **미국과 신흥국 경제처럼 상호 연동된 경제 주체들 간의 흐름이 끊어지는 현상**을 의미했다. 최근에는 이 개념이 확장되어, 미국과 중국의 공급망 분리, 기술 표준 분리, 무역, 투자 차단 같은 '전략적 단절'을 의미하기도 한다. 과거에는 글로벌화 흐름에 따라 세계 경제가 긴밀히 연결되었지만, 지금은 안보, 정치적 갈등과 공급망 리스크로 인해 서로 떨어져 움직이는 구조가 가속화되고 있다. 기업 입장에서는 글로벌 전략을 완전히 재설계해야 하는 중대한 전환기를 뜻한다.

지적대화에 필요한 포인트
서로 연결되던 경제 관계가 갈라서는 '전략적 분리' 현상이다.

반드시 알아둬야 할 Tip
무분별한 디커플링은 공급망 불안과 비용 상승을 초래할 수 있다. 균형 있는 대응이 필요하다.

테크래시
(Techlash)

거대 IT기업의 독점, 사생활 침해, 사회적 영향력 확대에 대한 반발 현상. (Tech + Backlash)

　테크래시는 기술(Tech)과 역풍(Backlash)의 합성어로, **구글, 메타, 아마존 같은 빅테크 기업의 과도한 권력과 폐해에 대해 사회가 반발하고 규제를 요구하는 흐름**을 뜻한다. 개인정보 수집 남용, 알고리즘 조작, 가짜 뉴스 유통, 노동 착취, 공정 경쟁 위반 등이 주요 원인이다. 유럽연합은 디지털 서비스법(DSA), 디지털 시장법(DMA) 등을 통해 규제에 나섰고, 미국과 한국도 플랫폼 규제 논의를 강화하고 있다. IT 낙관주의에서 IT 회의주의로 전환된 시대 흐름을 상징하는 개념이다.

 지적대화에 필요한 포인트

'기술은 좋은 것'이라는 믿음에 균열이 생긴, 거대 IT에 대한 사회적 반격이다.

반드시 알아둬야 할 Tip

지나친 규제가 혁신의 동력을 꺾을 수 있다. 비판과 발전의 균형이 중요하다.

디지털세
(Digital Tax)

국내에서 수익을 올리는 해외 디지털 기업(구글, 넷플릭스 등)에 부과하는 새로운 국제 조세 제도.

　디지털세는 **물리적 사업장이 없어도 온라인 플랫폼이나 콘텐츠로 국내 소비자에게 수익을 얻는 해외 기업에게도 과세**하자는 논의에서 출발했다. 기존 법인세 체계는 오프라인 중심이라 글로벌 빅테크들이 수익은 내면서도 거의 세금을 내지 않는 구조가 가능했다. 이에 OECD와 G20은 디지털세 도입을 합의하고, 글로벌 최저 법인세와 연계된 다자간 조세 개편을 추진 중이다. 유럽 각국은 개별적으로 디지털세를 시행했으며, 한국도 법제화를 검토하고 있다. 이는 디지털 시대의 조세 정의 실현을 위한 흐름이다.

 지적대화에 필요한 포인트

'해외 기업이라도 우리 땅에서 벌었으면 세금 내!'는 디지털 경제 시대의 과세 혁신이다.

반드시 알아둬야 할 Tip

　과세 기준이 불명확하거나 이중과세 문제가 발생할 수 있어, 국제 공조가 핵심이다.

K-콘텐츠 수출
(K-Content Export)

한국의 드라마, 영화, 음악, 게임, 웹툰 등 콘텐츠가 해외 시장에서 소비되고 수익을 창출하는 문화 수출 현상.

  K-콘텐츠 수출은 BTS, 오징어게임, 기생충 등으로 대표되는 **한국 문화 콘텐츠가 글로벌 시장에서 히트하며 막대한 수출 수익을 창출하는 현상**을 말한다. 과거에는 K-POP과 드라마 위주였지만, 현재는 웹툰, 게임, 유튜브 채널, 온라인 예능 등 다양한 디지털 플랫폼 기반으로 확장되고 있다. 콘텐츠는 단순 문화상품을 넘어 뷰티, 패션, 음식, 관광 등 다른 산업까지 파급력을 가지는 경제적 플랫폼이 되고 있다. 2020년대 이후에는 콘텐츠 수출이 자동차, 반도체에 이은 3대 수출산업으로 부상하며, 정부도 지원을 강화하고 있다. '스토리의 힘'이 곧 '수출의 힘'이 된 셈이다.

 지적대화에 필요한 포인트

한국의 문화 콘텐츠가 세계에서 돈을 벌고 영향력을 확장하는 '감성 기반 수출 전략'이다.

반드시 알아둬야 할 Tip

과도한 상업화, 획일적 장르 편중은 창의력 고갈로 이어질 수 있다. 다양성과 창작자 보호가 중요하다.

K-반도체 전략
(K-Semiconductor Strategy)

글로벌 반도체 경쟁에서 한국의 주도권을 지키고 확대하기 위한 국가 차원의 종합 산업 전략.

K-반도체 전략은 **메모리 분야 세계 1위를 넘어 시스템 반도체, 첨단 장비, 소재, 설계까지 포함한 반도체 전 주기 생태계 육성**을 목표로 한다. 삼성전자와 SK하이닉스 중심의 기술 리더십에 더해, 인력 양성, 세제 지원, 첨단 연구소 구축, 공급망 안정화 등 정부와 민간의 공동 전략이 포함된다. 이는 단순히 경제 산업 전략을 넘어서 안보, 기술 패권 경쟁의 중심축으로 작동하며, 미국, 중국, 일본, 대만과의 기술 블록 대립 속에서 '반도체 주권' 확보를 위한 필수 전략이다. 'K-배터리', 'K-디스플레이'와 함께 한국 기술의 근간을 이루는 핵심 중의 핵심이다.

지적대화에 필요한 포인트

한국 반도체 산업이 세계 1위를 지키고 미래를 준비하기 위한 '기술, 정책, 인재 통합 전략'이다.

반드시 알아둬야 할 Tip

메모리 의존 탈피, 인력 부족 해소, 기술 자립 등 해결 과제가 여전히 많다. 긴 호흡의 투자와 협력이 필요하다.

탈세계화
(Deglobalization)

국가 간 경제, 기술, 인적 교류가 줄어들고, 자국 중심주의가 강화되는 글로벌 흐름의 후퇴 현상.

탈세계화는 냉전 이후 급속히 확산된 세계화(Globalization)의 반대 흐름으로, **자국 보호주의, 무역 장벽, 공급망 단절, 인력, 기술 차단이 강화되는 추세**를 말한다. 코로나19, 미, 중 패권 경쟁, 전쟁(우크라이나 사태), 공급망 붕괴 등이 촉발제가 되었고, 각국은 '우리 것부터 챙기자'는 정책 기조로 돌아섰다. 이는 글로벌 협력보다는 리쇼어링, 프렌드쇼어링, 전략 자립 등 지역화, 블록화된 경제 질서를 가속화시킨다. 기업은 글로벌 전략을 지역 맞춤형으로 바꿔야 하고, 국가는 기술, 식량, 에너지 자립에 더 집중하고 있다.

지적대화에 필요한 포인트
세계가 하나 되는 흐름이 꺾이고, 국가마다 각자도생으로 돌아가는 시대다.

반드시 알아둬야 할 Tip
지나친 고립은 혁신 문화, 비용 상승, 공급망 불안으로 이어질 수 있다. 선택적 연대가 필요하다.

TSMC 리스크
(TSMC Risk)

세계 반도체 생산의 핵심인 대만 TSMC가 지정학적 위협에 노출되면서 발생하는 글로벌 공급망 리스크.

TSMC 리스크는 전 세계 첨단 반도체의 50% 이상을 생산하는 대만의 **TSMC가 중국-대만 긴장이나 기후, 지진, 정전 등 외부 충격에 영향을 받을 경우, 전 세계 산업에 큰 타격을 입힐 수 있다는 위험**이다. 스마트폰, 자동차, AI, 국방 기술에 이르기까지 수많은 산업이 TSMC에 의존하고 있어, 한 번의 공급 중단이 글로벌 경제를 흔들 수 있다. 특히 중국의 무력 통일 시도 우려가 높아지면서, 미국, 일본, 유럽은 TSMC의 해외 공장 유치를 서두르고 있다. 이는 지정학이 기술 산업의 리스크로 직결되는 대표 사례다.

 지적대화에 필요한 포인트
TSMC에 대한 과도한 의존이 세계 반도체 산업의 '아킬레스건'이 되고 있다.

반드시 알아둬야 할 Tip
기술 의존도만이 아니라, 지정학 리스크를 함께 고려한 공급망 다변화 전략이 필수다.

사이버 레질리언스
(Cyber Resilience)

사이버 공격이나 정보 유출, 시스템 장애 등 디지털 위협에 대응하고 복구할 수 있는 조직의 회복 탄력성.

사이버 레질리언스는 **단순한 보안 시스템을 넘어, 사이버 공격을 얼마나 빠르게 감지하고 회복**할 수 있느냐에 초점을 맞춘 개념이다. 랜섬웨어, 해킹, 개인정보 유출, 시스템 마비 등 디지털 위협이 늘면서, 기업과 국가에게는 예방→대응→복구 전 과정을 아우르는 능력이 요구된다. 특히 금융, 에너지, 의료, 국방처럼 핵심 인프라를 운영하는 조직은 '사이버 복원력'을 경쟁력으로 관리해야 한다. 단순 방어가 아닌 '지속 가능한 운영 체계'로서의 보안 전략이 중요한 시대다.

 지적대화에 필요한 포인트
공격받더라도 무너지지 않고 복구할 수 있는 사이버 생존력이다.

반드시 알아둬야 할 Tip
보안 솔루션 설치만으로는 부족하다. 전사적 문화와 위기 대응 훈련이 함께 병행되어야 한다.

ESG 워싱
(ESG Washing)

실제로는 ESG를 제대로 실천하지 않으면서, 마치 ESG를 충실히 따르는 것처럼 포장하거나 홍보하는 행위.

   ESG 워싱은 환경(Environment), 사회(Social), 지배구조(Governance)를 강조하는 척하지만, 실제로는 **본질적인 변화 없이 겉만 ESG인 척하는 기업 이미지 세탁**을 말한다. 예를 들어 탄소 배출은 줄이지 않으면서 '친환경 마케팅'을 앞세우거나, 공급망 인권 실태는 외면한 채 사회적 책임 경영을 홍보하는 행위 등이 이에 해당된다. 이는 투자자와 소비자를 기만하고 오도한다는 점에서 심각한 신뢰 문제로 이어질 수 있다. 글로벌 투자기관들은 이런 ESG 워싱 기업을 감점하거나 제외하고 있으며, 공시의 투명성과 제3자 검증의 중요성이 커지고 있다.

지적대화에 필요한 포인트
'착한 기업인 척하는 나쁜 기업', ESG의 가면을 쓴 거짓 실천이다.

반드시 알아둬야 할 Tip
과장된 ESG 홍보는 오히려 브랜드 신뢰를 무너뜨리고 '도덕적 역풍'을 불러온다. 실천이 없는 포장은 독이 된다.

기후 위플래시
(Hydroclimate Whiplash)

극심한 가뭄과 폭우가 번갈아가며 빠르게 나타나는 극단적 기후 변동 현상.

　기후 위플래시는 마치 채찍(whiplash)처럼 **짧은 기간 내에 가뭄에서 폭우로, 혹은 폭우에서 가뭄으로 기후가 극단적으로 전환되는 현상**을 말한다. 예전에는 수십 년 단위로 나타나던 변화가 이제는 수개월, 심지어 수주 내 발생하며, 농업, 수자원, 도시 인프라에 심각한 영향을 준다. 이는 기후변화와 대기 순환의 불안정성이 심화된 결과로, 캘리포니아, 중국 북부, 중동, 한반도 등에서도 점점 더 자주 관측되고 있다. 기존의 평균 강수량 개념이 무의미해지고, 기후 적응 전략 역시 '극단의 흔들림'을 전제로 설계돼야 하는 시대가 온 것이다.

지적대화에 필요한 포인트
폭우와 가뭄이 들쑥날쑥 반복되는 '기후의 롤러코스터 현상'이다.

반드시 알아둬야 할 Tip
기존의 예측 기반 농업, 수자원 정책이 무력화될 수 있다. 기후 리스크 시나리오와 탄력적 대응 체계가 필요하다.

Chapter 03
돈의 흐름을 이해하는 경제 레시피

돈의 흐름을 알아야 돈이보인다.
돈의 흐름을 모른다면 **이번 생에서의 부자**는 생각해 봐야한다.

마처세대

'마지막(Margin)이자 처음(Matcher)'인 세대로, 부모 세대보다 사회적으로 더 이상 오를 곳은 없지만, 새로운 세상에 가장 먼저 진입한 세대를 뜻하는 복합 세대 개념.

　마처세대는 부모보다 더 나은 삶을 살기 어려운 현실에서, 경제, 주거, 직장 안정성 면에서는 한계에 다다랐지만, 동시에 **디지털 환경, 평등 의식, 가치소비 등 새로운 문화와 기준을 주도하는 세대**를 뜻한다. 이들은 '사회 사다리'는 끊겼다고 느끼지만, 새로운 방식의 자아 실현과 삶의 의미를 추구하며 정체성과 세계관을 형성한다. 주로 MZ세대가 이에 해당하며, '부모보다 잘 살긴 어려워도, 다르게 잘 살고 싶다'는 사고방식을 가진다. 세대 담론의 새로운 화두이자 정책적 관심층이다.

 지적대화에 필요한 포인트

상승의 끝이자 변화의 시작에 선 '경계 세대'다.

반드시 알아둬야 할 Tip

이들을 단순히 '포기 세대'로 오해하면 안 된다. **다른 방식으로 미래를 설계하는 주체**로 봐야 한다.

엔바운드
(¥bound)

일본으로 들어오는 관광객들이 현지에서 소비하는 모든 경제 활동, 특히 외국인의 일본 현지 소비를 뜻하는 마케팅, 경제 용어.

　엔바운드는 일반적으로 해외 관광객의 자국 방문을 뜻하지만, 일본에서는 특히 **외국인의 일본 내 여행, 숙박, 쇼핑, 음식 소비 전체를 지칭하는 개념**으로 사용된다. '¥(엔) + Bound(향하다)'의 의미도 내포하며, 일본 경제에서 관광산업 회복과 내수 진작을 의미하는 핵심 키워드로 부상했다. 특히 코로나19 이후 외국인 관광객이 급증하면서 엔화 약세를 활용한 마케팅과 경제 활성화 전략의 중심축이 되었다. '며칠 와서 내 월급만큼 쓰고 간다'는 외국인 관광 소비자를 타깃으로 삼는다.

지적대화에 필요한 포인트
일본으로 들어오는 외국인 관광객의 소비가 만든 경제 활력이다.

반드시 알아둬야 할 Tip
외국인 수요에 지나치게 의존하면 내수의 안정성과 균형이 흔들릴 수 있다. 장기적 산업구조와 연계가 필요하다.

탕핑족
(Tangping Tribe)

극심한 경쟁 사회에서 의도적으로 출세와 성공을 포기하고, 최소한만 일하며 살아가려는 젊은 세대를 뜻하는 중국 신조어.

  탕핑족은 '그냥 누워버리자'는 뜻에서 유래한 말로, 치열한 취업 경쟁, 부동산 폭등, 결혼, 출산 부담 등에 지친 젊은이들이 '더 이상 무리하지 않겠다'며 <u>스스로 사회적 성공을 거부하는 태도</u>를 말한다. 중국뿐 아니라 한국, 일본 등에서도 비슷한 '조용한 반란'으로 확산 중이며, 경제성장 대신 심리적 안정, 소유 대신 만족을 추구하는 흐름으로 해석된다. 이는 청년 세대의 자발적 미니멀리즘이자 체념의 철학으로 읽히며, 동시에 기성세대의 가치관과 충돌하는 문화적 현상이다.

지적대화에 필요한 포인트
'나 빼고 다 뛰는 세상, 난 그냥 누워서 쉰다'는 경쟁 탈출 선언이다.

반드시 알아둬야 할 Tip
탕핑을 단순한 '게으름'으로 낙인찍기보다는, 시대 불안과 사회 구조 문제에 대한 반응으로 이해해야 한다.

베지노믹스
(Vegenomics)

비건(채식) 소비가 확산되면서 형성된 새로운 경제 생태계와 산업 흐름. (Vegan+Economics)

베지노믹스는 단순히 **채식을 넘어, 지속가능성, 건강, 동물복지, 환경보호 등의 가치를 소비에 반영하는 가치 중심 시장의 확대 현상**이다. 비건 식품, 식물성 고기, 비건 화장품, 동물실험 반대 제품, 윤리적 패션 등이 모두 포함되며, Z세대, MZ세대를 중심으로 빠르게 성장 중이다. 이는 기후 위기 대응과 윤리 소비에 기반한 산업 혁신을 불러오며, 기존 축산, 가공 중심 식품 시장에도 큰 영향을 미치고 있다. 투자, 마케팅에서도 '비건 인증'이 중요한 경쟁 요소로 떠오르고 있으며, 글로벌 식품 트렌드의 방향타가 되고 있다.

 지적대화에 필요한 포인트

채식이 만들어내는 '착한 소비 기반의 경제 생태계'다.

반드시 알아둬야 할 Tip
무늬만 비건 제품, 과잉 마케팅 등 '비건 워싱'에 대한 경계도 필요하다.

비건페스타
(Vegan Festa)

비건 문화와 채식 라이프스타일을 중심으로 다양한 브랜드와 소비자들이 함께하는 축제 및 박람회 형식의 행사.

비건페스타는 단순한 식물성 먹거리 행사를 넘어, 비건 식품, 화장품, 패션, 생활용품, 철학까지 아우르는 **채식 기반의 라이프스타일 전시, 체험형 축제**다. 참가자들은 건강한 먹거리 시식, 비건 요리 체험, 동물권 강연, 윤리적 브랜드 전시 등 다양한 콘텐츠를 경험한다. 특히 MZ세대와 환경에 관심 있는 소비자들에게 큰 호응을 얻고 있으며, '비건=고립된 취향'이 아니라 '함께 사는 삶의 방식'으로 확대시키는 문화적 장치 역할을 한다. 세계 주요 도시에서도 매년 성황리에 열리고 있다.

 지적대화에 필요한 포인트
채식을 넘어선 '윤리적 라이프스타일의 문화 축제'다.

반드시 알아둬야 할 Tip
행사 후 일회성 소비로 끝나는 것이 아니라, 지속 가능한 생활 변화로 연결되도록 유도하는 게 중요하다.

테크래시
(Techlash)

거대 기술 기업(Big Tech)의 독점, 사생활 침해, 알고리즘 폐해 등에 대한 사회적 반발과 규제 강화 흐름. (Tech + Backlash)

테크래시는 기술(Tech)에 대한 반발(Backlash)을 의미하는 신조어로, **구글, 메타, 아마존, 틱톡 등 거대 플랫폼 기업이 너무 많은 권력을 가지게 된 것에 대한 반응**이다. 개인정보 침해, 여론 조작, 알고리즘 편향, 불공정한 경쟁 등이 사회적 문제로 떠오르며, 기술 낙관주의에서 기술 회의주의로의 전환을 상징한다. 유럽은 디지털시장법(DMA), 디지털서비스법(DSA) 등으로 선제적 대응 중이고, 미국, 한국도 플랫폼 규제법을 준비 중이다. 단순히 기업에 대한 반감이 아니라, 기술과 사회의 균형을 다시 설계하려는 흐름이다.

 지적대화에 필요한 포인트
거대 IT기업의 독주에 대한 사회적 반발과 규제 강화 흐름이다.

반드시 알아둬야 할 Tip
무분별한 규제는 기술 발전과 혁신의 발목을 잡을 수 있다. 균형과 투명성이 중요하다.

본드런
(Bond Run)

채권 투자자들이 갑자기 대규모로 자금을 회수하거나 매도하며 시장 불안을 키우는 현상.

본드런은 은행 예금 인출 사태(뱅크런)처럼, **채권 투자자들이 위험을 감지하고 동시에 매도하거나 환매를 요청해 채권 시장이 불안정해지는 상황**을 말한다. 이는 국가 재정 불안, 금리 급등, 신용 등급 강등, 유동성 위기 등으로 촉발되며, 정부채나 회사채 모두 영향을 받을 수 있다. 특히 국채 이자 지급에 대한 신뢰가 흔들릴 때는 글로벌 금융 시스템 전체가 흔들릴 위험도 있다. 본드런은 심리적 공포와 군중행동이 만든 결과물로, 제2의 금융위기를 촉발할 수도 있는 위험한 조짐이다.

 지적대화에 필요한 포인트

채권시장에서 '나 먼저 빠지자'는 공포가 번지는 집단 매도 사태다.

반드시 알아둬야 할 Tip

공포에 따른 과도한 매도는 시장 기능을 마비시킬 수 있다. 신뢰 회복과 유동성 관리가 핵심이다.

펀드런
(Fund Run)

펀드 가입자들이 동시에 대규모 환매를 요청하면서 펀드 운용에 심각한 유동성 위기를 초래하는 현상.

　　펀드런은 **특정 펀드 또는 펀드 시장 전체에서 가입자들이 불안을 느끼고 한꺼번에 돈을 빼는 사태**를 말한다. 이는 펀드 수익률 급락, 부실 운용, 유동성 자산 부족, 언론 보도 등으로 촉발되며, 운용사는 자산을 헐값에 매도해 현금을 마련하게 되므로 펀드 가치가 더 하락하는 악순환이 발생한다. 특히 부동산, 비상장 자산 펀드처럼 현금화가 어려운 자산에선 펀드런이 더 치명적이다. 라임, 옵티머스 사태처럼 사회적 신뢰까지 무너질 수 있어 투명한 운용과 예측 가능한 정보 제공이 매우 중요하다.

지적대화에 필요한 포인트
펀드 가입자들이 한꺼번에 돈을 빼면서 펀드 자체가 무너지는 유동성 위기다.

반드시 알아둬야 할 Tip
정보 비대칭이 큰 펀드일수록 더 취약하다. 분산 투자와 환매 조건 확인이 필수다.

구글세
(Google Tax)

글로벌 플랫폼 기업들이 조세 회피를 못 하도록 각국 정부가 디지털 서비스에 부과하는 세금.

 구글세는 구글, 애플, 아마존, 메타 같은 **다국적 IT 기업들이 법인세율이 낮은 나라에 본사를 두고도 전 세계에서 이익을 올리는 조세 회피 문제를 막기 위해 만든 디지털세**다. 이 기업들은 데이터를 기반으로 국경 없이 수익을 얻지만, 기존의 세법은 이를 따라가지 못했다. 이에 따라 OECD와 주요국들이 합의한 글로벌 최저 법인세제(GloBE)와 디지털세(Pillar 1)가 도입되었고, 한국도 이 흐름에 동참하고 있다. 단순히 구글 하나가 아니라 '플랫폼 시대 조세 정의'의 상징이 된 셈이다.

 지적대화에 필요한 포인트
전 세계에서 돈을 버는 플랫폼 기업에게 '어디서든 세금은 내야 한다'는 디지털세다.

반드시 알아둬야 할 Tip
과세 기준의 국제 공조 없이는 역차별 논란이 발생할 수 있다. 다국적 조율이 핵심이다.

데카콘 기업
(Decacorn)

기업 가치가 100억 달러(약 13조 원)를 넘는 비상장 스타트업. (*유니콘의 상위 개념)

데카콘은 10을 뜻하는 접두사 Deca와 Unicorn(기업가치 10억 달러 이상 스타트업)의 합성어로, **초고속 성장과 자금 유치를 통해 단숨에 산업의 판을 바꾸는 스타트업**을 의미한다. 대표적으로 스페이스X, 바이낸스, 스트라이프, 클라나, 바이트댄스(틱톡 운영사) 등이 있다. 이들은 기존 산업의 규칙을 무너뜨리며 혁신을 주도하지만, 동시에 수익성과 지속가능성, 고용 안정성, 사회적 책임 등에 대한 비판도 함께 따른다. 데카콘은 단순한 숫자가 아닌, 미래 산업의 리더 후보이기도 하다.

 지적대화에 필요한 포인트

유니콘보다 10배 큰, 거대 비상장 스타트업을 말한다.

반드시 알아둬야 할 Tip

화려한 몸값 뒤에 실적이나 사회적 책임이 따라가지 못하면 '거품 논란'이 뒤따른다.

그린메일
(Greenmail)

경영권을 위협해 지분을 프리미엄 가격으로 되팔아 이익을 챙기는 적대적 M&A 수단.

　그린메일은 블랙메일(협박 편지)에서 착안된 금융 용어로, **투자자가 기업의 지분을 대량 매입한 뒤 경영권 위협을 가하면서, 기업이 지분을 높은 가격에 되사도록 압박해 이익을 얻는 행위**다. 이는 합법과 불법 사이의 회색지대에 존재하며, 실제 인수 의도가 없으면서도 적대적 M&A를 가장해 막대한 차익을 챙기는 금융 장난으로 비판받는다. 기업은 '백기사'(우호적 제3자)나 포이즌 필(적대 매수 방지책) 같은 전략으로 대응하기도 한다. 단기 이익을 위한 압박 플레이로 해석된다.

 지적대화에 필요한 포인트

경영권을 위협해 기업이 지분을 비싸게 되사게 만들고 이익을 챙기는 전략이다.

반드시 알아둬야 할 Tip
그린메일 방어를 위해 기업은 내부 지배구조를 탄탄히 하고, 전략적 방어 장치를 갖춰야 한다.

베이비부머
(Baby Boomer)

제2차 세계대전 이후인 1946 1964년 사이에 태어난 세대로, 한국에서는 1955 1963년생을 주로 지칭한다.

베이비부머는 제2차 세계대전 이후인 **1946년부터 1964년 사이에 태어난 세대를 뜻**한다. 전쟁 후 안정적인 사회 분위기와 경제 성장으로 인해 출산율이 급격히 증가하여 태어난 인구집단으로, 이들은 경제 성장과 산업화의 주역이 되었다. 한국의 경우 전쟁 이후인 1955년부터 1963년 사이 출생자들을 베이비부머로 지칭하며, 이들은 **근면 성실한 노동력을 바탕으로 한국의 산업화와 경제발전에 기여한 대표적 세대**이다. 그러나 최근 들어 이들의 은퇴가 사회적 이슈로 떠오르며 노령화 사회의 문제점과 연금 및 복지 정책에 중요한 영향을 끼치고 있다.

 지적대화에 필요한 포인트

한국 현대사를 이끈 '기적의 세대'이자, 지금은 고령화 위기의 중심 세대다.

반드시 알아둬야 할 Tip
세대 평가에서 이분법은 금물. 긍정의 역사와 함께 구조적 불안을 함께 봐야 한다.

낀세대
(Squeezed Generation)

베이비부머와 MZ 사이에서 부모 부양과 자녀 양육을 동시에 책임지는 중간 압박 세대.

낀세대(Squeezed Generation)는 **부모 부양과 자녀 양육의 부담을 동시에 짊어진 중장년 세대**를 의미한다. 주로 베이비부머 세대와 X세대가 포함되며, 부모 세대와 자녀 세대 사이에서 이중의 경제적, 정서적 압박을 받고 있다. 이들은 위로는 고령의 부모를 돌보며 경제적 지원을 하고, 아래로는 자녀의 교육비나 생활비를 책임지는 등 두 세대의 요구를 모두 충족시키기 위해 자신의 여유와 노후 대비까지 희생하는 경우가 많다. 저출산·고령화의 심화로 이들의 부담은 갈수록 커지고 있으며, 이는 사회적 우울감과 경제적 어려움으로 이어지고 있다. 결국 낀세대 문제는 개인적 차원을 넘어 국가적인 복지 시스템 개선과 사회적 지원책 마련이 필요하다는 인식을 높이고 있다.

 지적대화에 필요한 포인트

세대 책임에 둘러싸여 소외된 '사이의 세대'다.

반드시 알아둬야 할 Tip
이들을 위로하려면 단순 지원보다 '시스템 개선'이 필요하다.

MZ세대
(Millennials+Gen Z)

1980년대 중반~2000년대 초반에 태어난 밀레니얼(M)과 Z세대를 통칭하는 신세대 집단.

　MZ세대는 밀레니얼 세대(1981~1996년생)와 Z세대(1997~2012년생)를 합쳐 부르는 용어로, **디지털 환경과 글로벌 문화 속에서 성장한 젊은 세대**를 의미한다. 이들은 디지털 기술에 친숙하며 SNS와 모바일 환경을 중심으로 소통하고 소비하는 특징이 있다. 또한 개인의 가치관과 취향, 윤리적 소비, 공정성 등에 민감하게 반응하며, 자기표현과 자기중심적인 성향이 강하다. 최근에는 경제·사회 전반에서 새로운 트렌드를 이끌며 소비시장뿐 아니라 기업의 조직문화, 노동환경, 사회적 이슈에도 큰 영향을 미치고 있다. 이들의 요구와 가치를 제대로 이해하는 것이 기업과 사회가 미래로 나아가기 위한 필수 전략이 되고 있다.

 지적대화에 필요한 포인트

디지털 감성과 자율성을 중시하는 '변화의 세대'다.

반드시 알아둬야 할 Tip

MZ세대를 '이해 대상'이 아닌, 새로운 기준의 설계자로 바라봐야 한다.

노키즈존 논쟁
(No-Kids Zone Debate)

어린이 출입을 제한하는 공간(식당, 카페 등)에 대한 찬반 논란.

　노키즈존은 **어린이 소음을 이유로 일부 업주가 아이 출입을 제한하면서 시작된 공간 정책**이다. 한편에서는 업주의 권리와 손님 쾌적권 보장이라 주장하지만, 다른 쪽에서는 아동 차별과 가족의 사회적 고립이라는 비판이 제기된다. 특히 저출산 시대에 아이들이 환영받지 못하는 사회가 과연 건강한가에 대한 반성과 함께, 노시니어존, 노장애인존 등 사회적 배제 확산 가능성에 대한 우려도 크다. 공존의 방식에 대한 사회적 합의가 필요하다.

 지적대화에 필요한 포인트
아이를 배제할 것인가, 배려할 것인가를 두고 벌어지는 공공성과 자유의 충돌이다.

반드시 알아둬야 할 Tip
'제한'이 아닌 '조정과 배려'로 접근해야 진짜 해법이 가능하다.

리쇼어링
(Reshoring)

해외로 이전했던 제조 공장이나 생산 거점을 다시 자국으로 되돌리는 전략.

리쇼어링은 **글로벌화의 반대 방향에서 나타나는 흐름**이다. 과거에는 인건비가 저렴한 나라로 생산을 옮겼지만, 이제는 공급망 안정성, 국가 안보, 기술 유출 방지, 팬데믹 이후의 위기 대응 등의 이유로 **자국 내 복귀를 택하는 기업**들이 늘고 있다. 미국과 유럽, 일본 등이 대표적인 리쇼어링 정책을 추진하며, 자국 기업의 국내 복귀에 세금 혜택과 규제 완화를 제공한다. 이는 단순한 비용 문제가 아니라, '국가의 전략 산업을 다시 손에 쥐자'는 산업 안보 차원의 전환이다.

 ## 지적대화에 필요한 포인트

리쇼어링은 '생산의 귀환', 안정성과 자립을 되찾는 전략이다.

반드시 알아둬야 할 Tip

생산 단가 상승, 노동력 부족, 인프라 부족 등 국내 복귀의 현실적인 한계도 고려해야 한다.

니어쇼어링
(Near-shoring)

생산 거점을 자국이 아닌 지리적으로 가까운 우방국이나 인접 지역으로 이전하는 전략.

니어쇼어링(Near-shoring)은 **기업이 생산 시설이나 공급망을 원거리가 아닌 지리적으로 가까운 국가나 지역으로 이전하는 전략**이다. 기존의 오프쇼어링(off-shoring)이 비용 절감을 위해 멀리 떨어진 국가로 생산기지를 이전했던 반면, 니어쇼어링은 지리적 근접성을 통해 공급망의 안정성, 신속한 대응력, 물류비용 절감을 목표로 한다. 예컨대, 미국 기업이 중국 등 아시아 국가 대신 멕시코 등 북미 국가로 공장을 이전하는 사례가 이에 해당한다. 최근 글로벌 공급망 위기, 지정학적 불안정성 증가, 팬데믹으로 인한 물류 차질 등이 맞물리면서 니어쇼어링이 제조업 및 물류산업에서 중요한 추세로 자리 잡고 있다. 이는 비용 절감뿐 아니라 리스크 관리와 효율적인 공급망 운영을 위한 전략으로 강조되고 있다.

 지적대화에 필요한 포인트

니어쇼어링은 멀지만 싸고 위험한 나라 대신, 가깝고 안전한 나라로 이동하는 전략이다.

반드시 알아둬야 할 Tip

공급망 단축은 좋지만, 노동 숙련도나 기술 수준이 낮으면 오히려 품질 문제가 생길 수 있다.

프렌드쇼어링
(Friend-shoring)

정치, 안보적으로 신뢰할 수 있는 우방국끼리만 공급망을 구축하려는 전략.

프렌드쇼어링(Friend-shoring)은 **생산시설이나 공급망을 우호적인 동맹국이나 협력관계에 있는 국가로 이전하거나 재구성하는 전략**을 말한다. 이는 지정학적 긴장이 높아지면서, 단순히 비용 절감이나 지리적 근접성뿐 아니라 정치적, 경제적 안정성과 신뢰성을 중시하여 공급망을 재편하는 방식이다. 예컨대 미국이 반도체나 첨단기술 분야에서 중국 의존도를 낮추고 한국, 일본, 대만 등 동맹국 중심으로 공급망을 재구성하는 것이 대표적이다. 프렌드쇼어링은 경제 안보 차원에서 전략적 자립도를 높이고 리스크를 최소화하려는 노력의 일환으로 주목받고 있다. 이는 글로벌 분업 체제에 새로운 변화를 가져오며 국제적 동맹관계를 경제적 차원에서도 더욱 공고히 하는 계기가 되고 있다.

 지적대화에 필요한 포인트

신뢰할 수 있는 '우방끼리만 거래하자'는 경제판 블록화 전략이다.

반드시 알아둬야 할 Tip
모두가 친구가 될 수는 없다. 편 가르기의 시작이 될 수도 있다.

공급망 무기화
(Weaponization of Supply Chain)

전략 물자를 무기처럼 사용해 정치적 압박이나 경제적 제재를 가하는 현상.

공급망 무기화는 **국가나 기업이 공급망을 전략적, 정치적 압박 수단으로 활용하는 것을 의미**한다. 최근 세계적으로 기술 패권 경쟁과 지정학적 갈등이 심화되면서 특정 국가나 기업이 상대방 국가나 경쟁 기업에 대한 압박 수단으로 원자재, 중간재, 핵심 기술 및 제품의 공급을 제한하거나 통제하는 현상이 증가하고 있다. 대표적 사례로 미국의 중국 반도체 수출 규제, 중국의 희토류 수출 통제, 러시아의 천연가스 공급 축소 등이 있다. 이는 경제적 손실뿐 아니라 산업 경쟁력, 국가 안보에 직접적인 위협을 초래하며 글로벌 공급망의 재편을 촉진하는 계기가 되고 있다.

 지적대화에 필요한 포인트

공급망은 협력의 도구가 아니라, 지금은 정치적 무기가 되었다.

반드시 알아둬야 할 Tip

경제가 무기화되면 글로벌 신뢰 체계가 붕괴된다. 모두가 피해자가 될 수 있다.

인플레이션 리스크
(Inflation Risk)

물가 상승이 기업, 국가, 개인의 경제적 의사결정에 부정적 영향을 주는 위험 요소.

인플레이션은 **단순히 물가가 오르는 것이 아니라, 경제 전반의 체력을 갉아먹는 불청객**이다. 기업은 비용 부담으로 투자나 고용을 줄이고, 개인은 실질소득이 줄어 소비 위축으로 이어진다. 금리가 올라가면 대출 부담이 커지고, 주식, 부동산 시장도 위축된다. 특히 공급망 충격, 전쟁, 기후변화, 노동력 부족 등이 복합 작용할 때 예측 불가능한 고인플레이션의 시대가 찾아온다. 단순히 수치의 문제가 아니라, 심리와 체감이 뒤따르는 리스크다.

 지적대화에 필요한 포인트

물가 상승은 모든 경제 주체를 동시에 흔드는 시스템 리스크다.

반드시 알아둬야 할 Tip

'일시적 인플레이션'이라는 말에 속지 말자. 구조적 요인은 오래 간다.

전략적 자립
(Strategic Autonomy)

지정학적 위기 속에서 특정 분야(에너지, 기술, 식량 등)의 자국 내 안정적 공급과 자립 체계를 구축하려는 움직임.

전략적 자립(Strategic Autonomy)은 **국가가 핵심 산업, 기술, 자원 등에 있어서 타국에 대한 의존도를 최소화하고 자국의 독자적인 역량과 통제력을 확보하는 전략**을 의미한다. 이는 글로벌화가 심화된 상황에서 외부 충격이나 지정학적 갈등으로부터 국가 경제와 안보를 보호하기 위한 대응 방안이다. 최근 미중 경쟁, 공급망 혼란, 팬데믹과 같은 위기를 겪으며 각국이 자국 내 반도체, 배터리, 희토류, 의료·보건 분야와 같은 핵심 산업의 역량을 키우고 자급률을 높이려는 움직임이 두드러지고 있다. 전략적 자립은 보호무역주의나 고립주의와는 달리, 글로벌 협력을 유지하면서도 중요 부문에 대한 국가 주권과 대응력을 강화하는 균형적 접근이다.

 지적대화에 필요한 포인트

전략적 자립은 '당장 누구도 믿을 수 없다'는 시대의 자기 방어다.

반드시 알아둬야 할 Tip
자립만을 외치다 보면 협력의 문을 닫을 수 있다. '균형 있는 자립'이 필요하다.

슈링크플레이션
(Shrinkflation)

제품의 가격은 그대로이지만, 양이나 용량이 줄어드는 인플레이션의 한 형태.

슈링크플레이션은 **소비자가 눈치채기 어려운 방식으로 가격 인상을 우회하는 전략**이다. 예를 들어 1,000원짜리 과자 봉지가 예전엔 100g이었는데, 어느새 85g으로 줄어든다. 포장 크기는 그대로고, 가격도 같지만, 실제 내용물은 확 줄어든다. 기업은 원가 상승을 소비자에게 직접 전가하지 않고 **'용량을 줄이는 방식'**으로 인상 효과를 만든다. 이는 물가 통계에는 잘 잡히지 않지만, 소비자는 '얻는 게 줄었다'고 느끼는 체감 물가 상승의 대표적 예다.

 지적대화에 필요한 포인트

양은 줄고, 가격은 그대로—속지 마세요! 그게 슈링크플레이션.

반드시 알아둬야 할 Tip

상품 선택 시 단위당 가격이나 용량을 꼭 비교해야 은근슬쩍 줄어든 소비량에 속지 않는다.

스킴플레이션
(Skimpflation)

제품이나 서비스의 가격은 유지되지만, 품질, 서비스의 수준이 낮아지는 인플레이션 현상.

　스킴플레이션(Skimpflation)은 **기업이 제품이나 서비스의 가격은 그대로 유지하면서 품질이나 서비스를 의도적으로 낮추는 현상**을 뜻한다. 이는 인건비, 원자재 가격 등의 비용이 상승했을 때 기업이 가격 인상 대신 품질 저하나 서비스 축소를 통해 비용을 절감하는 전략이다. 예를 들어, 호텔에서 객실 청소 빈도를 줄이거나, 식당에서 서비스 인력을 줄여 고객 대기시간이 늘어나는 사례가 대표적이다. 소비자 입장에서는 명목상 가격은 같으나 실질적으로 느끼는 가치가 감소하기 때문에 체감 물가는 오히려 높아진다. 기업 입장에서는 단기적 비용 절감 효과가 있지만, 장기적으로 브랜드 이미지 저하, 소비자 이탈 등 부정적 영향으로 이어질 수 있다는 점에서 주의가 필요하다.

 지적대화에 필요한 포인트

가격은 그대로, 품질은 저하―보이지 않는 인플레이션의 그림자다.

반드시 알아둬야 할 Tip
스킴플레이션은 '조용히 불만을 쌓이게 만드는 구조'다.
서비스 만족도 변화에 민감해야 한다.

치킨게임
(Chicken Game)

서로 양보 없이 맞서다가 결국 더 큰 피해를 입게 되는 상황을 비유하는 경제, 사회적 전략 게임.

치킨게임은 두 대의 자동차가 마주 보고 달려오다가 누가 먼저 피하느냐를 겨루는 상황이다. 양쪽이 모두 '끝까지 가겠다'고 고집하면 결국 충돌이라는 파국을 맞는다. 현실에서는 기업 간 가격 경쟁, 국가 간 무역 분쟁, 노동자-기업 협상 등에서 나타난다. 특히 반도체 패권 경쟁, 환율 전쟁, 최저임금 갈등 등에서 '상대가 먼저 물러설 것이다'는 오만이 충돌로 이어질 수 있다. 이 게임은 **'지면 겁쟁이, 이기면 모두 다친다'는 비극의 전략**이다.

 ## 지적대화에 필요한 포인트
양보 없이 맞서다 파국을 부르는 전면 충돌 게임이다.

반드시 알아둬야 할 Tip
단기 승리에 집착하면 장기 손실을 감당해야 할 수도 있다. 가끔은 피하는 게 이기는 것이다.

샌드위치 세대
(Sandwich Generation)

위로는 부모 부양, 아래로는 자녀 양육을 동시에 부담하는 중장년층 세대의 이중고를 뜻하는 사회 용어.

샌드위치 세대는 **위로는 고령의 부모를 부양하고 아래로는 자녀를 양육하며 이중의 책임을 지고 있는 중년층**(40~60대)을 의미한다. 최근 고령화가 심해지고 자녀의 독립 연령이 늦어지면서 이들의 경제적 부담과 정신적 스트레스가 더욱 커지고 있다. 개인 차원을 넘어 사회적으로도 중산층 붕괴, 노후 준비 부족, 가정 내 갈등 등 다양한 문제를 유발하고 있으며, 국가적 차원의 복지 및 지원책 마련이 시급한 상황이다.

 지적대화에 필요한 포인트
책임에 끼이고, 희생에 눌린 중간 세대의 자화상.

반드시 알아둬야 할 Tip
'의무감의 사슬'은 끊임없이 이어진다.
나를 위한 시간과 회복도 투자해야 한다.

레몬시장
(Market for Lemons)

정보의 비대칭성으로 인해 질 좋은 상품이 퇴출되고, 불량 상품만 남는 시장 현상.

　레몬시장은 정보의 비대칭성 때문에 **품질이 낮은 상품**(레몬)**이 시장에 과다하게 유통되어, 전반적인 시장 신뢰와 거래가 위축되는 현상**을 뜻한다. 주로 중고차 시장에서 처음 제시된 개념으로, 판매자는 제품의 진짜 상태를 알지만 구매자는 알기 어려워 저품질 상품이 가격을 낮추고 좋은 상품이 시장에서 사라지는 문제가 발생한다. 이는 경제학에서 정보 불완전성으로 인한 시장 실패 사례로 널리 알려져 있으며, 소비자 보호와 신뢰 구축을 위한 제도적 장치의 중요성을 보여준다.

 지적대화에 필요한 포인트

정보의 불균형이 '양질의 상품'을 몰아내는 역설적 시장 현상.

반드시 알아둬야 할 Tip

신뢰가 깨지면 선한 참여자가 먼저 떠난다. 정보 투명성과 검증 시스템이 필수다.

체리피커
(Cherry Picker)

혜택이나 이익만 골라 챙기고, 손해는 회피하는 선택적 소비자 또는 전략을 뜻하는 용어.

　체리피커는 마치 체리밭에서 가장 잘 익은 열매만 쏙쏙 고르는 사람처럼, **상품이나 서비스 중 가성비 최고, 혜택만 챙길 수 있는 부분만 집중적으로 이용하는 소비자**를 말한다. 신용카드 혜택만 쓰고 해지하거나, 체험판만 쓰고 결제는 안 하는 식이다. 기업 입장에서는 수익이 되지 않는 고객이지만, 소비자 입장에서는 지혜로운 전략 소비라고 여겨지기도 한다. 다만, 이런 소비 패턴이 과도하면 시장 질서와 수익 구조를 왜곡시킬 수 있다.

  지적대화에 필요한 포인트

'좋은 것만 골라 먹는 소비자', 혜택만 취하는 선택주의이다.

반드시 알아둬야 할 Tip
지속 가능한 관계는 서로의 이익이 균형 잡힐 때 가능하다. 체리만 따면 결국 나무가 말라 죽는다.

카푸치노 효과
(Cappuccino Effect)

소비의 사소한 습관 변화가 장기적으로 큰 자산 손실을 초래할 수 있다는 경고성 개념.

하루 한 잔 5천 원짜리 카푸치노. 별 것 아닌 사치처럼 보이지만, 1년에 180만 원, 10년이면 1,800만 원이 넘는 누적 소비다. 카푸치노 효과' 이렇게 지속적이고 **반복적인 소소한 소비가 장기적으로 큰 자산 누수로 이어질 수 있음을 강조**한다. 일상 속 '습관의 사치'가 저축, 투자 기회를 갉아먹으며 노후 자산을 불리기 어렵게 만드는 숨은 소비 덫이다. 그래서 재테크계에선 '돈은 습관에서 흐른다'는 말이 자주 등장한다.

 지적대화에 필요한 포인트
작은 사치가 자산을 잠식한다는 금융의 경고등이다.

반드시 알아둬야 할 Tip
삶의 여유와 절약 사이에는 균형이 필요하다. 무조건 절약만이 정답은 아니다.

카페라떼 효과
(Caffe Latte Effect)

'카페라떼 한 잔 정도는 괜찮아'라는 합리화가 반복되며 소비 과잉으로 이어지는 심리 현상.

   카페라떼 효과는 **작은 금액의 소비가 누적되어 큰 지출로 이어지는 현상**을 말한다. 예를 들어 매일 카페라떼 한 잔(약 4~5천 원)을 사 마시는 것이 한 달, 1년 단위로 합산하면 상당한 금액이 되는 것을 비유한다. 이 개념은 무심코 반복되는 소액 지출이 재정에 미치는 영향을 경고하며, 소비 습관을 점검하고 절약을 실천하는 데 도움을 준다. 결국, 작은 습관이 장기적으로 재정 건강에 큰 차이를 만든다는 교훈을 담고 있다.

 지적대화에 필요한 포인트

'이 정도는 괜찮아'가 반복되며 습관이 된 지출을 말한다.

반드시 알아둬야 할 Tip
정서적 위로가 필요하다면 돈보다 건강한 방식을 먼저 찾아보는 것도 좋다.

밴드왜건 효과
(Bandwagon Effect)

다수가 선택하거나 지지하는 대상을 따라 하는 심리 현상.

하려는 심리가 확산되는 현상이다. 즉, 유행이나 대세에 편승하려는 사회적 압력 때문에 개인이 독립적인 판단보다는 **다수의 선택을 따라가는 경향**을 말한다. 이는 소비, 정치, 문화 전반에서 나타나며, 대중의 인기나 흐름에 쉽게 영향을 받아 행동이 집중되는 결과를 초래한다. 이 효과는 집단 행동을 촉진하지만 때로는 비합리적 선택과 과잉 소비를 낳을 수도 있어 주의가 필요하다.

 지적대화에 필요한 포인트
'남 따라 하기'가 더 안전해 보이는 인간 심리다.

반드시 알아둬야 할 Tip
무조건 따라가기보다, 나만의 판단을 섞는 게 중요하다.

빈털터리 효과
(Empty Wallet Effect)

가처분 소득이 줄어들면 소비도 더 줄어드는 현상.

　빈털터리 효과는 **개인이나 가계의 경제적 여유가 줄어들면 소비를 더욱 절약하거나 줄이게 되는 현상**을 뜻한다. 지갑이 비었을 때 지출을 엄격히 관리하는 심리적 반응으로, 경기 침체나 소득 감소 시기에 소비가 급격히 감소하는 원인 중 하나다. 이는 단기적으로는 재정 건전성을 유지하는 데 도움이 되지만, 장기적으로는 소비 위축으로 경제 성장 둔화를 초래할 수 있어 경제 전반에 부정적 영향을 미친다.

 지적대화에 필요한 포인트
지갑이 비면, 소비도 함께 얼어붙는다.

반드시 알아둬야 할 Tip
소비 위축은 경기 악화로 이어질 수 있으니, 정책적 대응이 필요하다.

언번들링
(Unbundling)

기존에 묶여 있던 상품이나 서비스를 분리해 개별 판매하는 전략.

언번들링은 **기존에 묶여 있던 상품이나 서비스를 분리하여 개별적으로 제공하는 전략**을 뜻한다. 예를 들어, 통신사가 인터넷·TV·전화 서비스를 한꺼번에 묶어 판매하던 것을 각각 따로 판매하는 경우가 이에 해당한다. 이는 소비자의 선택권을 확대하고 비용 효율성을 높이며, 맞춤형 서비스 제공을 가능하게 한다. 디지털 시대에는 특히 플랫폼과 구독 서비스에서 언번들링이 활발히 일어나면서 시장 구조와 경쟁 구도에 큰 변화를 불러오고 있다.

 ## 지적대화에 필요한 포인트
필요한 것만 골라 사는 맞춤형 소비를 말한다

반드시 알아둬야 할 Tip
과도한 쪼개기는 고객에게 복잡함을 줄 수 있으니, 편의성도 고려해야 한다.

가우스 이론
(Gauss's Theorem)

벡터 미적분학에서 폐곡면을 통과하는 벡터장의 플럭스(유량)를 부피적분으로 바꾸는 공식.

　　가우스이론(Gauss's Theorem)은 원래 **수학과 물리학에서 유도된 정리이지만, 경제학에서는 확률분포와 통계 분석의 기반으로 응용되며 특히 정규분포(Normal Distribution)의 기초 개념과 깊은 관련**이 있다. 경제 변수나 시장 수익률이 장기적으로 평균을 중심으로 대칭적인 분포를 따른다고 가정할 때, 이는 정규분포 형태로 모델링되며, 이때 가우스이론이 적용된다. 정규분포는 평균과 표준편차만으로 전체 확률 구조를 설명할 수 있기 때문에, 리스크 관리, 투자 포트폴리오 이론, 통계적 추정 등에 널리 사용된다.

지적대화에 필요한 포인트

　　주식 수익률이 정규분포를 따른다고 가정하면, 68-95-99 법칙(1~3표준편차 범위 내 확률)을 통해 위험을 계량화할 수 있다.

반드시 알아둬야 할 Tip

다만 실제 경제 현상은 극단값(꼬리 사건)이 더 자주 발생하기 때문에, 가우스 모델만으로는 복잡한 현실을 충분히 설명하기 어려울 때도 있다. 따라서 **경제학에서 가우스이론은 통계적 기본틀로서 중요하지만, 현실 분석에서는 추가적인 분포 모델이 병행**되기도 한다.

잔물결 효과
(Ripple Effect)

작은 사건이나 변화가 주변에 점차 확대되어 큰 영향을 미치는 현상.

  잔물결 효과는 어떤 사건이나 변화가 발생했을 때 그 영향이 주변으로 점차 퍼져 나가면서 연쇄적으로 여러 사람, 조직, 사회 전반에 영향을 미치는 현상이다. 마치 **물 위에 돌을 던지면 잔잔한 물결이 사방으로 퍼지듯**, 작은 행동이나 결정도 시간이 지나면서 예상치 못한 폭넓은 결과와 변화를 초래할 수 있다. 이 효과는 사회적 변화, 경제적 파급, 조직 내 의사결정 등 다양한 분야에서 중요한 의미를 가지며, **한 요소가 전체 시스템에 미치는 영향을 이해하는 데 필수적인 개념**이다.

 지적대화에 필요한 포인트

작은 변화가 점점 커져 큰 영향을 주는 확산 현상이다.

반드시 알아둬야 할 Tip

긍정적 영향뿐 아니라, 부정적 잔물결도 발생할 수 있음을 인식해야 한다.

나비 효과
(Butterfly Effect)

초기 조건의 아주 작은 변화가 먼 미래에 큰 차이를 만들어내는 현상.

　나비 효과는 기상학자 로렌츠가 처음 소개한 개념으로, 브라질에서 나비 한 마리가 날갯짓을 하면 텍사스에선 허리케인이 발생할 수도 있다는 비유에서 시작됐다. 나비 효과는 **아주 작은 원인이나 변화가 시간이 흐르면서 예상치 못한 크고 복잡한 결과를 불러일으키는 현상**이다. 초기 조건의 미세한 차이가 전체 시스템의 미래 상태에 극적인 영향을 끼친다는 복잡계 이론의 핵심 개념이다. 이는 기상 예측, 경제 변화, 생태계 등 다양한 분야에서 불확실성과 예측의 어려움을 설명하는 데 활용된다.

 지적대화에 필요한 포인트

작은 차이가 먼 미래에 엄청난 변화를 일으키는 현상.

반드시 알아둬야 할 Tip

결과가 커질수록 원인 찾기는 어려워진다. 과도한 예측은 불확실성에 짓눌릴 수 있다.

풍선 효과
(Balloon Effect)

문제를 한 부분에서 억제하면 다른 부분에서 그 문제가 더 심해지는 현상.

　풍선 효과는 한쪽에서 문제를 해결하거나 억제하면, 그 압력이 다른 쪽으로 옮겨가면서 문제가 다른 형태나 장소에서 다시 나타나는 현상을 뜻한다. 마치 풍선을 한 부분을 누르면 다른 부분이 부풀어 오르는 것과 같아, 문제의 **근본적 해결 없이 단편적인 대처만 할 경우 문제의 위치만 바뀌는 결과**를 초래한다. 이는 범죄 단속, 마약 밀매, 환경 정책 등 여러 분야에서 나타나며, 지속 가능한 해결책 마련의 중요성을 일깨워 준다.

지적대화에 필요한 포인트
문제를 억제하면 다른 곳에서 터지는 '풍선처럼 밀려나는 현상'.

반드시 알아둬야 할 Tip
부분적 해결은 전체 문제 해결이 아니다. 전략적 통합 대응이 필요하다.

블루칩
(Blue Chip)

재무 건전성, 시장 지위, 수익성 등에서 우수해 안정적인 투자 대상으로 평가받는 대형 우량주.

블루칩은 **재무 상태가 안정적이고, 시장에서 오랜 기간 신뢰받아 온 우량 기업의 주식**을 뜻한다. 보통 높은 신용도와 안정적인 수익성을 바탕으로 경기 변동에도 비교적 안정적인 성과를 내는 기업들이 이에 해당한다. 대표적으로 삼성전자, 애플, 마이크로소프트 같은 글로벌 대기업들이 블루칩으로 꼽히며, 투자자들에게 안전 자산으로 인식되어 장기 투자에 적합하다. 블루칩 주식은 변동성이 적고 배당금 지급도 꾸준해 투자 위험을 낮추는 역할을 한다.

 지적대화에 필요한 포인트

시장이 흔들려도 믿고 투자할 수 있는 '우량 대장주'다.

반드시 알아둬야 할 Tip

안정적이라도 '절대 안전'은 없다. 시대 변화에 따른 리스크도 있다.

그레이 스타트업
(Gray Startup)

젊은 스타트업과 대기업의 중간 단계로, 빠른 성장과 안정성 사이에 위치한 기업.

그레이 스타트업은 창업 후 어느 정도 성장했지만, 아직 명확한 수익 모델이나 **시장 점유율을 확보하지 못해 불확실성이 큰 스타트업**을 뜻한다. 초기 스타트업과 안정적인 중견 기업 사이의 모호한 상태로, 자금 조달과 경영 안정성에서 어려움을 겪는 경우가 많다. 이들은 기술력이나 아이디어는 있지만, 비즈니스 모델 검증과 매출 확대 과정에서 시행착오를 겪으며 성장 방향을 모색하는 단계에 있다. 그레이 스타트업은 성공 가능성과 실패 위험이 공존하는 과도기적 형태로, 투자자와 경영진 모두 신중한 전략 수립이 요구된다.

 지적대화에 필요한 포인트

성장 중이지만 아직 '불확실성'도 함께 가진 스타트업 중간 단계다.

반드시 알아둬야 할 Tip
빠른 성장 뒤에 숨겨진 위험 요소를 꼼꼼히 살펴야 한다.

소프트패치
(Soft Patch)

경제 성장률이나 경기 지표가 일시적으로 둔화되지만, 심각한 경기 침체로 이어지지 않는 현상.

소프트패치는 **경기 변동에서 일시적으로 경제 성장률이 둔화되거나 부진하지만, 심각한 경기 침체**(불황)**로 이어지지 않는 완만한 경기 조정을 의미**한다. 이는 주로 공급망 문제 완화, 소비 회복, 정책 대응 등으로 경기 회복의 전조로 여겨지며, 단기간 내 다시 성장세로 전환될 가능성이 높은 상태다. 예를 들어, 글로벌 경제가 팬데믹 충격에서 점차 회복되는 과정에서 나타나는 완만한 성장 둔화가 소프트패치에 해당한다. 소프트패치는 심각한 경기 침체를 피하면서 경제 체력 회복을 준비하는 기간으로 평가된다.

 지적대화에 필요한 포인트

'잠깐 멈춤, 곧 다시 달린다'는 경제 성장의 일시적 조정 국면이다.

반드시 알아둬야 할 Tip

소프트패치와 심각한 경기 침체를 구분하기 어렵다. 정확한 진단과 신속한 대응이 중요하다.

니치 마켓
(Niche Market)

주류 시장이 아닌, 특정 고객군의 세밀한 수요를 겨냥한 소규모 시장.

니치 마켓은 대규모 시장 내에서 **특정한 고객층의 세분화된 수요를 충족시키는 소규모 시장**을 의미한다. 이 시장은 독특한 취향, 필요, 또는 특수한 요구를 가진 소비자를 대상으로 하며, 대형 기업들이 주목하지 않는 틈새를 공략한다. 예를 들어, 친환경 유기농 화장품, 맞춤형 스포츠 용품, 특정 취미를 위한 전문 장비 등이 니치 마켓에 해당한다. 니치 마켓은 경쟁이 상대적으로 적고 충성도 높은 고객층을 확보할 수 있어 **스타트업이나 중소기업이 성공하기 좋은 영역**으로 평가된다.

 지적대화에 필요한 포인트

'작지만 확실한' 고객층을 겨냥한 맞춤형 시장이다.

반드시 알아둬야 할 Tip

니치 시장에 집중하다가 큰 흐름을 놓치면 성장에 한계가 올 수 있다.

윔블던 현상
(Wimbledon Effect)

국내 기업이 외국 자본이나 인력을 활용해 세계 시장에서 경쟁력을 키우는 현상.

　윔블던 테니스 대회는 영국에서 열리지만, 세계 각국 선수들이 참여해 '외국 선수들의 축제'가 됐다. 이를 빗대 '윔블던 현상'은 **한 나라의 경제, 산업이 외국 인력과 자본에 의존하면서 성장하는 현상**을 말한다. 예를 들어, 한국의 반도체 산업에서 해외 인재와 글로벌 투자자가 중요한 역할을 하는 경우가 있다. 장점은 세계 수준의 경쟁력 확보지만, 단점은 자국 인재 육성 저해와 외국 의존도 증가다.

 지적대화에 필요한 포인트
국내 산업이 외국 인력과 자본에 힘입어 성장하는 현상이다.

반드시 알아둬야 할 Tip
과도한 외국 의존은 국가 경제의 취약점이 될 수 있다.

퀀트 투자
(Quant Investment)

수학적, 통계적 모델과 컴퓨터 알고리즘을 이용해 투자 결정을 내리는 방식.

퀀트 투자는 **수학적 모델과 통계, 컴퓨터 알고리즘을 활용해 시장 데이터를 분석하고 투자 전략을 자동화하는 투자 방식**을 뜻한다. 전통적 감이나 직관에 의존하는 대신, 빅데이터와 인공지능 기술로 가격 패턴, 리스크, 수익률 등을 객관적으로 평가해 매매 시점을 결정한다. 퀀트 투자는 고빈도 매매, 펀드 관리, 자산 배분 등 다양한 분야에서 활용되며, 인간의 감정 개입을 최소화해 효율적인 투자 결정을 가능하게 한다. 다만 모델의 한계나 예측 오류, 시장 변동성 증가 등 위험 요인도 존재해 신중한 관리가 필요하다.

지적대화에 필요한 포인트
수학과 알고리즘으로 감정을 배제한 '데이터 기반 투자'다.

반드시 알아둬야 할 Tip
모델에만 의존하면 예외 상황 대응이 어렵다. 인간의 판단도 중요하다.

롤오버
(Roll Over)

만기 도래한 선물 계약을 동일한 자산의 다음 만기 계약으로 교체하는 행위.

　롤오버는 **만기가 다가오는 금융 상품이나 계약을 새로운 기간으로 연장하거나 교체하는 것을 의미**한다. 예를 들어, 선물 계약에서 만기일이 다가오면 기존 계약을 청산하고 동일한 조건의 새로운 계약으로 바꾸는 과정이 롤오버다. 또한, 대출이나 채무 상환 시 기존 금액을 갚지 않고 만기를 연장하는 경우에도 사용된다. 롤오버는 투자자나 기업이 포지션을 유지하면서 시장 변동성에 대응하고, 유동성을 확보하는 데 중요한 역할을 한다. 그러나 롤오버 비용과 시장 상황에 따른 위험 관리가 필수적이다.

 지적대화에 필요한 포인트

선물 계약 만기 전후에 다음 계약으로 갈아타는 '계약 교체'다.

반드시 알아둬야 할 Tip
롤오버 비용을 무시하면 예상보다 수익이 크게 줄어들 수 있다.

콘탱고
(Contango)

선물 가격이 현물 가격보다 높고, 만기가 멀수록 가격이 더 비싼 시장 상태.

    콘탱고는 **선물 시장에서 선물 가격이 현재 현물 가격보다 높은 상태를 의미**한다. 이는 투자자들이 미래에 상품을 인수할 때 비용(보관비, 보험료 등)을 반영하여 현재 가격보다 높은 가격을 지불할 의향이 있을 때 발생한다. 예를 들어, 원유 선물 가격이 현물 가격보다 높게 형성되는 경우가 대표적이다. 콘탱고 상황에서는 투자자가 선물을 계속 갱신(롤오버)할 때 추가 비용이 발생할 수 있어 수익률에 부정적 영향을 줄 수 있다. 반대로, 시장이 정상적인 상태일 때 나타나는 현상이다.

지적대화에 필요한 포인트
미래 선물 가격이 현재보다 비싸서, 롤오버 비용이 발생하는 상태.

반드시 알아둬야 할 Tip
장기 투자 시 콘탱고 비용이 누적돼 수익률을 떨어뜨릴 수 있다.

백워데이션
(Backwardation)

선물 가격이 현물 가격보다 낮고, 만기가 가까울수록 가격이 더 높은 시장 상태.

　백워데이션은 **선물 시장에서 선물 가격이 현재 현물 가격보다 낮은 상태**를 의미한다. 이는 상품 수요가 즉시 소비를 선호하거나 공급 부족 상황에서 나타나며, 미래 가격이 현재 가격보다 낮게 형성되는 경우다. 예를 들어, 농산물이나 에너지 자원 등에서 공급 불안이 있을 때 현물 가격이 높아지고 선물 가격은 상대적으로 낮아지는 현상이 백워데이션이다. 이 상황에서는 투자자가 선물을 롤오버할 때 이익을 볼 수 있어, 콘탱고와 반대되는 시장 상태로 간주된다.

 지적대화에 필요한 포인트

현물 가격이 선물 가격보다 높아, 롤오버 시 이익이 발생하는 역전 상태를 말한다.

반드시 알아둬야 할 Tip
백워데이션은 시장 불안정성을 의미할 수도 있으니 신중한 접이 필요하다.

슈바베지수
(Schwabe Index)

일상에서 사람들의 활동 패턴과 기분 변화를 분석해 건강과 웰빙 상태를 측정하는 지수.

슈바베지수는 독일의 생리학자 슈바베가 제안한 개념으로, **하루 중 신체적, 정신적 리듬과 스트레스, 휴식 등을 평가하는 도구**다. 이를 통해 개인의 건강 상태와 삶의 질을 예측하거나, 작업 효율과 휴식의 균형을 찾는다. 최근 웨어러블 기기와 스마트 헬스케어가 발전하면서, 이 지수를 실시간 모니터링해 최적의 생활 패턴을 찾는 연구가 활발하다.

 지적대화에 필요한 포인트

일상 리듬과 기분 변화를 수치로 나타내는 건강 지표다.

반드시 알아둬야 할 Tip

숫자에만 의존하지 말고, 자신의 몸과 마음 상태를 항상 귀 기울여야 한다.

디드로 효과
(Diderot Effect)

새로운 물건을 구입한 후, 그에 어울리도록 기존 물건까지 바꾸게 되는 소비 심리 현상.

18세기 철학자 디드로에서 이름을 딴 이 효과는, **한 가지 물건을 새로 산 뒤 주변 환경이나 소지품까지 일괄적으로 바꾸고 싶어지는 심리적 욕구**를 뜻한다. 예를 들어, 새 옷을 사고 나면 신발, 가방, 액세서리까지 모두 바꾸고 싶어지는 현상이다. 이 현상은 개인 소비 뿐 아니라 기업 마케팅 전략에도 활용되며, 소비자의 '일관된 이미지 유지 욕구'를 자극한다. 하지만 무분별한 지출로 이어질 수 있어 주의가 필요하다.

지적대화에 필요한 포인트
새 물건 하나가 '전신 리모델링' 욕구를 불러오는 심리다.

반드시 알아둬야 할 Tip
소비는 자신을 위한 선택이지, 외부 이미지에 휘둘리지 말아야 한다.

갈라파고스 증후군
(Galápagos Syndrome)

특정 지역이나 국가의 독자적 발전으로 인해, 글로벌 표준에서 점점 멀어지는 현상.

갈라파고스 증후군은 **특정 시장이나 지역에서만 통용되는 독특하고 특화된 제품**이나 기술이 글로벌 표준과 괴리되어, 해외 시장 진출에 실패하거나 경쟁력을 잃는 현상을 말한다. 일본의 휴대폰 산업이 자국 내에서만 발전하다가 세계 시장에서 도태된 사례에서 유래했다. 이름은 갈라파고스 제도의 고립된 생태계처럼 외부 환경과 단절된 채 독자적인 진화를 거친다는 의미를 담고 있다. 이는 글로벌 경쟁 시대에 국제 표준과 호환성을 무시하거나 지나치게 현지화에 집중할 때 발생할 수 있어, 기업의 글로벌 전략 수립 시 주의해야 하는 경고 신호이다.

지적대화에 필요한 포인트
국내만 보고 만든 기술, 문화가 세계와 멀어지는 고립 현상이다.

반드시 알아둬야 할 Tip
글로벌 흐름을 무시하면, 경쟁에서 뒤처질 수밖에 없다.

젠트리피케이션
(Gentrification)

도시 중심부나 저소득 지역에 중산층 이상 계층이 유입되면서 원주민이 밀려나는 현상.

젠트리피케이션은 **도심 낙후 지역에 중산층 이상 계층이 유입되면서 부동산 가치와 임대료가 상승하고, 원래 거주하던 저소득층 주민이 밀려나는 사회적 현상**을 말한다. 주로 도시 재개발이나 문화적 변화를 통해 지역 환경이 개선되지만, 경제적 부담 증가로 인해 기존 주민들의 주거 불안과 사회적 갈등을 유발한다. 이 과정은 도시 재생과 경제 활성화 측면에서는 긍정적이지만, 사회적 형평성과 지역 공동체 유지라는 과제를 남긴다. 젠트리피케이션은 전 세계 주요 도시에서 공통적으로 나타나는 도시화 문제 중 하나로 꼽힌다.

지적대화에 필요한 포인트
도시가 고급화되며 기존 주민이 쫓겨나는 '도시 재생의 그늘'.

반드시 알아둬야 할 Tip
지역 공동체와 사회적 포용을 함께 고려해야 건강한 발전이 가능하다.

콩코드 효과
(Concorde Effect)

이미 투자한 비용이 많아 손실 가능성이 보이더라도 계속 투자하는 심리적 현상.

비효율적임에도 계속 진행하는 심리적 현상을 뜻한다. 이름은 영국과 프랑스가 공동 개발한 초음속 여객기 '콩코드' 프로젝트에서 유래했는데, **엄청난 비용과 시간 투입에도 불구하고 경제성이 떨어졌지만 포기하지 못한 사례**다. 이는 경제학과 경영학에서 '매몰비용 오류(Sunk Cost Fallacy)'로 불리며, 합리적 판단 대신 과거 투자에 집착해 손실을 키우는 위험을 경고한다. 개인이나 조직이 의사결정을 할 때 객관적인 비용-편익 분석이 중요함을 일깨워 준다.

지적대화에 필요한 포인트
이미 쓴 돈 때문에, 손해를 보면서도 계속 투자하는 심리적 함정.

반드시 알아둬야 할 Tip
과거 비용보다 '미래 가치'에 집중하는 합리적 판단이 필요하다.

스톡옵션
(Stock Option)

기업이 직원에게 일정 기간 후 정해진 가격으로 자사 주식을 살 수 있는 권리를 주는 제도.

    스톡옵션은 **회사가 임직원이나 경영진에게 일정 기간 후에 특정 가격으로 자사 주식을 매수할 수 있는 권리를 부여하는 제도**이다. 이는 임직원의 동기 부여와 장기적인 회사 성장에 대한 책임감을 높이기 위한 인센티브 수단으로 활용된다. 주식 가격이 상승하면 행사 가격과의 차익을 통해 경제적 이익을 얻을 수 있으며, 회사와 임직원 모두에게 윈윈(win-win) 효과가 기대된다. 다만, 주가 하락 시에는 옵션 가치가 떨어져 동기 부여 효과가 줄어들 수 있으며, 회계 처리나 세제 측면에서도 주의가 필요하다.

지적대화에 필요한 포인트
직원이 미래 주식을 싸게 살 권리, 회사 성장의 보상책이다.

반드시 알아둬야 할 Tip
주가 변동에 따라 가치가 달라져, 리스크도 함께 따른다.

콜옵션
(Call Option)

특정 기간 내에 미리 정한 가격으로 기초 자산을 살 수 있는 권리.

콜옵션은 **특정 자산을 미리 정해진 가격**(행사가격)**으로 미래의 일정 기간 내에 살 수 있는 권리**를 의미한다. 옵션 구매자는 주가 상승에 따른 차익을 기대하며 권리를 행사할 수 있지만, 의무는 없어서 손실은 옵션 매입 비용(프리미엄)으로 제한된다. 반대로 옵션 매도자는 매수자가 권리를 행사하면 주식을 팔아야 하는 의무가 있다. 콜옵션은 주식 투자, 헤지, 투기 등 다양한 목적으로 활용되며, 시장 변동성에 대응하는 효과적인 금융 수단이다.

 지적대화에 필요한 포인트

미래에 특정 가격으로 자산을 살 수 있는 선택권이다.

반드시 알아둬야 할 Tip

옵션은 권리일 뿐 의무가 아니며, 투자자는 프리미엄을 지불해야 한다.

왝더독 현상
(Wag the Dog)

중요하지 않은 이슈로 국민의 관심을 돌려 정치적 위기를 모면하려는 행위.

    왝더독 현상은 **불리한 상황에서 사람들의 관심을 다른 곳으로 돌리기 위해 가짜 사건이나 이슈를 만들어 주의를 분산시키는 전략**이다. 주로 정치나 기업에서 본질적인 문제를 피하기 위해 사용된다. 영화 Wag the Dog에서 유래한 이 용어는 가짜 전쟁을 통해 여론을 조작하는 내용에서 비롯되었다. 이 전략은 단기적으로는 효과적일 수 있지만, 장기적으로는 신뢰를 잃을 위험이 있다.

 지적대화에 필요한 포인트
중요한 문제 가리려고 작은 이슈로 관심 돌리는 정치 술수다.

반드시 알아둬야 할 Tip
시민은 늘 비판적 시선으로 진짜 문제를 바라봐야 한다.

언더독 효과
(Underdog Effect)

약자가 강자를 이기길 바라는 심리적 현상.

언더독 효과는 **사회에서 불리한 위치에 있는 사람들이나 약자들이 오히려 더 큰 응원과 지지를 받는 현상**이다. 주로 스포츠 경기나 경쟁에서, 예상보다 낮은 성적을 낼 것으로 보이는 사람이나 팀이 도전을 통해 성취를 이루려 할 때 사람들의 감정적인 지원을 받는 경우에 해당한다. 이 효과는 사람들이 약자가 힘든 상황을 극복하는 모습을 응원하고, 그들의 노력이나 결단력을 높게 평가하는 경향에서 비롯된다. 언더독은 종종 '이길 가능성은 적지만 그 도전 자체가 가치 있다'는 감정을 자아내며, 사람들이 이러한 상황에서 더 큰 공감과 연대를 느낀다.

지적대화에 필요한 포인트
약자의 도전과 승리를 바라는 마음, 인간의 따뜻한 본능이다.

반드시 알아둬야 할 Tip
응원이 과도하면 '현실적 판단'에서 멀어질 수 있다.

아웃소싱
(Outsourcing)

기업이 내부 업무 중 일부를 전문 외부 업체나 해외 업체에 맡기는 경영 전략.

아웃소싱은 **비용 절감, 효율성 향상, 핵심 역량 집중을 위해 비핵심 업무를 외부에 위탁하는 방식**이다. 예를 들어, 콜센터 운영, IT 지원, 생산 공정 일부를 외부 업체에 맡기거나 해외로 이전하는 경우가 많다. 장점은 경영 자원을 핵심 사업에 집중시킬 수 있다는 점이고, 단점은 품질 관리 어려움과 고용 불안정성, 외부 의존 증가다. 글로벌화와 함께 아웃소싱은 기업 경쟁력의 중요한 축이 되었다.

 ## 지적대화에 필요한 포인트
비용 절감과 효율을 위해 일부 업무를 외부에 맡기는 전략이다.

반드시 알아둬야 할 Tip
외부 의존도와 품질 관리, 노동자의 권리 보호도 함께 고려해야 한다.

탄소배출권
(Carbon Credit)

정부나 국제기구가 기업에 할당하는 일정량의 탄소 배출 허용권.

탄소배출권은 **지구 온난화와 기후 변화 대응을 위한 탄소 배출량 규제 및 거래 제도**의 핵심이다. 기업이 할당받은 탄소 배출 한도를 초과하지 않도록 하고, 남은 배출권은 시장에서 거래할 수 있다. 이를 통해 배출 저감 노력을 경제적으로 유도하고, 친환경 투자를 활성화한다. 국가별, 산업별로 배출권 규모와 규제가 다르며, 최근 ESG 경영과도 밀접하게 연관되어 있다.

 지적대화에 필요한 포인트

탄소 배출량을 거래하는 환경 규제 및 경제 인센티브 제도다.

반드시 알아둬야 할 Tip

배출권 거래가 과도한 면죄부가 되지 않도록 투명한 관리와 엄격한 규제가 필요하다.

디레버리징
(Deleveraging)

과도한 부채를 줄이고 재무 구조를 개선하는 과정.

　언더독 효과는 **사회에서 불리한 위치에 있는 사람들이나 약자들이 오히려 더 큰 응원과 지지를 받는 현상**이다. 주로 스포츠 경기나 경쟁에서, 예상보다 낮은 성적을 낼 것으로 보이는 사람이나 팀이 도전을 통해 성취를 이루려 할 때 사람들의 감정적인 지원을 받는 경우에 해당한다. 이 효과는 사람들이 약자가 힘든 상황을 극복하는 모습을 응원하고, 그들의 노력이나 결단력을 높게 평가하는 경향에서 비롯된다. 언더독은 종종 '이길 가능성은 적지만 그 도전 자체가 가치 있다'는 감정을 자아내며, 사람들이 이러한 상황에서 더 큰 공감과 연대를 느낀다.

 지적대화에 필요한 포인트

빚을 줄여 재무 안정성을 회복하는 경제, 재무 조정 과정.

반드시 알아둬야 할 Tip
과도한 디레버리징은 경기 침체를 심화시킬 수 있다.

피봇
(Pivot)

사업이나 전략 방향을 근본적으로 전환하는 행위.

피봇은 **기업이나 개인이 기존의 전략이나 방향을 변경하여 새로운 시장이나 비즈니스 모델로 전환하는 과정**을 의미한다. 주로 스타트업이나 사업 초기 단계에서, 예상과 다른 결과가 나올 때 기존 전략을 유지하기보다는 빠르게 방향을 바꾸어 새로운 기회를 추구하는 방식이다. 피봇은 기업이 실패나 시장 변화에 민첩하게 대응하고, 기존의 실패를 기반으로 성공 가능성이 높은 다른 방향으로 나아가는 전략이다. 이 과정은 종종 제품, 시장, 고객 세그먼트 등에서 변화가 이루어지며, 유연성과 적응력이 중요하다.

 지적대화에 필요한 포인트

사업 전략을 유연하게 바꿔 새로운 기회를 찾는 과정이다.

반드시 알아둬야 할 Tip
무작정 바꾸기보다, 충분한 데이터와 시장 분석에 기반해야 한다.

펀더멘털
(Fundamental)

기업이나 경제의 기본적이고 근본적인 상태나 요인.

펀더멘털은 **기업이나 경제의 기본적인 가치를 나타내는 요소들을 의미**한다. 이는 기업의 재무 상태, 수익성, 성장 잠재력, 시장 위치 등 중요한 내재적 특성을 포함한다. 투자에서는 기업의 펀더멘털을 분석하여 장기적인 성장 가능성이나 안정성을 평가한다. 주식이나 자산의 가격은 단기적인 시장 변동성에 영향을 받을 수 있지만, 펀더멘털은 장기적인 가치를 결정짓는 핵심적인 요소이다. 투자자들은 이러한 펀더멘털을 기준으로 투자의 적합성을 판단하며, 기업의 지속 가능한 성장을 예측한다.

 ## 지적대화에 필요한 포인트
경제, 기업의 '기초 체력'과 근본 가치를 의미한다.

반드시 알아둬야 할 Tip
펀더멘털만 보고 투자하기보다, 시장 상황과 리스크도 함께 고려해야 한다.

모멘텀
(Momentum)

자산 가격이나 투자 심리가 일정 방향으로 지속되는 경향.

모멘텀은 **자산이나 시장이 현재의 방향으로 계속해서 움직이는 경향을 의미**한다. 주식 시장에서는 상승세나 하락세가 지속되는 현상으로, 투자자들이 이전의 트렌드나 움직임을 기반으로 더 많은 매매를 하게 만드는 현상이다. 모멘텀은 주식이나 자산의 가격이 상승하면 투자자들이 더 많이 구매하고, 가격이 하락하면 더 많이 매도하는 경향을 보인다. 이 효과는 트렌드 추종 전략을 기반으로 하며, 기존의 상승세나 하락세가 계속 이어질 것이라는 예상을 통해 투자 결정을 내린다. 모멘텀은 시장의 강한 트렌드를 반영하며, 가격이 변화하는 속도를 측정하는 데 사용된다.

 지적대화에 필요한 포인트

가격이나 심리가 '관성'처럼 이어지는 시장 현상이다.

반드시 알아둬야 할 Tip
모멘텀은 갑작스러운 반전이 올 수 있어 위험도 크다.

캡티브 마켓
(Captive Market)

소비자가 다른 선택권 없이 특정 상품이나 서비스에 의존하는 제한된 시장.

캡티브 마켓은 **특정 기업이나 공급자에게 종속된 소비자 그룹을 의미**한다. 이 시장에서 소비자들은 다른 선택권이 없거나, 특정 공급자의 제품이나 서비스를 사용할 수밖에 없는 상황에 놓여 있다. 예를 들어, 특정 제품에 대한 독점적 공급이나, 특정 브랜드의 제품만을 사용할 수 있도록 설계된 시스템 등이 해당된다. 캡티브 마켓은 소비자가 다른 옵션을 찾기 어려워지기 때문에, 공급자는 가격을 높게 책정하거나 서비스의 품질을 일정 수준 이하로 낮추는 등의 전략을 취할 수 있다. 이와 같은 시장 구조에서는 소비자들의 선택권이 제한되고, 공급자가 시장의 대부분을 차지하게 된다.

 지적대화에 필요한 포인트

소비자가 선택의 자유 없이 특정 상품에 묶인 시장이다.

반드시 알아둬야 할 Tip

독점과 가격 인상 가능성으로 소비자 피해 우려가 있다.

스테이킹
(Staking)

암호화폐 보유자가 네트워크 운영에 참여하고 보상을 받기 위해 코인을 일정 기간 예치하는 행위.

스테이킹은 **암호화폐 네트워크에서 사용자들이 일정량의 암호화폐를 특정 기간 동안 잠그어 두고, 그 대가로 보상을 받는 방식**이다. 주로 블록체인 네트워크의 거래 검증이나 보안 유지를 위해 사용된다. 스테이킹에 참여한 사용자는 암호화폐를 '스테이크'(보유 및 잠금)하여 네트워크의 효율성과 안정성에 기여하며, 이로 인해 네트워크에서 발생하는 수수료나 새로 발행되는 암호화폐를 보상으로 받는다. 이는 '지분 증명'(Proof of Stake, PoS) 시스템을 사용하는 블록체인에서 중요한 역할을 하며, 채굴보다 에너지 효율적이고, 투자자에게 안정적인 수익을 제공할 수 있는 방법으로 인식된다.

 지적대화에 필요한 포인트

암호화폐를 맡기고 네트워크 운영 참여 보상 받는 방식이다.

반드시 알아둬야 할 Tip
코인을 잠그는 동안 가격 변동 위험과 유동성 제한이 있다.

명목금리
(Nominal Interest Rate)

물가 상승을 고려하지 않은 금리 수준이다.

명목금리는 **계약상 표시된 이자율로, 화폐 단위 기준**으로만 측정된다. 실질금리(명목금리-인플레이션율)와 구분해 해석해야 한다. 대출, 예금, 채권 등 모든 이자 상품에 적용된다. 인플레이션 기대가 높아지면 동일 명목금리라도 실질구매력은 낮아진다.

지적대화에 필요한 포인트
대출 명목금리가 5%이고 예상 인플레이션율이 2%라면, 실질금리는 3%다.

반드시 알아둬야 할 Tip
인플레이션을 반영해 실질금리를 계산해야 정확한 부담을 알 수 있다.

경계해야 할 핵심 포인트
실질금리가 마이너스 상태일 때 채무자의 이익이 커질 수 있다.

Chapter 04

삼성전자 GSAT
상식영역 기출 등에 나오는 경제레시피

삼성전자의 취업, 면접 시험에 나오는 경제용어!
기업의 경제용어 사용 흐름을 알아야 돈을 벌 수가 있다.
기업은 세상의 변화에 가장 민감하기 때문이다.

기회비용
(Opportunity Cost)

희소 자원을 선택할 때 포기한 대안의 가치를 의미하는 개념이다.

　기회비용은 **어떤 선택을 할 때 포기하게 되는 다른 선택지 중 가장 가치 있는 것의 잠재적 이익을 의미**한다. 자원이 한정된 세상에서 우리는 항상 '무엇을 선택할 것인가'를 고민하게 된다. 이 과정에서 선택한 것의 이익만 볼 것이 아니라, 선택하지 않은 대안 중 가장 좋은 것이 있었다면 그것이 곧 나의 손해이자 경제적 비용이 된다. 예컨대, 시간을 들여 공부를 하기로 했다면, 그 시간 동안 아르바이트를 해서 벌 수 있었던 수익이나 여행을 다녀와서 얻을 수 있었던 경험이 모두 '포기한 것들'이고, 그 중 가장 가치 있었던 대안이 기회비용이 된다.

 지적대화에 필요한 포인트

취업을 위해 군복무 대체 복무를 택하지 않고 대학원을 선택했다면, 해당 동안 벌 수 있었던 연봉과 커리어 기회가 기회비용이다.

반드시 알아둬야 할 Tip
기회비용은 단순한 손실이 아니라, 선택의 질을 판단할 수 있는 가장 핵심적인 기준이다.

경계해야 할 핵심 포인트
기회비용은 반드시 '가장 좋은 하나의 대안'을 기준으로 삼아야 하며, 단순히 전체 포기 목록을 다 합치면 안 된다.

한계효용체감의 법칙
(Law of Diminishing Marginal Utility)

재화나 서비스 소비량이 증가할수록 추가로 얻는 효용이 점차 감소한다는 원칙이다.

같은 재화를 반복해서 소비할수록 추가로 얻는 만족도는 점점 줄어든다는 경제학의 기본 법칙이다. 사람은 처음에는 강한 만족을 느끼지만, 점점 그 만족은 둔화되며 결국 무관심으로 이어질 수 있다. 이 법칙은 **수요곡선이 왜 우하향하는지를 설명하는 이론적 근거**이기도 하다. 예를 들어, 배가 고플 때 첫 그릇의 라면은 굉장히 맛있지만, 두 번째, 세 번째 그릇으로 갈수록 맛과 만족은 떨어지게 된다. 경제학에서는 이를 '한계효용이 체감된다'고 표현한다.

지적대화에 필요한 포인트
갤럭시 최신 모델을 매년 사는 소비자도, 처음 구매 때의 만족도는 크지만 다음 모델에서는 기대치가 줄고, 감흥도 덜할 수 있다.

반드시 알아둬야 할 Tip
한계효용은 '총효용'이 아닌, 추가 1단위 소비에 따른 만족도라는 점을 기억하자.

경계해야 할 핵심 포인트
이 법칙은 모든 재화에 항상 적용되는 것은 아니다. 예외적으로, 수집욕이나 중독성과 관련된 소비에서는 해당되지 않을 수도 있다.

수요의 가격탄력성
(Price Elasticity of Demand)

가격 변동률에 따른 수요량 변동률의 비율을 나타내는 지표이다.

　수요의 가격탄력성이란 **상품 가격이 변할 때 소비자들의 구매량이 얼마나 민감하게 변하는지를 수치**로 나타낸 개념이다. 어떤 상품의 가격이 조금만 올라도 수요가 크게 줄어들면 그 상품은 '탄력적'이라고 하고, 가격이 바뀌어도 수요가 별로 안 줄어들면 '비탄력적'이라고 한다. 이는 기업이 가격 정책을 설계할 때 매우 중요하다. 예컨대 필수재는 비탄력적인 반면, 사치재는 탄력적이다. 이 지표는 소비자의 반응을 측정하고, 마케팅 전략이나 세금 정책 설계에 핵심 지표로 활용된다.

지적대화에 필요한 포인트
휴대폰 요금이 5% 올랐을 때 가입자가 10% 줄어든다면, 이 서비스는 상대적으로 탄력적인 수요 구조를 가진 것이다.

반드시 알아둬야 할 Tip
탄력성이 1보다 크면 '탄력적', 1보다 작으면 '비탄력적', 딱 1이면 '단위탄력적'이다.

경계해야 할 핵심 포인트
같은 상품이라도 대체재가 있는지, 소비자 소득 수준이 어떤지에 따라 탄력성은 달라질 수 있다.

GDP(국내총생산)
(Gross Domestic Product)

일정 기간 동안 한 국가 내에서 생산된 재화와 서비스의 시장가치 합계이다.

GDP는 **일정 기간 동안 한 나라 안에서 생산된 모든 최종 재화와 서비스의 시장 가치를 합산**한 것이다. 한 국가의 경제 규모를 나타내는 대표적인 지표로, 경제 성장을 측정할 때 가장 많이 사용된다. GDP는 생산된 '최종 재화와 서비스'만 포함하며, 중간재는 이중 계산을 방지하기 위해 제외된다. 또한 자국민이 아닌 외국인이 국내에서 생산한 것도 포함되므로, 국적이 아니라 '국경' 기준이다. 실질 GDP는 물가 변동을 고려한 수치이고, 명목 GDP는 현재 가격 기준이다.

지적대화에 필요한 포인트
삼성전자가 국내에서 생산한 반도체는 GDP에 포함되지만, 베트남 공장에서 생산한 스마트폰은 포함되지 않는다.

반드시 알아둬야 할 Tip
GDP는 '한 나라의 소득, 생산, 지출이 모두 같다'는 3면 등가의 법칙(3면 등가의 법칙이란 GDP를 생산, 지출, 소득 세 관점에서 계산해도 같은 값이 나와야 한다)에 따라 산출할 수 있다.

경계해야 할 핵심 포인트
GDP는 국민의 '행복'이나 '삶의 질'을 반드시 반영하지는 않는다. 오히려 환경 파괴나 불평등 문제를 포함하지 않는다는 한계도 있다.

인플레이션
(Inflation)

전반적인 물가 수준이 지속적으로 상승하는 경제 현상이다.

    인플레이션은 **전반적인 물가가 지속적으로 상승하면서 화폐의 구매력이 하락하는 현상을 의미**한다. 즉, 같은 돈으로 살 수 있는 상품과 서비스의 양이 줄어드는 것이다. 이는 수요 증가, 생산 비용 상승, 통화량 증가 등의 원인으로 발생할 수 있다. 인플레이션은 일정 수준에서는 경제 활력을 의미하지만, 과도하면 국민 실질소득이 줄고 빈부격차가 심화되며 불확실성이 커진다. 따라서 정부와 중앙은행은 적절한 수준의 인플레이션을 유지하기 위해 금리 조정 등 정책을 펼친다.

 지적대화에 필요한 포인트

5,000원이던 김밥 한 줄이 7,000원이 되면, 같은 돈으로 살 수 있는 양이 줄어드는 것이 바로 인플레이션의 결과다.

반드시 알아둬야 할 Tip
적정 인플레이션은 경제에 긍정적일 수 있지만, 통제 불능의 고(高)인플레이션은 위기의 신호다.

경계해야 할 핵심 포인트
인플레이션은 단순히 물가가 오른다는 것이 아니라, 지속적이고 전반적인 상승을 뜻한다. 일부 품목만 오르면 인플레이션이 아니다.

디플레이션
(Deflation)

전반적인 물가 수준이 지속적으로 하락하는 경제 현상이다.

　디플레이션은 **전반적인 상품과 서비스의 가격이 지속적으로 하락하는 경제 현상**이다. 물가가 내려가면 소비자는 돈의 구매력이 늘어난 것처럼 느끼지만, 기업입장에서는 매출 감소로 이어지고 이는 투자와 고용 축소로 이어진다. 결국 경기침체, 실업 증가 등 장기적 불황의 악순환이 발생할 수 있다. 디플레이션은 인플레이션보다 더 위험한 현상으로 여겨지며, 중앙은행은 금리 인하나 통화 공급 확대 등의 정책으로 이를 억제하려 한다.

 지적대화에 필요한 포인트

스마트폰, 자동차 등 다양한 제품의 가격이 해마다 떨어지면서 기업들은 수익을 내지 못하고, 신규 고용을 줄이며 경기가 위축된다.

반드시 알아둬야 할 Tip

디플레이션은 단기적으로는 소비자에게 좋을 수 있지만, 장기적으로는 소비 위축과 경기침체를 불러오는 무서운 현상이다.

경계해야 할 핵심 포인트

일시적인 가격 하락(예:세일, 원자재가 하락)은 디플레이션이 아니다. 전반적이고 지속적인 하락이 핵심이다.

통화정책
(Monetary Policy)

중앙은행이 금리나 통화량을 조절해 경기와 물가를 관리하는 정책이다.

　통화정책은 **중앙은행이 금리 조정, 통화량 조절 등을 통해 경기와 물가를 조절하는 정책**이다. 대표적인 수단으로는 기준금리 변경, 공개시장조작, 지급준비율 조정이 있다. 금리를 낮추면 시중에 돈이 많이 풀려 소비와 투자가 촉진되고, 반대로 금리를 올리면 과열을 막을 수 있다. 즉, 통화정책은 경제의 온도를 조절하는 '금융의 온도조절기'라 할 수 있다. 중앙은행은 주로 물가 안정과 경기 조절을 동시에 고려하며 통화정책을 시행한다.

지적대화에 필요한 포인트
경기가 침체되자 한국은행이 기준금리를 0.5%p 인하하며 자금이 시장으로 흘러가도록 유도했다.

반드시 알아둬야 할 Tip
통화정책은 기준금리를 통해 돈의 흐름을 조절하며, 경제 전반에 걸쳐 큰 영향을 미친다.

경계해야 할 핵심 포인트
　통화정책은 시행 후 효과가 나타나기까지 시차(time lag)가 존재하므로, 시기를 놓치면 오히려 경기 혼란을 일으킬 수 있다.

재정정책
(Fiscal Policy)

정부가 조세와 지출을 통해 경제 활동을 조정하는 정책 수단이다.

재정정책은 **정부가 세금과 지출을 조절하여 경기를 조절하고 경제 안정을 도모하는 정책**이다. 경기 침체 시에는 정부 지출을 늘리거나 세금을 줄여 민간 소비를 촉진하고, 반대로 과열 시에는 세금을 늘리거나 지출을 줄여 통제한다. 도로 건설, 공공기관 채용 확대, 복지정책 확대 등도 재정정책의 일환이다. 통화정책과 함께 거시경제를 조절하는 핵심 수단이며, 그 효과는 국민 삶에 직접적인 영향을 미친다.

지적대화에 필요한 포인트
경기침체기에 정부가 추경을 통해 대규모 사회간접자본(SOC) 투자를 단행하면서 건설업계가 활기를 되찾았다.

반드시 알아둬야 할 Tip
재정정책은 세입(세금)과 세출(정부 지출)을 조절하여 경제에 직접 개입하는 것이다.

경계해야 할 핵심 포인트
재정정책은 정치적 요소가 강하고 실행 속도가 느릴 수 있다. 타이밍이 중요하다.

유동성 함정
(Liquidity Trap)

금리가 낮아져도 통화 수요가 증가하지 않아 통화정책이 효과를 잃는 상태이다.

　유동성 함정은 **금리를 아무리 낮춰도 사람들이 소비나 투자를 하지 않고 현금을 보유하는 현상**을 말한다. 통화정책이 더 이상 효과를 발휘하지 못하는 상황으로, 극심한 경기 침체기에 발생한다. 사람들은 미래에 대한 불안으로 인해 금리가 낮아도 돈을 쓰지 않고, 은행도 대출을 꺼려하면서 시장에 자금이 돌지 않는다. 이럴 땐 재정정책 등 다른 수단이 필요하다. 유동성 함정은 케인즈 경제학에서 가장 중요한 위기 시나리오 중 하나로 알려져 있다.

지적대화에 필요한 포인트
0%대 초저금리 시대임에도 불구하고 기업들이 투자를 멈추고, 가계도 소비를 줄이는 일본식 장기불황.

반드시 알아둬야 할 Tip
돈은 넘치는데 돌아다니지 않는 상황이어서 이것이 유동성 함정이다. 유동성 함정이란 금리가 거의 0%인데도 투자, 소비가 늘지 않아 중앙은행이 아무리 돈을 풀어도 경기 부양이 되지 않는 상태를 말한다.

경계해야 할 핵심 포인트
금리만 낮춘다고 경제가 살아나는 게 아니라는 점. 심리와 기대, 정책믹스가 함께 작동해야 한다.

필립스 곡선
(Phillips Curve)

실업률과 물가 상승률 간 역상관 관계를 나타내는 이론 곡선이다.

　필립스 곡선은 **물가 상승률**(인플레이션)**과 실업률 사이에 존재하는 역의 관계를 설명하는 이론**이다. 일반적으로 경기가 좋아지면 물가가 오르고 실업은 줄고, 경기가 나빠지면 물가는 내리고 실업은 늘어난다는 개념이다. 즉, 실업률을 낮추면 인플레이션이 발생하고, 인플레이션을 잡으면 실업이 생긴다는 것이다. 하지만 최근에는 이 관계가 깨지는 경우도 많아졌으며, 특히 스태그플레이션(물가 상승+경기침체) 같은 현상은 이 곡선의 예외로 여겨진다.

 지적대화에 필요한 포인트

경기부양책으로 소비가 늘자, 물가는 상승하고 실업률은 빠르게 떨어졌다. 이는 필립스 곡선의 전형적인 예다.

반드시 알아둬야 할 Tip
인플레이션과 실업률은 서로 반비례한다는 고전적 설명이 바로 필립스 곡선이다.

경계해야 할 핵심 포인트
필립스 곡선은 **단기적으로는 유효하지만, 장기적으로는 작동하지 않는 경우도 많다.** 최근에는 기대 인플레이션이 변수로 작용한다.

스태그플레이션
(Stagflation)

경기 침체와 고물가가 동시에 발생하는 비정상적 경제 상황이다.

스태그플레이션은 **경기 침체와 물가 상승이 동시에 발생하는 매우 이례적이고 위험한 경제 상황**을 의미한다. 일반적으로 경기가 나쁘면 물가도 내려가기 마련인데, 스태그플레이션은 그 상식을 깨뜨린다. 실업률이 높고 소비가 위축되었는데도 불구하고, 공급망 문제, 원자재 가격 상승, 통화 팽창 등으로 인해 물가는 계속 오르는 것이다. 정부 입장에서는 물가를 잡기 위해 금리를 올리자니 경기가 더 침체되고, 경기를 부양하자니 물가가 더 오르는 정책의 딜레마에 빠진다.

지적대화에 필요한 포인트
전쟁이나 에너지 위기로 인해 물가가 급등한 가운데 소비가 줄고 기업 투자도 위축되면 스태그플레이션에 빠진다.

반드시 알아둬야 할 Tip
스태그플레이션이란 경기 침체, 물가 상승, 높은 실업률이 한꺼번에 나타나는 현상을 말한다.

경계해야 할 핵심 포인트
단순한 경기 불황이나 고물가 현상과 혼동하지 말고, 동시 발생 여부가 관건이다.

공급 충격
(Supply Shock)

생산 요소나 공급망 교란으로 인해 단기적으로 공급량이 급변하는 현상이다.

공급 충격이란 **예기치 않은 외부 요인으로 인해 제품이나 서비스의 공급이 급격히 줄거나 늘어나는 현상**을 말한다. 공급이 갑자기 줄면 가격이 폭등하고, 반대로 갑자기 늘면 가격이 폭락하는 등 경제 전반에 강력한 충격을 준다. 전쟁, 자연재해, 국제유가 급등, 전염병 등 다양한 요소가 원인이 된다. 특히 공급 감소는 인플레이션을 촉발하고, 공급 증가도 시장 불안을 일으킬 수 있다. 경제 정책은 이 충격을 얼마나 빠르게 완화하는지가 관건이다.

지적대화에 필요한 포인트

코로나19 팬데믹 초기, 중국 공장의 가동 중단으로 글로벌 반도체 공급이 줄어들면서 전 세계 전자제품 생산에 큰 타격이 발생했다.

반드시 알아둬야 할 Tip

공급 충격은 물가와 실물 경제 모두를 동시에 뒤흔드는 주요 변수다.

경계해야 할 핵심 포인트

공급 감소뿐 아니라 과잉도 충격이 될 수 있으므로, 단순히 부족 현상으로만 오해하지 말아야 한다.

파레토 법칙
(Pareto Principle)

전체 결과의 약 80%가 원인의 20%에서 발생한다고 보는 경험적 법칙이다.

파레토 법칙은 **전체 결과의 약 80%가 전체 원인의 20%에서 비롯된다는 통계적 법칙**이다. 이는 경제뿐 아니라 경영, 마케팅, 사회학 등 다양한 분야에 응용된다. 예를 들어, 기업 매출의 80%는 상위 20%의 고객에서 발생하며, 업무 성과의 80%는 20%의 핵심 업무에서 비롯된다는 것이다. 이 법칙은 효율적인 자원 분배와 핵심에 집중하는 전략적 사고를 강조한다. 삼성전자 같은 글로벌 기업도 고객 분석, 리소스 관리에 이 법칙을 널리 활용한다.

지적대화에 필요한 포인트
삼성의 고객 중 상위 20%가 전체 매출의 80%를 차지한다면, 이 고객층을 집중 공략하는 것이 효과적이다.

반드시 알아둬야 할 Tip
소수의 핵심이 다수를 설명한다. 파레토 법칙은 비대칭적 현실('비대칭적 현실'이란 원인과 결과, 투입과 산출이 1:1로 균등하지 않고 소수의 요소가 다수의 성과를, 다수의 요소가 소수의 성과를 만드는 불균형적 분포)**의 핵심 원리다.**

경계해야 할 핵심 포인트
80:20은 절대적인 수치가 아니라 경향성을 나타내는 개념이라는 점을 기억하자.

승수효과
(Multiplier Effect)

정부 지출 변화가 국민소득에 미치는 파급 효과가 투입 규모보다 큰 현상이다.

승수효과란 **정부 지출이나 투자 등의 경제 활동이 초기보다 훨씬 큰 최종 효과를 만들어내는 현상**을 말한다. 예를 들어 정부가 건설업에 1조 원을 투자하면 그 돈이 근로자의 소득이 되고, 소비로 이어지며 다시 다른 산업을 자극한다. 이처럼 하나의 지출이 경제 전반에 연쇄적인 파장을 일으키며 커지는 현상이 승수효과다. 경기부양책에서 이 효과가 크면 효과적이고, 작으면 세금 낭비가 될 수 있다.

 지적대화에 필요한 포인트

정부가 SOC 사업에 1조 원을 지출한 결과, 민간 투자와 고용이 증가해 총 3조 원 규모의 경제 효과를 유발했다.

반드시 알아둬야 할 Tip
경제는 연결되어 있다. 하나의 지출이 여러 분야에 영향을 줄 수 있다.

경계해야 할 핵심 포인트
승수효과는 경기 상황이나 국민의 소비 성향에 따라 달라질 수 있으므로 과신은 금물이다.

자본금융시장
(Capital Market)

주식, 채권 등 장기 금융상품이 거래되는 시장을 의미한다.

자본금융시장은 **기업이나 정부가 장기 자금을 조달하거나 투자하는 시장**이다. 주식, 채권, 장기예금 등이 거래되며, 단기 금융을 다루는 '단기금융시장'과 구분된다. 이 시장을 통해 기업은 시설 투자에 필요한 자금을 얻고, 투자자는 장기적으로 수익을 기대한다. 경제의 성장과 투자 기반 형성에 필수적인 역할을 하며, 안정성과 신뢰성이 중요하게 작용한다.

 지적대화에 필요한 포인트

삼성전자가 회사채를 발행해 반도체 공장 증설 자금을 조달한 것은 자본금융시장을 활용한 것이다.

반드시 알아둬야 할 Tip
장기 자금을 거래하는 곳이 자본시장이다. 주식과 채권이 대표적이다.

경계해야 할 핵심 포인트
단기 자금이 거래되는 단기금융시장(예: CP, 콜금리 시장)과 혼동하지 않도록 구분하자.

정보의 비대칭성
(Information Asymmetry)

거래 당사자 간 정보 수준이 불균형하여 시장 비효율이 발생하는 상태이다.

정보의 비대칭성이란 **거래 당사자 간에 보유한 정보의 양이나 질이 서로 다를 때 발생하는 문제를 의미**한다. 예를 들어, 중고차 판매자는 차의 상태를 잘 알지만 구매자는 알 수 없어 거래에 불신이 생긴다. 이는 비효율적인 거래, 시장 실패, 도덕적 해이(moral hazard) 등으로 이어질 수 있다. 금융시장에서 특히 문제가 되며, 이를 보완하기 위해 정보공개, 보증제도, 신용평가 등의 장치가 존재한다.

지적대화에 필요한 포인트
대출자보다 은행이 더 많은 정보를 요구하는 이유는 정보 비대칭을 줄이고 리스크를 줄이기 위해서이다.

반드시 알아둬야 할 Tip
시장 실패의 핵심 원인 중 하나가 정보의 비대칭성이다. 정보의 비대칭성이란 거래 당사자 간에 정보의 양이나 질에 차이가 있어 한쪽만이 더 많은 또는 더 정확한 정보를 가진 상태를 말한다.

경계해야 할 핵심 포인트
비대칭성은 '일방적인 속임수'가 아니라, 정보의 불균형 자체가 문제라는 점을 기억하자.

독점시장
(Monopoly)

단일 기업이 제품 또는 서비스 시장을 지배하는 경쟁 구조이다.

독점시장이란 **특정 기업이 전체 시장을 완전히 장악해 경쟁자가 없는 상태**를 말한다. 이 기업은 가격 결정력을 가지며, 소비자의 선택권은 제한된다. 진입 장벽이 매우 높고, 기술력이나 정부의 규제에 의해 독점이 형성되기도 한다. 하지만 독점은 비효율적 자원 배분, 품질 저하, 가격 인상 등의 문제를 낳기 때문에 대부분의 국가에서는 공정거래법 등으로 이를 규제한다.

 지적대화에 필요한 포인트

국가가 한때 전력 산업을 독점 운영했던 한국전력과 같은 사례는 전형적인 자연 독점이다.

반드시 알아둬야 할 Tip
독점은 가격을 통제할 수 있는 지배력을 가진다.

경계해야 할 핵심 포인트
모든 독점이 나쁜 건 아니다. 자연 독점(인프라 등)은 효율을 위한 예외적 사례다.

생산가능곡선
(Production Possibility Curve)

자원이 효율적으로 사용될 때 최대 생산 가능 조합을 보여주는 곡선이다.

생산가능곡선은 **주어진 자원과 기술 수준에서 생산할 수 있는 두 가지 재화의 최대 조합을 나타낸 곡선**이다. 이 곡선 위의 점은 효율적 생산, 안쪽은 비효율, 바깥은 불가능한 조합을 의미한다. 이 개념은 자원의 희소성과 선택의 문제, 기회비용 등을 시각적으로 설명하며, 경제학의 아주 기초적이지만 중요한 개념이다.

지적대화에 필요한 포인트
삼성전자가 동일한 자원을 스마트폰 생산에 더 많이 투입하면, TV 생산량은 줄어들게 되며, 이 변화는 생산가능곡선 상의 이동으로 나타난다.

반드시 알아둬야 할 Tip
한정된 자원에서 무엇을 얼마나 생산할지 선택해야 한다는 것이 생산가능곡선의 핵심 메시지다.

경계해야 할 핵심 포인트
곡선이 '바깥쪽으로 이동'할 때는 기술 발전이나 자원 증가가 있었음을 뜻한다.

한계비용
(Marginal Cost)

추가 한 단위를 생산하는 데 드는 추가 비용을 의미한다.

한계비용이란 **생산량을 1단위 늘릴 때 추가로 드는 비용**을 말한다. 이 개념은 기업이 얼마나 생산을 늘릴지, 언제 멈출지를 판단할 때 결정적인 기준이 된다. 초기에는 규모의 경제로 한계비용이 낮아지다가, 일정 지점을 지나면 생산 효율이 떨어지면서 다시 올라간다. 기업은 한계수입과 한계비용이 일치하는 지점에서 이윤 극대화를 달성할 수 있다.

 지적대화에 필요한 포인트

삼성전자가 스마트폰을 1,000개에서 1,100개로 늘릴 때 추가로 드는 비용이 한계비용이다.

반드시 알아둬야 할 Tip
한계수입란 한계비용일 때, 이윤이 최대화된다.

경계해야 할 핵심 포인트
한계비용은 평균비용과 다르다. 평균은 전체 생산의 단위당 비용이다.

절대우위/비교우위
(Absolute vs. Comparative Advantage)

절대우위는 동일 자원으로 더 많은 생산을, 비교우위는 더 낮은 기회비용으로 생산할 수 있는 능력을 의미한다.

절대우위는 한 국가나 기업이 같은 자원으로 더 많은 생산을 할 수 있는 능력, **비교우위는 다른 생산보다 상대적으로 기회비용이 낮은 생산에서의 우위**를 말한다. 국제무역에서 특히 중요한 개념으로, 두 국가가 모두 비교우위를 가진 재화를 교환하면 모두 이익을 얻을 수 있다. 효율성과 전문화의 원칙이 이 개념에 바탕을 둔다.

지적대화에 필요한 포인트
한국이 반도체를, 베트남이 섬유제품을 비교우위로 생산하고 서로 무역하면 양국 모두 이익을 본다.

반드시 알아둬야 할 Tip
비교우위란 기회비용이 더 낮은 생산. 절대우위보다 더 중요한 무역 개념이다.

경계해야 할 핵심 포인트
절대우위는 모든 분야에서 우위가 있을 수 있지만, 비교우위는 선택의 문제다. 전 분야에서 절대우위를 가져도 교역이 유리할 수 있다.

환율
(Exchange Rate)

두 국가 통화 간의 교환 비율을 의미한다.

환율이란 **두 나라의 통화를 교환할 때 적용되는 비율을 의미**한다. 예를 들어, 1달러=1,300원이라면 이는 원/달러 환율이다. 환율은 수출입, 외환시장, 금리, 물가, 국제 투자 등 경제 전반에 큰 영향을 준다. 고정환율제와 변동환율제가 있으며, 오늘날 대부분의 국가는 시장 상황에 따라 환율이 움직이는 변동환율제를 채택한다. 환율이 상승하면 수출기업엔 유리하지만 수입 물가는 오르고, 반대로 하락하면 수입은 유리하지만 수출 경쟁력이 약해진다.

지적대화에 필요한 포인트
환율이 1,200원에서 1,350원으로 상승하면, 한국 기업은 제품을 더 싸게 수출할 수 있어 수출이 증가하고, 반면 수입 원자재 가격은 상승한다.

반드시 알아둬야 할 Tip
환율 변동은 무역, 기업 이익, 소비자 물가에 직접적인 영향을 준다. 수출기업과 수입기업의 이해관계가 반대라는 점도 중요하다.

경계해야 할 핵심 포인트
단기 환율 변동은 투자 심리나 정치적 이슈에 의해 요동칠 수 있으며, 항상 경제의 펀더멘털만 반영하는 건 아님을 기억하자.

양적 완화
(Quantitative Easing, QE)

중앙은행이 국채 매입 등을 통해 통화량을 대규모로 확대하는 비전통적 통화정책이다.

양적 완화란 **중앙은행이 기준금리 인하만으로는 경기를 살리기 어려울 때, 시중에 돈을 대량으로 푸는 비전통적 통화정책**이다. 주로 채권을 매입하여 금융기관에 현금을 제공함으로써 유동성을 확대하고, 소비, 투자를 유도한다. 2008년 글로벌 금융위기 이후 미국 연준이 본격적으로 사용하면서 널리 알려졌다. 돈을 찍어내는 정책이라는 비유가 붙을 만큼 강력한 수단이지만, 부작용도 따른다.

 지적대화에 필요한 포인트

코로나19로 미국 경제가 침체되자 연준(Fed)은 국채를 대규모로 사들이며 양적 완화를 실시했고, 이는 주식시장 상승과 자산 인플레이션을 촉발했다.

반드시 알아둬야 할 Tip
금리가 0에 가까워졌을 때 쓰는 최후의 수단이다. 양적 완화는 금리 아래의 무기이다.

경계해야 할 핵심 포인트
지나친 양적 완화는 자산 거품, 인플레이션, 부의 양극화로 이어질 수 있어 적절한 타이밍의 회수가 매우 중요하다.

물가상승률
(Inflation Rate)

일정 기간 동안 물가 수준이 상승한 비율을 나타내는 지표이다.

물가상승률은 **일정 기간 동안 상품과 서비스의 평균 가격이 얼마나 올랐는지를 퍼센트로 나타낸 수치**다. 일반적으로 소비자물가지수(CPI)를 통해 계산된다. 이 지표는 국민 실질소득, 금리 정책, 사회 전반의 생활비를 결정짓는 매우 중요한 기준이며, 중앙은행의 물가안정 목표치(예: 연 2%)로도 활용된다.

 지적대화에 필요한 포인트

작년에 물가상승률이 5%였다면, 1년 전 10,000원이던 장바구니가 올해는 평균 10,500원이 된 것이다.

반드시 알아둬야 할 Tip
물가 상승률이 높을수록 화폐 가치가 떨어지고, 실질소득이 줄 수 있다.

경계해야 할 핵심 포인트
일부 품목의 급등이 전체 인플레이션으로 오해되지 않도록 주의해야 한다. 전반적, 지속적 상승이어야 진짜 인플레이션이다.

대체재
(Substitute Goods)

한 제품 소비가 다른 제품 소비를 대체하는 재화를 의미한다.

대체재란 **서로 대신해서 사용할 수 있는 재화나 서비스**를 말한다. 하나의 가격이 오르면, 다른 재화의 수요가 증가하는 관계에 있다. 예를 들어 커피와 녹차, 햄버거와 피자, 버스와 지하철처럼 비슷한 기능을 수행하는 제품은 대체재로 분류된다. 이는 소비자의 선택 가능성과 가격 민감성에 영향을 미치는 핵심 개념이다.

지적대화에 필요한 포인트
커피 가격이 급등하자 소비자들이 녹차를 대신 마시며 녹차의 수요가 증가했다.

반드시 알아둬야 할 Tip
대체재는 한쪽 가격이 오르면, 다른 쪽 수요가 는다. 양의 관계로 양의 관계란 한 변수가 증가할 때 다른 변수도 함께 증가(또는 한 변수가 감소할 때 다른 변수도 함께 감소)하는 관계를 말한다. 가격이 오르면 공급량도 늘어나는 가격과 공급량 관계가 대표적인 양의 관계이다.

경계해야 할 핵심 포인트
완벽히 동일한 용도는 아니더라도, 소비자가 대안으로 여길 수 있다면 대체재로 분류된다.

보완재
(Complementary Goods)

한 제품 소비가 다른 제품 소비를 촉진하는 재화를 의미한다.

보완재는 **함께 사용할 때 더 큰 효용을 주는 두 가지 재화**를 말한다. 하나의 가격이 오르면, 다른 재화의 수요도 함께 줄어드는 관계에 있다. 예를 들어 프린터와 잉크, 스마트폰과 충전기, 게임기와 게임 타이틀 등은 전형적인 보완재이다. 소비자의 연계 소비 패턴을 설명할 때 중요한 개념이다.

 지적대화에 필요한 포인트

프린터 가격이 오르자 잉크 카트리지 판매도 함께 줄어들었다.

반드시 알아둬야 할 Tip

보완재는 한쪽 가격이 오르면, 다른 쪽 수요가 줄어든다. 음의 관계로 음의 관계란 한 변수가 증가할 때 다른 변수가 감소(또는 한 변수가 감소할 때 다른 변수가 증가)하는 관계를 말하며 예를 들어 가격이 오르면 수요가 줄어드는 가격과 수요 관계가 대표적인 음의 관계이다.

경계해야 할 핵심 포인트

보완재 관계는 강하거나 약할 수 있다. 완전 보완과 느슨한 보완재로 나뉜다.

수요, 공급 법칙
(Law of Supply and Demand)

수요량과 공급량의 상호 작용에 따라 시장 가격이 결정된다는 원칙이다.

　수요, 공급의 법칙은 **시장에서 가격이 어떻게 결정되는지를 설명하는 가장 기본적인 경제 원리**다. 소비자(수요자)는 가격이 낮을수록 많이 사고 싶어하고, 생산자(공급자)는 가격이 높을수록 많이 팔고 싶어한다. 이 두 힘이 만나는 지점에서 시장 가격과 거래량이 결정되며, 이를 균형점이라고 한다. 외부 요인이 수요 또는 공급을 변화시키면 이 균형도 이동한다.

지적대화에 필요한 포인트
반도체 수요가 급증했지만 공급이 따라가지 못하면서 가격이 급등했다.

반드시 알아둬야 할 Tip
수요가 증가하면 가격이 오르고, 공급이 증가하면 가격이 내려간다. 그래서 시장은 수요, 공급의 힘으로 스스로 조절된다.

경계해야 할 핵심 포인트
　단순히 수요가 많으면 공급도 늘어난다가 아니라, 가격을 매개로 조절된다는 점을 잊지 말아야 한다.

규모의 경제
(Economies of Scale)

생산량이 증가함에 따라 단위당 생산비용이 감소하는 현상이다.

규모의 경제는 **생산 규모가 커질수록 단위당 생산비용이 줄어드는 현상**을 말한다. 고정비용이 많은 제조업, 특히 자동차 산업에서 매우 중요하다. 예를 들어, 공장 설비나 연구개발(R&D) 비용은 초기엔 막대하지만, 생산량이 많아질수록 개당 부담이 줄어 효율성이 높아진다. 이는 대량 생산의 핵심 논리이며, 글로벌 경쟁에서 가격 경쟁력을 확보하는 기반이 된다.

지적대화에 필요한 포인트
현대차가 같은 라인에서 전기차를 대량 생산하면, 배터리 개발비와 조립 인프라에 드는 단가가 낮아져 제품 경쟁력이 높아진다.

반드시 알아둬야 할 Tip
더 많이 만들수록 더 싸게 만들 수 있다는 제조업 경쟁력의 핵심 원리이다.

경계해야 할 핵심 포인트
너무 과도한 대량 생산은 비효율, 재고 증가, 관리비용 폭증으로 이어질 수 있으니 한계점도 고려해야 한다.

학습효과
(Learning Effect)

생산 과정이 반복될수록 작업 효율이 높아져 단위당 비용이 줄어드는 현상이다.

학습효과는 **반복된 생산과 경험 축적을 통해 기술 숙련도와 효율성이 증가하면서 생산성이 높아지는 현상**을 말한다. 숙련도 상승, 자동화 최적화, 공정 개선 등으로 시간이 지날수록 생산 단가가 줄어드는 것이 특징이다. 특히 신차 개발, 신기술 적용 초기에 비용이 높지만, 시간이 지날수록 품질은 올라가고 비용은 내려가는 과정을 통해 기업 경쟁력이 강화된다.

 지적대화에 필요한 포인트

현대차가 처음으로 수소차를 생산할 땐 단가가 높았지만, 몇 년간의 생산 경험으로 기술이 정교해지면서 비용이 점점 줄고 생산 효율이 높아졌다.

반드시 알아둬야 할 Tip
경험이 곧 비용 절감의 자산이다. 특히 고도 기술을 다룰수록 학습효과는 더 크다.

경계해야 할 핵심 포인트
학습효과는 시간이 지나면 점점 효과가 둔화되며, 기술 변화나 신규 공정 도입 시 다시 초기 비용이 발생할 수 있다.

산업연관 효과
(Industrial Linkage Effect)

한 산업의 발전이 연쇄적으로 다른 산업의 성장과 연계를 촉진하는 효과이다.

산업연관 효과란 **특정 산업이 다른 산업들과 연결되어 상호 영향을 주고받는 경제적 파급 효과**를 의미한다. 자동차 산업은 대표적인 연관 산업 중심 산업으로, 철강, 반도체, 석유화학, 전기, 전자 등 수많은 부품 산업과 직결되어 있다. 자동차 1대가 팔리면, 그에 따른 생산, 운송, 유통, 서비스 산업 전반이 함께 움직이며 국가경제에 미치는 총체적 효과가 매우 크다.

지적대화에 필요한 포인트
현대차가 신형 전기차를 대량 생산하면 배터리, 모터, 반도체, 철강, 유통 등 연관 산업 전반에 주문과 고용이 동시에 증가한다.

반드시 알아둬야 할 Tip
자동차 산업은 단독 산업이 아니라 '산업 생태계의 중심 허브' 역할을 한다.

경계해야 할 핵심 포인트
산업연관 효과가 크다고 해서 모든 산업에서 동일하게 적용되는 것은 아니며, 산업 구조에 따라 편차가 크다.

Chapter 05

현대, 기아자동차
상식, HMAT 등에 나오는 경제 레시피

**현대, 기아자동차 취업, 면접 시험에 나오는 경제용어!
자동차 산업 특성상, 공급망, 무역, 원자재, 제조업 관련
경제 개념도 많이 나온다**

비교우위
(Comparative Advantage)

한 재화를 상대적으로 더 낮은 기회비용으로 생산할 수 있는 능력을 의미한다.

비교우위란 **한 국가나 기업이 다른 분야에 비해 상대적으로 더 낮은 기회비용으로 생산할 수 있는 분야에서 경쟁력을 갖는 개념**이다. 절대 생산량이나 생산비용이 더 낮은 것(절대우위)과 달리, 기회비용을 기준으로 판단하는 것이 핵심이다. 이는 무역 이론의 기초이자, 각국이 특화된 산업을 선택하고 교역을 통해 모두 이익을 얻을 수 있는 원리를 설명한다.

지적대화에 필요한 포인트
한국이 전기차 배터리 생산에서 비교우위를 가지며, 다른 국가는 철강에 강점이 있을 경우, 서로 특화된 제품을 수출입하면서 모두 이득을 본다.

반드시 알아둬야 할 Tip
절대우위보다 중요한 건 비교우위로 기회비용이 낮은 분야에서 특화해야 한다. 절대우위는 같은 자원으로 더 많이 생산할 수 있는 능력이고, 비교우위는 포기하는 기회비용이 더 낮은 분야에 특화하는 능력이다.

경계해야 할 핵심 포인트
비교우위는 상대적 개념이기 때문에, 한 국가가 모든 분야에서 절대우위를 가져도 무역을 통해 더 큰 이익을 얻을 수 있다.

원자재 가격지수
(Raw Material Price Index)

주요 원자재의 가격 변동을 종합하여 산출한 물가지표이다.

원자재 가격지수는 철강, 알루미늄, 석유, 구리 등 **제조업에 쓰이는 주요 원자재의 가격 변동을 지수화한 것**이다. 이 지수는 기업 원가에 큰 영향을 미치며, 특히 자동차 산업처럼 금속, 화학소재에 의존도가 높은 산업에선 원자재 가격이 전체 수익성에 직결된다. 전 세계 공급망 변화, 환율, 지정학적 이슈 등으로 변동성이 크며, 이를 예측하고 관리하는 능력이 기업의 리스크 관리 역량이 된다.

지적대화에 필요한 포인트
2022년 러시아-우크라이나 전쟁 여파로 니켈, 알루미늄 가격이 급등하며 전기차 배터리 제조 비용이 크게 증가했다.

반드시 알아둬야 할 Tip
원자재 가격은 자동차 원가 경쟁력에 직결된다. 지속적인 모니터링이 필요하다.

경계해야 할 핵심 포인트
단순히 '가격이 올랐다'만 볼 것이 아니라, 그 배경(정치, 기후, 공급망 문제 등)을 함께 고려해야 대응이 가능하다.

공급망 리스크
(Supply Chain Risk)

원자재 조달에서 최종 소비자 전달까지의 과정에서 발생할 수 있는 불확실성 위험이다.

공급망 리스크란 **원자재, 부품, 완제품의 조달, 생산, 운송, 판매 전 과정에서 발생할 수 있는 위험 요인**을 말한다. 특히 글로벌화된 제조업에서는 한 부품의 공급 차질만으로도 전체 생산이 중단되는 경우가 많다. 자동차 산업처럼 수천 개 부품을 조립해야 하는 산업에서는, 지진, 전쟁, 물류 지연, 원자재 가격 급등 등 모든 사건이 공급망에 영향을 미친다. 현대차도 반도체 쇼티지(Shortage) 사태에서 이 문제를 심각하게 경험했다.

지적대화에 필요한 포인트
2021년 글로벌 차량용 반**도체 공급 부족으로 인해 현대차 일부 라인의 생산이 중단**되며 큰 타격을 입었다.

반드시 알아둬야 할 Tip
부품 하나가 안 와도 공장은 못 돌 수 있다. 공급망 다변화와 유연성이 경쟁력이다.

경계해야 할 핵심 포인트
가격만 보고 공급처를 선택하면 리스크에 취약해질 수 있다. 안정성과 지속 가능성도 함께 고려해야 한다.

가치사슬
(Value Chain)

제품 기획부터 생산, 유통, 서비스에 이르는 전 과정을 가치 창출 관점에서 분석한 개념이다.

가치사슬은 <u>원자재 조달→제조→마케팅→판매→A/S까지, 제품이 고객에게 전달되기까지의 전체 과정에서 가치를 창출하는 흐름</u>을 의미한다. 각 단계는 독립된 부서처럼 보이지만, 전체적인 흐름이 유기적으로 연결되어 하나의 '시스템'으로 작동한다. 자동차 기업은 단순한 조립만이 아니라 연구개발, 디자인, 브랜드, 서비스 전반에서 고객 경험을 완성해야 하며, 이 전체의 효율성과 통합성이 경쟁력을 좌우한다.

지적대화에 필요한 포인트
현대차는 단순 제조업체가 아니라 디자인센터, 브랜드 전략팀, A/S 서비스까지 직접 운영하여 고객 경험을 통합 관리한다.

반드시 알아둬야 할 Tip
고객이 제품을 인식하기까지 전 과정이 가치사슬(가치사슬이란 제품이 고객에게 도달하기까지 부가가치를 만들어 내는 모든 과정)이다. 조립만 잘한다고 되는 게 아니다.

경계해야 할 핵심 포인트
가치사슬은 부서별로 쪼개서 보면 안 되고, 흐름과 연결성 중심으로 이해해야 한다.

무역수지
(Trade Balance)

상품과 서비스의 수출액에서 수입액을 뺀 차액을 의미한다.

무역수지는 **수출액과 수입액의 차이를 의미하며, 국가 경제의 '무역 건전성'을 보여주는 핵심 지표**이다. 수출이 수입보다 많으면 '흑자', 반대는 '적자'다. 제조업 기반 국가인 한국은 무역수지에 따라 환율, 고용, 외환보유고, 산업 구조 등 다양한 영역에 영향을 받는다. 현대차처럼 글로벌 판매가 중심인 기업에겐 수출입 환경과 무역정책 변화에 대한 민감한 대응이 필수이다.

지적대화에 필요한 포인트
원화 약세로 현대차가 해외에서 더 많은 매출을 올리면서 한국의 무역수지가 흑자를 기록했다.

반드시 알아둬야 할 Tip
무역수지는 수출입 경쟁력과 환율, 글로벌 수요를 종합적으로 반영한 결과다.

경계해야 할 핵심 포인트
단순히 수출이 많다고 무조건 좋은 건 아니며, 수입이 줄어든 결과의 흑자는 장기적으로 문제가 될 수 있다.

생산성
(Productivity)

투입된 자원 대비 산출된 산출량 또는 부가가치의 비율을 나타내는 지표이다.

생산성이란 **같은 자원(노동, 자본)으로 얼마나 많은 결과**(제품, 서비스)**를 만들어내는가를 측정하는 지표**다. 기업의 경쟁력은 높은 품질의 제품을 빠르고 효율적으로 생산할 수 있는 능력에서 나오며, 특히 제조업에서는 생산성이 수익률에 직결된다. 생산성은 단순한 '속도'가 아니라 공정 혁신, 자동화, 품질 개선 등 전반적 효율성을 포함한다.

 지적대화에 필요한 포인트
현대차가 스마트 공장을 도입해 조립 시간을 20% 줄이고, 품질 불량률도 감소시켰다면 이는 생산성 향상이다.

반드시 알아둬야 할 Tip
생산성은 효율성, 품질, 속도가 합쳐진 결과다. 단순히 '많이' 만드는 게 아니라 '잘' 만들어야 한다.

경계해야 할 핵심 포인트
생산성을 무리하게 높이려다 과로, 품질 저하, 조직 피로도 증가 등 부작용이 생길 수 있다.

R&D 투자
(Research and Development Investment)

신제품 개발과 기술 혁신을 위해 투입하는 연구개발 자본 지출을 말한다.

R&D 투자는 **기술 개발, 신제품 창출, 품질 개선 등을 위해 기업이 장기적으로 투자**하는 활동이다. 자동차 산업은 기술 집약적인 분야로, R&D가 미래 경쟁력을 결정한다. 특히 전기차, 자율주행, 친환경소재, AI 기반 차량 서비스 등에서 R&D 없이는 시장 변화에 대응할 수 없다. 단기 이익보다 미래를 위한 혁신 역량 강화가 중심이다.

지적대화에 필요한 포인트
현대차가 매년 매출의 5% 이상을 전동화 플랫폼과 자율주행 기술 R&D에 투자하며 글로벌 기술 경쟁력을 확보하고 있다.

반드시 알아둬야 할 Tip
R&D는 비용이 아니라 미래에 대한 투자다. 지금의 기술은 과거의 R&D에서 나왔다.

경계해야 할 핵심 포인트
단기 실적에만 집착해 R&D를 줄이면 장기적으로 기술력과 브랜드 가치가 퇴보할 수 있다.

ESG 경영
(Environmental, Social, Governance)

환경, 사회, 지배구조 요소를 고려해 지속가능성을 추구하는 기업 경영 방식이다.

ESG는 **기업이 단순히 이익만 추구하지 않고, 환경**(Environment), **사회**(Social), **지배구조**(Governance)**를 균형 있게 고려하는 지속가능 경영 전략**이다. 친환경차 생산, 인권 존중, 투명한 의사결정 등 사회적 책임을 다하는 기업이 장기적으로 신뢰를 얻는다. 글로벌 투자자들도 ESG 기준을 투자 판단의 핵심으로 보고 있으며, **현대차 역시 ESG 평가에서 높은 등급 확보**를 위해 환경과 인권, 이사회 구조 개선 등을 적극 추진 중이다.

 지적대화에 필요한 포인트

현대차가 탄소중립을 목표로 내연기관 생산을 줄이고 전기차 생산 전환에 집중하는 것도 ESG 경영의 일환이다.

반드시 알아둬야 할 Tip

수익성과 사회적 책임을 함께 추구하는 것이 바로 미래 경쟁력이다. ESG는 단순 유행이 아닌 생존 전략이다.

경계해야 할 핵심 포인트

외부 홍보용 그린워싱(greenwashing 겉만 친환경)은 ESG 평가에 오히려 역효과를 낼 수 있다.

로봇세
(Robot Tax)

자동화된 로봇 도입으로 인한 일자리 감소를 보완하기 위해 부과하는 세금을 의미한다.

    로봇세는 자동화, AI 확산으로 인한 고용 감소 문제를 완화하기 위해, **기업이 로봇을 도입해 노동력을 대체할 경우 이에 대한 세금을 부과하자는 개념**이다. 기업이 자동화로 얻는 효율성은 높지만, 일자리가 줄어들면서 사회적 부작용이 발생하자 이를 보완하고자 등장한 논의다. 현재는 논의 단계이지만, 자동화율이 높은 산업군에선 노동 대체 비용과 사회적 책임의 균형이라는 관점에서 중요하다.

지적대화에 필요한 포인트
현대차 공장에서 AI 로봇이 사람 대신 용접을 하게 되면서 고용이 감소하자, 일부 국가에서는 '로봇세 도입'을 논의하기 시작했다.

반드시 알아둬야 할 Tip
기술 발전이 고용을 줄일 수 있고, 그 공백을 세금으로 메우자는 논리다.

경계해야 할 핵심 포인트
로봇세는 실제 도입보다 논의와 이슈 제기 중심이므로, 아직 제도화된 것은 아니다.

가격차별
(Price Discrimination)

소비자군별 지불능력에 따라 동일 상품에 다른 가격을 부과하는 전략이다.

가격차별이란 **동일한 상품이나 서비스에 대해 소비자별로 다른 가격을 부과하는 전략**이다. 수요 탄력성, 시간, 지역, 소비자 특성에 따라 가격을 다르게 책정하여 수익을 극대화하는 마케팅 수단이다. 항공권, 렌터카, 호텔 등에서는 일반화된 전략이며, 자동차 업계에서도 사양, 지역, 시기에 따라 차량 가격이나 할인율이 달라진다.

 지적대화에 필요한 포인트

현대차가 같은 모델의 차량을 서울과 지방에서 다른 혜택으로 판매하거나, 법인 고객에게만 특별 할인하는 것이다.

반드시 알아둬야 할 Tip
소비자 그룹별로 다른 지불 용의(지불용의란 소비자가 특정 제품이나 서비스에 대해 기꺼이 지불하려고 생각하는 최대 금액)**를 활용한 전략적 가격 책정이다.**

경계해야 할 핵심 포인트
차별이 불공정하거나 불투명하게 느껴질 경우 소비자 신뢰를 잃을 수 있다.

전환비용
(Switching Cost)

소비자가 한 제품이나 서비스에서 다른 것으로 이동할 때 부담하는 비용을 말한다.

전환비용이란 **소비자가 어떤 상품이나 서비스를 다른 브랜드로 바꾸는 데 드는 비용, 시간, 불편함 등을 말한다.** 자동차 산업에서는 브랜드 충성도, A/S 네트워크, 금융 프로그램, 앱 호환성 등 다양한 요인이 전환비용을 높인다. 전환비용이 높을수록 고객 이탈이 어렵고, 기업 입장에선 고객 유지를 위한 유리한 구조가 된다.

지적대화에 필요한 포인트
현대차 이용자가 블루링크 앱, 제휴 주유소, 전용 금융혜택에 익숙해져 다른 브랜드로 바꾸는 것이 번거롭게 느껴지는 상황을 말한다.

반드시 알아둬야 할 Tip
전환비용은 고객을 묶어두는 보이지 않는 진입장벽이다.

경계해야 할 핵심 포인트
전환비용이 너무 높으면 고객 불만을 유발하거나 반감을 살 수 있으므로 편의성과 신뢰성 확보가 병행되어야 한다.

탄소세
(Carbon Tax)
탄소 배출량에 비례해 부과되는 세금으로 환경 비용을 내부화하는 정책이다.

탄소세는 **온실가스를 배출하는 기업이나 산업에 부과하는 환경세로, 기후변화 대응을 위한 대표적인 정책 수단**이다. 제조업 중심의 산업군에서는 생산비용 상승, 경쟁력 약화 등의 부담이 따르지만, 친환경 전환을 유도하는 데 효과적이다. 탄소중립 2050을 목표로 유럽연합(EU) 등 주요국들이 본격적인 도입을 추진 중이며, 자동차 산업도 전기차, 수소차 전환을 서두르고 있다.

지적대화에 필요한 포인트
유럽으로 내연기관 차량을 수출하는 기업은 탄소세가 부과되어 가격 경쟁력이 낮아질 수 있어, 전기차로의 전환이 필수화된다.

반드시 알아둬야 할 Tip
탄소세는 '오염 비용의 시장 반영'이다. 오염하는 만큼 돈을 내야 한다는 개념으로 생각하면 된다.

경계해야 할 핵심 포인트
탄소세는 산업 경쟁력을 떨어뜨릴 수 있어, 보조금, 세제 혜택과 함께 시행되어야 효과가 크다.

제로금리 정책
(Zero Interest Rate Policy, ZIRP)

중앙은행이 기준금리를 사실상 0% 수준으로 유지하는 비전통적 통화정책이다.

  제로금리 정책은 **기준금리를 0%에 가깝게 낮추어 시중에 돈이 잘 돌게 만드는 초저금리 통화정책**이다. 경제가 침체되었을 때 소비와 투자를 유도하기 위해 사용된다. 자동차와 같은 고가 제품 소비에도 직접 영향을 미치며, 할부금융, 리스, 대출 수요를 자극할 수 있다.

 지적대화에 필요한 포인트

제로금리 상황에서 현대캐피탈의 자동차 금융상품이 인기를 끌며 차량 판매가 늘었다.

반드시 알아둬야 할 Tip

제로금리가 되면 대출이 쉬워지고, 소비가 증가해 경기 회복을 시도하게 된다. 중앙은행의 경기 부양 수단 중 하나이다.

경계해야 할 핵심 포인트

금리가 0에 가까워도 사람들이 소비하지 않으면 유동성 함정(낮은 금리에도 소비와 투자가 늘지 않아 돈을 풀어도 경기가 회복되지 않는 상태)에 빠질 수 있다.

샤워실의 바보
(Shower Room Fool)

집단 내에서 소극적 태도로 인해 정보 공유와 의사결정에 부정적 영향을 미치는 사람을 비유한 표현이다.

　샤워실의 바보는 노벨경제학상 수상자인 로버트 루카스가 만든 개념으로, **정부나 중앙은행이 경제 상황을 판단하지 않고 너무 잦은 정책 변경을 하면 시장이 혼란을 겪는다는 뜻**이다. 마치 샤워실에서 물 온도를 맞추기 위해 좌우로 계속 레버를 조절하다가 물이 너무 뜨겁거나 차가워지는 사람처럼, 일관성 없는 정책은 시장을 더 혼란스럽게 만든다.

지적대화에 필요한 포인트
기준금리를 올렸다 내렸다 반복하는 정부 정책이 기업 투자 계획에 혼선을 주고, 소비자 심리를 불안하게 만든다.

반드시 알아둬야 할 Tip
경제정책은 신속함도 중요하지만, '예측 가능성'과 '일관성'이 더 중요하다.

경계해야 할 핵심 포인트
'빠르게 대응한다'와 '오락가락한다'는 다른 개념임을 구분해야 한다.

공유경제
(Sharing Economy)

개인이 보유한 자원을 온라인 플랫폼을 통해 공유, 대여하는 경제 모델이다.

공유경제는 **개인이 보유한 유휴 자원을 다른 사람과 공유하여 효율성을 높이는 경제 모델**이다. 자동차, 주택, 사무공간, 배터리 충전소 등 다양한 자산이 공유되고 있으며, 이는 자원 절약, 비용 절감, 접근성 확대 등의 장점을 제공한다. 자동차 산업에서는 카셰어링, 전기차 배터리 교환소 등으로 확산 중이다.

 지적대화에 필요한 포인트

현대차가 운영하는 카셰어링 플랫폼에서 여러 이용자가 같은 차량을 시간 단위로 나누어 이용한다.

반드시 알아둬야 할 Tip
소유에서 이용으로 하자. 공유경제는 소비 패턴의 변화를 의미한다.

경계해야 할 핵심 포인트
과도한 공유는 품질 저하, 책임 불명확, 노동문제 등 부작용이 있을 수 있다.

한계소비성향
(Marginal Propensity to Consume, MPC)

소득이 1단위 증가할 때 소비가 증가하는 비율을 나타내는 지표이다.

한계소비성향이란 **소득이 1단위 증가할 때 소비가 얼마나 늘어나는지를 나타내는 지표**이다. 예를 들어 MPC가 0.8이면, 10만 원을 더 벌었을 때 8만 원을 소비한다는 의미다. 이 수치는 경기 부양책의 승수효과를 계산할 때 핵심 변수이며, 소비심리와 연동된다. 자동차 같은 고가 소비는 MPC가 높을수록 활성화된다.

지적대화에 필요한 포인트
정부가 재난지원금을 지급하자 시민들의 자동차 할부금 완납, 신차 계약이 증가했다. MPC가 높아 소비로 연결된 것이다.

반드시 알아둬야 할 Tip
MPC(한계소비성향)가 높을수록 정책 효과도 크다. 소득이 소비로 얼마나 이어지느냐가 관건이다.

경계해야 할 핵심 포인트
고소득층은 일반적으로 MPC가 낮고, 저소득층일수록 소비 성향이 높다. 정책 타깃 설정에 유의해야 한다.

정보의 비대칭성
(Information Asymmetry)

거래 당사자 간 제공되는 정보의 양이나 질에 차이가 있어 시장 효율이 저해되는 상태이다.

정보의 비대칭성은 **시장에서 거래 당사자들이 가지고 있는 정보의 양이나 질이 서로 다를 때 발생하는 현상**이다. 주로 판매자가 구매자보다 더 많은 정보를 갖고 있을 때 문제가 발생한다. 이로 인해 소비자는 불완전한 정보를 바탕으로 결정을 내리게 되며, 이는 시장 왜곡, 불신, 거래 실패로 이어질 수 있다. 정보의 비대칭은 단순한 차이가 아니라 시장의 효율성 자체를 훼손할 수 있는 구조적 위험으로 작용한다.

지적대화에 필요한 포인트

스타트업이 투자자를 유치할 때, 창업자는 사업 아이디어와 기술력에 대한 상세 정보를 알고 있지만, 투자자는 겉으로 보기엔 그것을 판단하기 어려워 투자 결정을 망설인다.

반드시 알아둬야 할 Tip

정보의 비대칭성은 시장 실패의 주요 원인 중 하나다. 해결되지 않으면 신뢰와 거래 자체가 붕괴될 수 있다.

경계해야 할 핵심 포인트

'정보가 서로 다르다'는 것 자체가 문제가 아니라, 정보 차이가 거래의 공정성과 안정성을 해치는 수준일 때가 핵심이다.

Chapter 06

LG그룹 LG Way Fit Test 등에 나오는
경제 레시피

LG그룹 취업, 면접 시험에 나오는 경제용어!
기업이 사용하는 취업, 면접에 나오는 경제 용어만 알아도 성공이다.

공유경제
(Sharing Economy)

개인이 보유한 자산이나 서비스를 온라인 플랫폼을 통해 다른 사람과 공유, 대여하여 가치를 극대화하는 경제 모델이다.

공유경제는 **개인이나 조직이 소유한 유휴 자원**(자동차, 방, 사무공간 등)**을 다른 사람들과 나누어 쓰는 경제 활동**을 말한다. 이는 물건을 소유하는 것보다, 사용하는 경험과 효율성을 중시하는 소비 패턴의 변화에서 비롯되었다. 디지털 플랫폼의 발달로 자산을 공유하고 관리할 수 있게 되면서, 소비자는 저렴한 가격으로 원하는 자원을 이용할 수 있고, 자산 소유자는 새로운 수익을 창출할 수 있다. **LG는 가전제품의 '구독 서비스', '렌탈 시스템'** 등을 통해 이 개념을 실질적 비즈니스 모델에 적용 중이다.

지적대화에 필요한 포인트
LG전자가 프리미엄 정수기와 건조기를 '렌탈 서비스' 형태로 제공하면서, 소비자들은 구매 부담 없이 일정 요금으로 제품을 사용하고, LG는 지속적인 수익을 얻는다.

반드시 알아둬야 할 Tip
공유경제는 소유에서 이용으로 전환된 새로운 가치 창출 방식이다. 디지털 플랫폼과 맞물려 더욱 확장되고 있다.

경계해야 할 핵심 포인트
공유경제가 지나치게 확산될 경우, 품질 관리, 책임 소재, 노동 보호 문제가 발생할 수 있다. 제도적 장치가 병행돼야 한다.

수직계열화
(Vertical Integration)

기업이 원재료 조달에서 생산, 유통에 이르기까지 가치사슬의 여러 단계를 직접 소유, 관리하는 전략이다.

　수직계열화는 **기업이 원재료 조달부터 제조, 유통, 판매까지 모든 생산과정의 단계를 직접 통합해 운영하는 전략**이다. 이는 공급망을 안정시키고, 비용을 절감하며, 품질 통제를 강화하는 데 도움이 된다. 특히 반도체, 디스플레이, 2차전지 등 LG의 주요 사업군처럼 부품 조달의 안정성과 속도가 중요한 산업에서는 수직계열화가 핵심 경쟁력이다. 예를 들어 **LG에너지솔루션은 배터리 핵심소재인 양극재, 음극재 생산까지 통합**하고 있다.

 지적대화에 필요한 포인트

LG화학이 배터리 핵심소재 생산업체를 인수하여, 외부 의존도를 줄이고 자사 배터리 생산에 안정적으로 공급하는 구조를 갖추었다.

반드시 알아둬야 할 Tip
수직계열화는 공급망을 내부화해 비용을 절감하고 속도를 높이며 품질을 강화할 수 있게 한다.

경계해야 할 핵심 포인트
모든 공정을 통합하면 유연성과 효율성이 떨어질 수 있다. 선택적 수직계열화가 전략적으로 더 유리한 경우도 있다.

클러스터 전략
(Cluster Strategy)

지리적으로 인접한 관련 기업, 기관들이 상호 보완적 네트워크를 형성해 경쟁력을 강화하는 접근 방식이다.

　클러스터 전략은 **특정 산업과 관련된 기업, 기관, 인프라, 인력이 한 지역에 집적되어 시너지 효과를 내는 전략**이다. 산업 클러스터는 기업 간 협력과 경쟁을 동시에 촉진하고, 혁신 속도와 효율을 높인다. 실리콘밸리, 대덕연구단지, 판교 테크노밸리 등이 대표적인 사례이며, LG 역시 충북 오창, 구미, 청주 등을 중심으로 배터리, 디스플레이, 화학소재 등 다양한 산업 클러스터를 구축하고 있다. 이 전략은 R&D 혁신, 인재 확보, 공급망 효율화를 동시에 가능하게 한다는 점에서 주목받고 있다.

 지적대화에 필요한 포인트

LG화학, LG에너지솔루션, LG전자 등이 오창 캠퍼스를 중심으로 협력하며, 소재-부품-배터리 완제품까지 빠르게 개발하고 양산하는 구조를 만들어냈다.

반드시 알아둬야 할 Tip
클러스터는 산업 생태계를 통째로 구성하여 속도와 혁신을 끌어올리는 전략이다.

경계해야 할 핵심 포인트
클러스터는 규모만 커진다고 성공하는 것이 아니다. 협업 시스템, 인재 공급, 규제 지원 등 종합적 전략이 함께 작동해야 성공한다.

지속가능성
(Sustainability)

환경 보전과 사회적 형평성을 유지하면서 경제 성장을 도모하는 장기적 발전 패러다임이다.

지속가능성이란 **현재 세대가 자신의 필요를 충족하면서도 미래 세대의 필요를 해치지 않는 방식**으로 경제, 사회, 환경 활동을 영위하는 것을 의미한다. 단기 수익보다 장기적 생존과 신뢰를 중시하는 경영 철학이다. LG는 '지속가능한 경영'을 위해 탄소중립, 재생에너지 전환, 재활용 소재 사용, 사회적 책임 활동을 지속하고 있으며, ESG 평가 지표에서도 높은 점수를 받고 있다. 특히 배터리 생산의 경우, 생산부터 폐기, 재활용까지 전 과정을 통합 관리하며, 순환경제 모델로의 전환을 추구 중이다.

 ## 지적대화에 필요한 포인트
LG에너지솔루션은 사용된 배터리의 재활용 기술을 개발하고, 이를 통해 자원 낭비 없이 친환경 순환 모델을 구축하고 있다.

반드시 알아둬야 할 Tip
지속가능성은 생존 전략이자 투자 유치와 글로벌 브랜드 신뢰를 좌우하는 핵심 요소다.

경계해야 할 핵심 포인트
겉으로만 보여주기 위한 지속가능성(그린워싱)은 오히려 신뢰 하락과 브랜드 리스크로 이어질 수 있다.

플랫폼 경제
(Platform Economy)

디지털 플랫폼을 통해 생산자와 소비자를 연결하고 거래, 데이터를 중개하는 경제 구조이다.

플랫폼 경제란 **디지털 기술 기반의 플랫폼이 공급자와 소비자를 연결하여 새로운 시장과 가치를 창출**하는 경제 체제를 말한다. 과거에는 제품을 '제조→유통→판매'하는 구조였다면, 이제는 플랫폼을 통해 여러 서비스와 재화가 실시간 연결된다. 대표적으로 쿠팡, 네이버, 배달의민족, 아마존, 넷플릭스 등이 있다. LG도 단순 제조를 넘어 플랫폼 중심의 서비스로 사업을 확장하고 있으며, **LG전자는 가전제품을 클라우드 기반으로 연결**해 스마트홈 플랫폼을 구축 중이다.

 ## 지적대화에 필요한 포인트

LG전자가 가전제품을 단독으로 판매하는 것을 넘어, LG ThinQ 앱을 통해 냉장고-에어컨-세탁기를 제어하고, 데이터 기반의 전력관리 서비스를 제공한다.

반드시 알아둬야 할 Tip
플랫폼 경제는 물건을 파는 구조에서 '경험과 연결'을 파는 구조로의 진화다.

경계해야 할 핵심 포인트
플랫폼에 너무 많은 힘이 집중되면 독점, 불공정 거래, 사용자 데이터 남용 등의 문제를 초래할 수 있으므로 규제와 균형이 중요하다.

파레토 법칙
(Pareto Principle)

전체 결과의 약 80%가 원인의 20%에서 발생한다는 경험적 법칙이다.

파레토 법칙은 **전체 결과의 80%가 20%의 원인에서 비롯된다는 통계적 원칙**으로, 비즈니스와 경영에서 전략적 선택을 할 때 매우 유용하게 사용된다. 예를 들어, 상위 20%의 고객이 매출의 80%를 차지하거나, 상위 20%의 제품이 전체 판매의 80%를 이끄는 식이다. 이는 비대칭적인 현실을 이해하고, 핵심에 집중하는 전략을 짤 수 있게 해준다. **LG그룹처럼 B2C, B2B를 모두 아우르는 복합 기업**은 파레토 분석을 통해 마케팅, 고객관리, 제품 포트폴리오 전략을 정교하게 다듬을 수 있다.

지적대화에 필요한 포인트

LG전자가 판매하는 생활가전 중 상위 20%의 모델이 전체 수익의 80%를 차지하는 것으로 분석되어, 핵심 라인업에 마케팅과 R&D 자원을 집중하기로 했다.

반드시 알아둬야 할 Tip

모든 것이 골고루 기여하지 않는다. '핵심 20%'가 전체 성과를 만든다.

경계해야 할 핵심 포인트

80:20 수치는 절대적 공식이 아니라 상대적 경향성이며, 항상 80과 20이 정확히 나누어지는 것은 아니다.

네트워크 효과
(Network Effect)

사용자 수가 증가할수록 해당 제품이나 서비스의 가치가 기하급수적으로 높아지는 현상이다.

네트워크 효과란 **제품이나 서비스를 이용하는 사용자가 많아질수록 그 가치가 더욱 커지는 현상**을 의미한다. 예를 들어 카카오톡을 쓰는 사람이 많을수록, 새로 가입한 사람도 쉽게 친구와 연결할 수 있으므로 서비스의 효용이 증가한다. 플랫폼 기반 서비스, SNS, 메신저, 운영체제, 심지어 클라우드 가전 생태계까지 이 원리를 따른다. LG 역시 자사 가전 제품이 연결된 스마트홈 생태계를 통해 네트워크 효과를 창출하며, 고객 락인(Lock-in)을 강화하고 있다.

지적대화에 필요한 포인트

LG ThinQ 플랫폼을 이용하는 사용자가 많아질수록, 관련 가전제품의 연결성과 제어 효율성도 높아져 '한 번 LG 가전을 쓰면 계속 LG 제품을 쓰게 되는 구조'가 된다.

반드시 알아둬야 할 Tip

사용자가 늘어날수록 더 가치가 생기는 서비스로 네트워크 효과이다.

경계해야 할 핵심 포인트

처음에는 사용자 수가 적어 성장성에 의문이 생길 수 있지만, 일정 임계점을 넘으면 급속도로 확장된다. 이를 **임계질량**(Critical Mass 어떤 현상이나 과정이 스스로 지속, 확산되기 위해 필요한 최소한의 규모)이라고 한다.

지속가능 소비
(Sustainable Consumption)

환경, 사회에 미치는 부정적 영향을 최소화하면서 상품과 서비스를 소비하는 행동 양식이다.

지속가능 소비란 <u>환경과 사회를 고려하여 윤리적, 책임감 있게 소비하는 행위</u>를 의미한다. 단순히 저렴하고 빠르게 소비하는 것이 아니라, 제품이 만들어지고 유통되기까지의 과정, 투명성, 자원 절약, 재활용 가능성까지 고려하는 새로운 소비문화다. LG는 플라스틱을 줄인 포장, 재활용 가능한 소재 사용, 탄소발자국 라벨 부착 등을 통해 지속가능 소비를 실현하고 있다.

지적대화에 필요한 포인트
LG전자가 TV 패키지에 친환경 종이 포장재와 식물성 잉크를 사용해, 소비자가 환경 부담을 덜 수 있게 함으로써 브랜드 호감도도 상승했다.

반드시 알아둬야 할 Tip
지속가능한 소비란 환경 보호와 기업에 대한 신뢰, 그리고 고객 충성도 강화를 동시에 실현하는 것을 말하며 소비자도 기업도 책임지는 구조이다.

경계해야 할 핵심 포인트
친환경 포장이나 캠페인이 일회성으로 끝나면 **그린워싱**(greenwashing 기업이 실제로는 친환경적이지 않으면서 친환경 이미지만 과장, 홍보해 환경을 생각하는 것처럼 보이게 하는 행위)이라는 비난을 받을 수 있다. 일관성과 투명성이 핵심이다.

소비자 잉여
(Consumer Surplus)

소비자가 지불 의사 금액과 실제 지불 금액 간 차이로 얻는 경제적 이득이다.

　소비자 잉여는 **소비자가 어떤 재화나 서비스를 구매할 때, 실제로 지불한 금액보다 더 큰 가치를 느끼는 경우 발생하는 이익**을 의미한다. 쉽게 말해, 어떤 제품을 10만 원까지 지불할 생각이 있었는데 7만 원에 구매했다면 3만 원만큼의 소비자 잉여가 생긴 것이다. 기업은 이를 분석해 제품 가격을 조정하거나 프리미엄 라인을 만들 수 있다. LG전자는 고객이 느끼는 소비자 잉여를 디자인, 서비스, 품질을 바탕으로 지속적으로 증폭시켜, 프리미엄 이미지와 만족도를 동시에 확보하는 전략을 취하고 있다.

 지적대화에 필요한 포인트

LG OLED TV를 구매한 고객이 "이 가격에 이런 몰입감과 디자인이라니 대박!"이라고 느낀다면, 그 감정적, 경제적 차익이 소비자 잉여다.

반드시 알아둬야 할 Tip
소비자 잉여는 브랜드 충성도와 가격 결정 전략에 있어 기업이 주목해야 할 핵심 지표다.

경계해야 할 핵심 포인트
소비자 잉여가 너무 크면 기업 장에선 가격 전략을 재조정할 필요가 있으며, 반대로 소비자가 지불가치보다 낮다고 느끼면 브랜드 신뢰가 무너질 수 있다.

승수 효과
(Multiplier Effect)

정부 지출 증가로 국민소득이 지출 변화량보다 더 크게 확대되는 파급 효과이다.

승수 효과란 **정부의 지출이나 투자가 단순히 그 금액만큼이 아니라, 연쇄적인 경제 활동을 통해 훨씬 큰 총효과를 만들어내는 현상**을 의미한다. 예컨대 정부가 인프라에 1조 원을 투자하면, 그 돈이 건설업체에 지급되고, 근로자의 소득이 되어 소비로 이어지고, 다시 다른 산업에 파급 효과를 주는 연쇄 구조가 발생한다. LG 같은 대규모 제조기업은 정부의 정책 지원(예: 전기차 보조금, 배터리 R&D 지원)에 따라 투자와 고용의 연쇄 효과를 일으키며 경제 전체에 큰 기여를 한다.

지적대화에 필요한 포인트
정부가 배터리 산업 육성을 위해 R&D에 자금을 투입하자 **LG에너지솔루션이 관련 인력과 설비를 확충**하고, 그에 따른 고용과 소비가 증가했다.

반드시 알아둬야 할 Tip
승수효과는 정책 효과의 실제 규모를 확대시키는 핵심 원리이다. 소득의 소비 전환율(MPC)이 높을수록 효과도 크다.

경계해야 할 핵심 포인트
과도한 기대는 금물로 소비 성향이 낮거나 불확실성이 클 경우, 승수 효과는 약하게 나타나거나 역효과가 날 수 있다.

파편화
(Fragmentation)

시장이나 산업이 세분화되어 여러 소규모 경쟁자가 등장하는 현상이다.

파편화란 **기존에 통합되었던 시스템, 시장, 산업, 정보가 여러 개의 독립적 단위로 쪼개지는 현상**을 의미한다. 디지털 시장에서는 OS, 플랫폼, 앱 생태계가 서로 호환되지 않으며, 글로벌 시장에서는 국가 간 규제, 기술표준이 다르면서 단일 시장의 통일성이 약해지는 경향을 말한다. LG전자가 글로벌 TV, 스마트홈, 배터리, 로봇 등 다양한 사업을 할 때, 각 국가의 기준, 문화, 언어, 정책 파편화에 맞춘 현지화 전략이 필수가 된다.

 지적대화에 필요한 포인트

LG전자가 유럽과 북미 시장에 동일한 가전제품을 판매할 수 없고, 전기 규격, 친환경 규제, UI 언어 등을 각각 맞춰야 하는 상황이다.

반드시 알아둬야 할 Tip
파편화는 '현지화'와 '통합 전략' 사이에서 기업이 균형을 잘 잡아야 하는 이슈다.

경계해야 할 핵심 포인트
파편화에 무조건 맞추다 보면 비용 증가, 생산성 하락, 브랜드 통일성 저하라는 부작용이 생긴다.

한계효용 체감의 법칙
(Law of Diminishing Marginal Utility)

재화 소비가 늘어날수록 추가로 얻는 효용이 점차 감소한다는 경제 원칙이다.

이 법칙은 **동일한 상품이나 서비스를 계속 소비할수록, 추가적으로 얻는 만족도**(한계효용)**는 점점 줄어든다는 이론**이다. 예컨대 초콜릿 한 개는 행복하지만, 다섯 개째부터는 물리고, 열 개째는 오히려 불쾌할 수 있다. 이 법칙은 소비자의 수요곡선이 우하향하는 이유, 그리고 기업이 차별화나 번들 전략을 쓰는 배경이 된다. LG는 이 법칙을 감안해 기존 제품과 차별화된 기능, 디자인, UX를 지속적으로 제공함으로써 고객의 구매 동기를 다시 자극하고 있다.

지적대화에 필요한 포인트
고객이 같은 냉장고를 계속 보다가 흥미를 잃자, **LG전자는 맞춤형 패널** 컬러나 스마트 인공지능 기능을 추가한 새로운 모델을 출시했다.

반드시 알아둬야 할 Tip
처음은 강렬하지만, 반복은 둔감해진다. 차별화는 이 법칙을 넘기 위한 해법이다.

경계해야 할 핵심 포인트
한계효용이 줄어든다는 것은 '무조건 소비가 감소한다'는 뜻이 아니다. 추가 소비에 대한 만족이 감소하는 것이 핵심이다.

수요예측
(Demand Forecasting)

과거 데이터와 시장 분석을 통해 미래 수요량을 예측하는 경영 활동이다.

  수요예측은 **기업이 미래에 고객들이 어떤 제품을 얼마나 구매할지를 예측**하는 활동이다. 이를 바탕으로 생산량, 재고, 공급망, 마케팅, 인력 배치 등을 조정하게 된다. LG처럼 글로벌 다품종 대량 생산 구조를 가진 기업은 정확한 수요예측이 비용 절감과 공급 안정성의 핵심이다. 특히 AI, 빅데이터, IoT 기반의 예측 시스템은 고객 행동, 계절, 트렌드, 이벤트 등을 분석해 고도화된 예측을 가능하게 한다.

 ### 지적대화에 필요한 포인트
LG전자가 여름을 앞두고 날씨, 과거 판매 데이터, 전력 수요 등을 분석해 에어컨 생산량을 미리 조정하고, 마케팅 예산도 시기별로 분배했다.

반드시 알아둬야 할 Tip
수요예측은 리스크를 대비하고 기회를 포착하는 도구로, 정확도가 높을수록 낭비는 줄고 수익은 커진다.

경계해야 할 핵심 포인트
예측은 어디까지나 예측이다. 공급망, 날씨, 정세 불안 등 외부 변수에 따라 오차가 발생할 수 있음을 전제로 유연한 조정이 필요하다.

스위치 전략
(Switch Strategy)

고객이 경쟁 제품이나 서비스로 이탈하지 않도록 유인책을 제공하는 마케팅 기법이다.

스위치 전략이란 **고객이 다른 브랜드나 제품으로 이동할 가능성을 줄이기 위해 적용하는 마케팅, 서비스 전략**이다. 예를 들어, 가입한 서비스를 해지하기 어렵게 만들거나, 사용자의 이력과 설정을 특정 플랫폼에 고정시켜 타사로 이동하는 것을 어렵게 만드는 방식이다. LG ThinQ 생태계는 다양한 가전을 하나의 앱에서 제어하게 하여, '다른 브랜드로 바꾸면 불편함'을 느끼도록 만드는 전형적인 스위치 전략이다. 고객 락인(lock-in) 전략과 밀접하게 연결되어 있다.

지적대화에 필요한 포인트
LG전자 고객이 세탁기, 에어컨, 청소기를 모두 ThinQ 앱으로 관리하다 보니, 다른 브랜드 제품을 쓰면 앱 호환이 되지 않아 불편해진다.

반드시 알아둬야 할 Tip
스위치 전략이란 고객을 소프트 진입장벽(고객이 다른 서비스로 옮길 때 겪는 번거로움이나 비금전적 전환 비용)으로 묶어두는 전략이다.

경계해야 할 핵심 포인트
전환을 어렵게 만들기만 하고, 사용자 경험이 좋지 않다면 고객은 불편함과 반감을 느끼고 장기적으로 이탈할 수도 있다.

가격 전략
(Pricing Strategy)

시장 세분화, 원가 구조, 경쟁 상황 등을 고려해 제품, 서비스의 최적 가격을 결정하는 기획이다.

가격 전략은 **제품의 가격을 어떻게 설정하느냐에 따라 시장 점유율, 브랜드 이미지, 수익성에 직접적인 영향을 미치는 전략적 결정**이다. LG는 프리미엄 라인업은 고가에, 대중 모델은 경쟁력 있는 중저가에 설정하여 다양한 소비자층을 커버하고 있다. 또한 시간, 지역, 사양에 따라 달라지는 차별적 가격전략, 심리적 가격, 번들 전략, 구독형 과금 등을 조합하여 복합적인 가격 체계를 설계한다. 이 전략은 단순히 얼마에 팔까가 아니라, 가치를 얼마로 인식하게 할까의 문제이기도 하다.

지적대화에 필요한 포인트
LG전자가 휘센 에어컨을 300만 원에 출시하면서, 사전예약 고객에겐 20만 원 상당의 무상설치를 제공해 심리적으로 '혜택받는 느낌'을 극대화했다.

반드시 알아둬야 할 Tip
가격은 숫자가 아니라 '브랜드의 가치표현 수단'이다.

경계해야 할 핵심 포인트
가격이 지나치게 낮으면 '싼 맛'으로 여겨져 프리미엄 이미지가 훼손될 수 있고, 너무 높으면 구매 장벽이 된다. 균형이 핵심이다.

가치 소비
(Value Consumption)

가격 대비 가치나 개인적 신념을 중요시하며 합리적으로 소비 결정을 내리는 행태이다.

가치 소비란 **단순히 가격이나 유명세가 아닌, 소비자가 중요하게 여기는 가치를 기준으로 선택하는 소비 방식**을 말한다. 예를 들어 환경 보호, 사회적 책임, 디자인, 감성 만족, 장기 내구성 등이 해당된다. LG는 고객이 '가치'에 반응하는 것을 고려해 친환경 소재, AI 편의 기능, 인체공학 디자인 등을 제품에 적용하며, 단순 기능보다 고객의 삶에 어떤 의미를 주는지에 집중하고 있다.

 지적대화에 필요한 포인트

한 소비자가 단순히 저렴한 공기청정기 대신, **LG 퓨리케어의 미세먼지 센서**와 무빙휠 기능이 '내 가족 건강을 위한 선택'이라며 구매를 결정한다.

반드시 알아둬야 할 Tip
가치는 기능보다 깊은 이유다. 고객은 이제 '왜 이 제품을 사는가'를 스스로 납득하고 싶어 한다.

경계해야 할 핵심 포인트
가치 소비가 무조건 비싼 소비는 아니다. 진정성 없는 마케팅은 오히려 거부감을 유발할 수 있다.

브랜드 자산
(Brand Equity)

소비자의 브랜드 인지도, 충성도, 연상 이미지를 통해 기업에 부여되는 무형 자산 가치이다.

브랜드 자산은 **브랜드가 쌓아온 신뢰, 이미지, 고객 인식 등 무형의 가치 총합**이다. 같은 제품이라도 LG 로고가 붙은 것만으로 '품질에 대한 신뢰', '세련된 이미지'를 주는 것이 브랜드 자산이다. 이는 제품 경쟁력 이상으로 기업 가치를 결정하며, 광고비를 줄이고, 가격 프리미엄을 가능하게 하는 강력한 무형 자산이다. 브랜드 자산이 높으면 고객의 재구매율, 추천률, 감정적 충성도가 함께 상승한다.

지적대화에 필요한 포인트
비슷한 기능의 TV 제품이 있어도, 고객은 "그래도 LG니까 믿고 사는 거지"라며 구매를 결정한다면, 이는 **LG의 브랜드 자산에서 비롯된 행동이다.**

반드시 알아둬야 할 Tip
브랜드 자산은 제품의 외형 너머에서 작동하는 '신뢰의 자산'이다.

경계해야 할 핵심 포인트
한 번 무너지면 복구가 매우 어렵다. 제품 품질, 고객 응대, 사회적 이미지 등 모든 요소가 일관되게 작용해야 한다.

감정 노동
(Emotional Labor)

서비스 직무에서 요구되는 감정 표현을 관리, 조절하여 조직 목표에 부합시키는 노동 형태이다.

감정 노동은 **직무 수행 과정에서 실제로 느끼는 감정과는 다르게 행동해야 하는 감정 관리 활동**을 말한다. 서비스 직군에서 주로 발생하며, 표정, 말투, 태도 등을 고객 친화적으로 유지해야 한다. LG는 고객 만족을 중요시하는 기업 문화로, A/S 기사, 상담원, 대면직군 등에서 직원 감정 소진에 대한 관리, 교육, 휴식 제도를 마련하고 있다. 감정노동은 기업 이미지뿐만 아니라 직원의 지속가능한 근무환경을 위해 매우 중요한 이슈다.

지적대화에 필요한 포인트
고객이 과도하게 불만을 표출해도, A/S 엔지니어는 웃으며 응대해야 하는 경우이다.

반드시 알아둬야 할 Tip
감정 노동은 보이지 않는 업무의 연장선이다. 기업이 보호하고 배려해야 할 영역이다.

경계해야 할 핵심 포인트
'서비스니까 당연한 거 아냐?'는 인식은 직원 소진과 이직률, 기업 이미지 저하로 이어질 수 있다. 근로자의 감정권 보호가 필요하다.

선택과 집중
(Selection and Focus)

자원과 역량을 핵심 분야에 집중 투입해 경쟁 우위를 확보하는 경영 전략이다.

　선택과 집중은 **모든 자원을 골고루 나누는 대신, 핵심 분야에 집중 투자하여 최대 성과를 추구하는 전략**이다. LG그룹은 LG CNS의 클라우드, AI 사업, LG에너지솔루션의 전지사업 등에서 선택과 집중 전략을 통해 글로벌 선도 기업으로 도약하고 있다. 이는 자원의 한계를 고려한 전략적 포기와 집중이라는 뜻으로, 특히 빠르게 변화하는 산업 환경에서 확산보다 깊이가 중요하다는 관점을 반영한다.

 지적대화에 필요한 포인트

LG전자가 스마트폰 사업을 철수하고, 대신 전장부품, AI, 가전 IoT에 역량을 집중하면서 성장성과 수익성을 동시에 확보하였다.

반드시 알아둬야 할 Tip
선택은 곧 포기다. 그러나 집중은 곧 성장이다.

경계해야 할 핵심 포인트
과도한 집중은 리스크를 높일 수 있으므로 시장 변화와 포트폴리오 균형 감각도 함께 필요하다.

기준금리
(Base Rate)

중앙은행이 시중 은행에 대출하거나 예금할 때 적용하는 정책 금리 수준이다.

기준금리는 **중앙은행**(한국은행)**이 금융시장 전체의 금리 수준을 조절하기 위해 설정하는 가장 기본적인 금리**다. 시중은행이 한국은행과 거래할 때 적용되는 이 금리가 시중 자금의 흐름에 영향을 주며, 예금, 대출금리, 채권수익률, 외환시장, 부동산, 주식시장 등 금융 전반의 중심 축이 된다. 기준금리를 인상하면 돈의 가치가 올라가고 대출이 줄어드는 긴축 효과가, 인하하면 돈이 풀려 소비, 투자가 늘어나는 경기부양 효과가 있다. 금융권에서는 기준금리의 변동성과 전망에 대한 민감도가 매우 크기 때문에, 통화정책 발표는 매번 주목된다.

지적대화에 필요한 포인트
한국은행이 기준금리를 0.25%p 인상하자, 시중은행 대출금리가 즉시 따라 올라가며 주택담보대출 수요가 감소했다.

반드시 알아둬야 할 Tip
기준금리는 '금리의 기준점'이자, 금융시장의 심장박동과 같은 존재이다.

경계해야 할 핵심 포인트
기준금리 하나만으로 경제가 움직이지는 않는다. 소비심리, 외환시장, 글로벌 금리 등 복합적 요인과 함께 봐야 정책 효과를 올바르게 해석할 수 있다.

지급준비율
(Reserve Requirement Ratio)

은행이 예금의 일정 비율을 중앙은행에 의무 예치하도록 규정한 비율이다.

지급준비율은 **은행이 고객이 맡긴 예금 중 일정 비율을 중앙은행에 의무적으로 예치해야 하는 제도**이다. 예를 들어 지급준비율이 10%라면, 1,000억 원의 예금 중 100억 원은 한국은행에 맡겨야 하며, 나머지 900억 원만 대출 등으로 운용할 수 있다. 이는 과도한 대출을 방지하고, 금융시스템의 안정성을 확보하기 위한 장치이다. 지급준비율이 높아지면 시중에 풀리는 돈이 줄어들고, 낮아지면 유동성이 증가해 경기 자극 효과가 있다. '간접적인 통화정책 수단'이자 금융 위기 예방책으로서 중요하다.

지적대화에 필요한 포인트
경기 과열 조짐이 보이자 한국은행이 지급준비율을 2%에서 4%로 인상하여 시중은행이 대출을 줄이고 예금 관리를 강화하도록 유도했다.

반드시 알아둬야 할 Tip
지급준비율은 은행의 대출 속도를 조절하는 밸브 역할을 한다.

경계해야 할 핵심 포인트
단기적 영향력이 낮기 때문에, 기준금리보다 느리고 간접적인 효과를 가진다.

유동성
(Liquidity)

자산을 시장 가격에 가깝게 빠르게 현금화할 수 있는 능력을 의미한다.

유동성이란 **자산을 현금으로 얼마나 빨리, 손실 없이 바꿀 수 있는지를 의미**하며, 금융시장의 흐름에서 핵심적인 개념이다. 유동성이 높은 자산은 현금화가 쉬운 반면, 유동성이 낮은 자산은 시간이 오래 걸리거나 손해를 보게 된다. 금융시장에서 '유동성이 좋다'는 것은 자금이 잘 돌아가며 거래가 활발하다는 뜻이다. 이는 기업의 자금조달, 개인의 소비, 투자 전략, 정책 효과 등 모든 경제 활동의 기초가 된다. 특히 금융위기나 금리 급변 시 유동성 경색이 발생하면 시장이 얼어붙고, 실물경제까지 충격을 받게 된다.

 ## 지적대화에 필요한 포인트

2008년 금융위기 당시, 미국 은행들이 대출을 줄이면서 유동성이 급격히 감소해, 정상 기업들도 자금줄이 끊기며 도산 위기에 몰렸다.

반드시 알아둬야 할 Tip

유동성이란 자금의 흐름성과 현금화 가능성으로 이루어지며, 경제의 혈류처럼 중요하다.

경계해야 할 핵심 포인트

유동성이 너무 많으면 자산 버블(거품)로 이어질 수 있고, 부족하면 신용경색이 발생한다. 균형이 중요하다.

금리 인상/인하
(Rate Hike/Cut)

중앙은행이 경기 과열 억제나 부양을 위해 정책 금리를 상향 또는 하향 조정하는 조치이다.

금리 인상은 **중앙은행이 기준금리를 올리는 것을, 금리 인하는 내리는 것을 의미**한다. 이는 경기 상황에 따라 통화량 조절, 물가 안정, 경기부양 또는 억제 등 거시경제 조절 수단으로 활용된다. 금리 인상 시 시중금리가 올라 대출이 줄고, 소비와 투자가 감소해 경기 과열을 억제한다. 반대로 금리 인하는 대출이 쉬워지고 자금이 풀려 경기 회복을 유도한다. 금융권은 금리의 방향성과 속도에 따라 대출 상품 설계, 채권 운용, 환율 전략 등을 조정한다.

 ### 지적대화에 필요한 포인트
기준금리가 3.5%에서 3.75%로 인상되자, 시중은행의 변동금리 대출이 동반 상승하면서 대출 수요가 급감했다.

반드시 알아둬야 할 Tip
금리를 인상하면 유동성이 축소되고, 금리를 인하하면 유동성이 확대되어 금융시장 전체에 직접적인 파급력을 미친다.

경계해야 할 핵심 포인트
금리 인하가 무조건 좋은 건 아니다. 인플레이션이나 환율 급등을 유발할 수 있다.

Chapter 07

은행, 금융업 시험 면접에 나오는
경제 레시피

은행, 금융업 취업, 면접 시험에 자주 나오는 경제용어!
은행, 금융업은 돈에 민감하기 때문에 꼭 알아둘 필요가 있다.

통화량
(Money Supply, M2)

현금과 요구불예금, 단기 금융상품을 합산한 광의 통화 지표이다.

통화량은 **경제 내에 존재하는 화폐의 총량을 의미하며, 중앙은행이 관리하는 중요한 통화정책 지표**다. 주로 'M1'(현금, 요구불예금)과 'M2'(정기예금, 저축성예금 등 포함)로 나뉜다. 통화량이 많아지면 유동성이 증가해 소비, 투자가 늘어나고 경기부양 효과가 있지만, 과도한 증가 시 자산 가격 상승, 인플레이션으로 이어질 수 있다. 통화량 조절은 기준금리, 지급준비율, 공개시장조작(채권매매) 등으로 이루어진다.

지적대화에 필요한 포인트
한국은행이 기준금리를 인하하면서 시중에 돈이 많이 풀렸고, M2 통화량이 급격히 증가하면서 주식, 부동산 가격이 동시에 상승했다.

반드시 알아둬야 할 Tip
M2 통화량은 실제 생활, 투자에서 유통되는 돈의 흐름을 보여주는 지표이다.

경계해야 할 핵심 포인트
통화량이 많다고 무조건 경기가 좋아지진 않는다. 심리, 소비성향이 낮으면 돈이 멈춘다.

리스크 프리미엄
(Risk Premium)

무위험 수익률을 초과해 투자자가 위험 부담을 감수하고 요구하는 추가 수익률이다.

리스크 프리미엄은 **투자자가 위험을 감수하는 대가로 기대하는 추가 수익률**을 말한다. 예컨대 국채처럼 안정적인 자산은 수익률이 낮지만, 기업 채권이나 주식처럼 리스크가 큰 자산은 더 높은 수익률을 요구한다. 이 차이를 리스크 프리미엄이라고 한다. 금융권에서는 투자상품, 대출이자, 보험료 등을 책정할 때 해당 자산이 가진 위험도에 따라 프리미엄을 덧붙여 가격을 조정한다. 즉, 위험과 수익은 비례한다는 개념의 구체적 표현이다.

지적대화에 필요한 포인트
A기업은 신용등급이 낮아 국채보다 2% 높은 금리로 채권을 발행해야 했는데, 그 2%가 리스크 프리미엄이다.

반드시 알아둬야 할 Tip
리스크 프리미엄은 위험을 감수하는 보상으로 높은 수익엔 반드시 이유가 있다.

경계해야 할 핵심 포인트
리스크 프리미엄이 높다는 건 기대수익이 크다는 뜻이기도 하지만, 그만큼 손실 위험도 크다는 점을 항상 인식해야 한다.

그림자 금융
(Shadow Banking)

은행권 외 비은행 금융기관이 은행 기능을 유사하게 수행하는 비공식 금융 부문이다.

　그림자 금융은 **은행이 아닌 금융기관이 하는 대출, 자금 중개 활동을 의미**한다. 자산운용사, 보험사, 사모펀드, 대부업체, P2P금융 등 비은행 금융기관이 포함되며, 이들은 규제에서 비교적 자유로워 대출 문턱을 낮추고 유동성을 공급하는 순기능이 있지만, 감독 사각지대에 놓여 있어 시스템 리스크의 원인이 될 수도 있다. 그림자 금융은 2008년 미국 서브프라임 모기지 사태의 핵심 배경이기도 하며, 한국에서도 최근 부동산 PF 대출, 사모펀드 문제 등과 관련해 논란이 되었다.

 지적대화에 필요한 포인트

은행 대출이 막힌 중소기업이 사모펀드를 통해 대출을 받았지만, 경기 악화로 상환에 실패하면서 그림자 금융 시스템에 충격이 전파되었다.

반드시 알아둬야 할 Tip
그림자 금융은 제도권 밖에서 움직이는 돈의 흐름으로 규제와 유동성 사이의 회색지대이다.

경계해야 할 핵심 포인트
모든 비은행 금융이 위험한 건 아니다. 리스크 관리와 규제 균형이 핵심이다.

예대마진
(Loan-to-Deposit Spread)

은행이 조달한 예금 금리와 대출 금리 간 차이로 은행 수익성의 핵심 요소이다.

예대마진은 **은행이 고객에게 예금으로 받아온 돈을 대출로 빌려줄 때 발생하는 금리 차이에서 얻는 이익**이다. 예금금리는 낮고, 대출금리는 높기 때문에 이 차이가 은행의 주요 수익원이 된다. 예를 들어 예금금리가 2%, 대출금리가 5%라면 예대마진은 3%다. 예대마진은 금리 수준, 정책 변화, 경기 상황, 경쟁 강도 등에 따라 달라지며, 은행의 건전성, 수익성, 영업 전략의 핵심 지표로 꼽힌다. 최근엔 인터넷은행, 핀테크 등장으로 예대마진 중심 모델의 재구성이 요구되고 있다.

지적대화에 필요한 포인트
은행이 기준금리 인상에 따라 대출금리는 빠르게 올렸지만, 예금금리는 늦게 올리면서 예대마진이 확대되고 수익성이 개선되었다.

반드시 알아둬야 할 Tip
예대마진은 은행의 기본 수익구조로 수익성과 공정성의 균형이 중요하다.

경계해야 할 핵심 포인트
금리 인상기에는 예금 고객과 대출 고객의 민감도가 다르기 때문에 '불완전판매'나 금리 역전 이슈가 발생할 수 있다.

지급결제 시스템
(Payment and Settlement System)

금융 거래의 지급, 결제가 안전하고 효율적으로 이뤄지도록 지원하는 인프라이다.

지급결제 시스템이란 **금융기관과 기업, 개인 사이에서 발생하는 대금의 지급과 정산을 원활하게 처리하는 인프라 시스템**이다. 돈이 실제로 움직이는 '길'이라 볼 수 있다. 전자금융결제, 계좌이체, 카드결제, 증권결제, 대량이체 등 모두 여기에 포함되며, 한국은행은 금융안정과 신용보호를 위해 이 시스템의 안전성과 효율성을 감독한다. 특히 거액결제시스템(BOK-Wire+)은 은행 간 자금 정산을 실시간으로 처리하며, 하루 수십 조 원 단위의 거래 안정성을 책임진다.

지적대화에 필요한 포인트

A기업이 B기업에 물품대금을 송금하면, 이 거래는 은행의 전산망을 통해 지급결제 시스템 내에서 실시간으로 이체되고 정산된다.

반드시 알아둬야 할 Tip

지급결제 시스템은 금융의 혈관이다. 돈은 계좌에서 계좌로 가지만, 그 사이에 보이지 않는 시스템이 전부를 책임진다.

경계해야 할 핵심 포인트

이 시스템이 마비되면 전국적 금융혼란(은행 이체, 카드 결제 불가)이 생길 수 있다. 보안과 백업 시스템이 매우 중요하다.

바젤III
(Basel III)

은행의 자본 적정성과 유동성 규제를 강화한 국제적 금융 규제 기준이다.

바젤III는 **국제결제은행(BIS)이 금융위기 재발을 방지**하기 위해 제정한 은행 건전성 규제로, 자본비율, 유동성, 레버리지비율 등을 정량화하여 은행 리스크를 통제한다. 2008년 금융위기를 계기로 바젤II의 한계를 인식하고 강화된 것이 바젤III다. 주요 골자는 ▲자기자본 비율 강화, ▲레버리지 제한, ▲유동성 커버리지 비율(LCR) 설정 등이다. 우리나라 은행들도 바젤III를 기준으로 리스크 자산 대비 자본을 얼마나 충분히 보유하고 있는지 평가받는다.

지적대화에 필요한 포인트
금융감독원이 A은행의 바젤III 기준 자본비율이 미달한 것을 지적하면서, 해당 은행은 유상증자를 통해 자기자본을 확충했다.

반드시 알아둬야 할 Tip
바젤III은 은행의 튼튼함을 수치화해 기준을 세우는 국제 규칙이다.

경계해야 할 핵심 포인트
자본비율이 낮다고 '위험한 은행'은 아니지만, 지속적으로 미달 시 신용등급, 국제거래에 큰 영향을 미친다.

채권금리와 가격의 역관계
(Bond yields & prices: inv. rel)

채권의 만기 수익률이 상승하면 채권 가격은 하락하고, 수익률이 하락하면 가격은 상승하는 관계이다.

채권의 금리(수익률)**가 오르면 채권 가격은 떨어지고, 금리가 내리면 가격은 오른다.** 이는 채권의 고정된 이자 지급 구조와 시장금리 변화의 관계 때문이다. 시장금리가 상승하면, 기존 낮은 이자율의 채권은 상대적으로 매력이 떨어져 가격이 하락하고, 반대로 금리가 하락하면 기존 채권의 가치가 올라간다. 금융권에서는 금리변동에 따라 보유 채권의 평가손익이 발생하므로, 이를 정밀하게 예측, 운용해야 한다.

지적대화에 필요한 포인트
시장금리가 급등하자, A은행이 보유한 국채 가격이 하락해 평가손실이 발생했다.

반드시 알아둬야 할 Tip
금리가 오르면 채권 가격이 하락하고, 금리가 내리면 채권 가격이 상승하는 이 역관계는 채권 투자의 기본 원칙이다.

경계해야 할 핵심 포인트
단기 vs 장기 채권, 이표 채권 vs 할인채 등에 따라 가격 민감도(Duration)는 다르다. 단순 비교는 금물이다.

콜금리
(Call Rate)

은행 간 초단기 자금을 대출, 차입할 때 적용되는 시장 금리 수준이다.

콜금리는 **은행 간 단기 자금 거래에서 적용되는 이자율**이다. 은행들이 하루짜리 자금이 필요할 때 한국은행 또는 다른 은행으로부터 빌리는 자금의 금리로, 금융시장 단기 유동성의 척도이다. 콜금리는 통화정책, 유동성 위기, 신용경색 상황에서 가장 민감하게 반응하며, 기준금리와 함께 금융권의 '단기 온도계' 역할을 한다. 한국은행은 공개시장조작과 RP 거래 등을 통해 콜금리를 안정적으로 유지하려 한다.

지적대화에 필요한 포인트

한국은행이 금리를 동결했지만, 시장에 유동성이 부족하자 콜금리가 일시적으로 급등했다.

반드시 알아둬야 할 Tip

콜금리는 단기 자금 시장의 숨결이자 하루짜리 자금 거래의 이자율이다.

경계해야 할 핵심 포인트

기준금리와는 다르다.

콜금리는 시장 내에서 실시간 수급으로 결정되는 시장 금리이다.

외환보유액
(Foreign Exchange Reserves)

중앙은행이 외환 안정화와 대외 지급 능력 확보를 위해 보유한 외환 및 금 보유고이다.

외환보유액은 한 **국가가 위기 상황에서도 외환시장과 국제결제에 대응할 수 있도록 보유하고 있는 외화 자산**이다. 주요 구성은 ▲달러화, ▲유로화, ▲국채, ▲IMF SDR 등이다. 외환보유액은 환율 안정을 위한 개입 능력, 국가 신용도, 대외지급능력을 보여주는 지표로 사용된다. 한국은 1997년 외환위기 때 보유액 부족으로 국가 부도 위기를 겪었고, 이후 철저히 관리되고 있다. 외환보유액이 많을수록 금융시장은 신뢰와 안정성을 확보할 수 있다.

 지적대화에 필요한 포인트

환율 급등을 막기 위해 한국은행이 달러를 시장에 공급하며 외환보유액이 일시적으로 감소했다.

반드시 알아둬야 할 Tip
외환보유액은 국가의 외화 비상금으로 신용평가사도 이 수치를 중요하게 본다.

경계해야 할 핵심 포인트
보유량 자체보다도 유동성, 유형(채권? 현금?)의 구성이 더 중요할 수 있다.

CDS 프리미엄
(Credit Default Swap Premium)

채무 불이행 위험을 보장받기 위해 지급하는 신용부도스왑 보험료 수준이다.

CDS 프리미엄은 **특정 국가나 기업의 채무 불이행 위험**(디폴트)**에 대한 보험료 역할**을 한다. 신용위험이 높은 경우 프리미엄이 높아지고, 안정되면 낮아진다. 즉, 시장 참가자들이 특정 국가나 기업을 얼마나 위험하다고 보는지 보여주는 '신용위험 지표'이다. 국가 CDS 프리미엄이 높아지면 외국인 투자자가 빠져나가고, 외화조달 비용이 증가한다.

 지적대화에 필요한 포인트

국제 정세 불안으로 한국의 CDS 프리미엄이 급등하자, 외국계 은행들이 원화채권 투자 비중을 줄였다.

반드시 알아둬야 할 Tip
CDS 프리미엄은 국가, 기업의 '신용 체온계'로 높을수록 불안, 낮을수록 안정으로 본다.

경계해야 할 핵심 포인트
프리미엄 수치는 시장의 심리를 반영하므로, 실제 디폴트와 반드시 일치하지는 않는다.

핀테크
(Fintech)

금융(Finance)과 기술(Technology)이 융합되어 혁신적 서비스를 제공하는 산업 분야이다.

　핀테크는 금융(Finance)+기술(Technology)의 합성어로, **IT기술을 활용한 새로운 금융서비스를 의미**한다. 모바일 결제, 간편 송금, 인터넷은행, 로보어드바이저, 블록체인 기반 서비스 등이 해당된다. 전통 은행의 영역을 대체, 보완하는 혁신적인 서비스로, 속도, 편의성, 사용자 맞춤화, 비용 절감의 장점이 있다. 금융권에서는 디지털 전환(Digital Transformation)의 핵심 키워드로 자리잡고 있다.

지적대화에 필요한 포인트
카카오페이, 토스, 네이버페이 등을 통해 실시간 송금과 보험 가입이 가능해지면서, 시중은행들도 자체 앱 서비스를 고도화하고 있다.

반드시 알아둬야 할 Tip
핀테크는 금융과 기술의 융합이 만드는 새로운 질서이다.

경계해야 할 핵심 포인트
보안, 규제, 데이터 활용 이슈가 동시에 존재하므로 혁신과 위험 관리가 균형을 이뤄야 한다.

화폐의 시간가치
(Time Value of Money)

현재의 화폐가 미래의 같은 금액보다 더 큰 가치를 지닌다는 금융의 기본 원칙이다.

화폐의 시간가치란 **동일한 금액의 돈이라도 '지금' 가지고 있는 것이 미래보다 더 가치 있다는 원리**다. 이는 이자, 기회비용, 인플레이션 등의 영향을 고려한 개념으로, 금융상품의 평가와 투자 판단의 기초가 된다. 예를 들어 1년 후 받을 1,000만 원은 지금의 1,000만 원보다 가치가 떨어지며, 이 차이를 고려해 할인율을 적용한다. 모든 현금흐름의 현재가치(PV), 미래가치(FV) 계산에 기반이 되는 개념이다.

 지적대화에 필요한 포인트

1년 뒤 1,050만 원을 받을 예정이라면, 현재 시점에서는 이 금액을 연 5% 할인율로 할인한 현재가치를 계산해 투자 타당성을 판단해야 한다.

반드시 알아둬야 할 Tip
지금의 돈이 미래의 돈보다 더 가치 있다. 이 개념이 모든 금융상품 평가의 출발점이다.

경계해야 할 핵심 포인트
할인율 설정이 매우 중요하다. 너무 낮거나 높게 잡으면 가치 왜곡이 생길 수 있다.

프라이빗 뱅킹
(Private Banking)

고액 자산가를 대상으로 맞춤형 금융, 자산 관리 서비스를 제공하는 은행 업무이다.

　프라이빗 뱅킹(PB)은 **고액자산가를 대상으로 맞춤형 자산관리 서비스를 제공하는 프리미엄 금융 서비스**다. 단순 예금, 대출이 아니라, 세무, 상속, 부동산, 해외 투자 등 종합적인 금융 컨설팅을 포함한다. PB는 고객과 신뢰 기반의 관계를 유지하면서 장기적 수익 창출과 리스크 관리를 동시에 제공한다. 금융권 채용 시에는 PB 업무 이해, 소통능력, 신뢰구축 역량이 중요한 평가 기준이 된다.

 지적대화에 필요한 포인트

시중은행 PB센터에선 고객 맞춤형 포트폴리오를 설계하고, 국내외 주식, 채권, 부동산 등 다양한 자산을 연계해 관리한다.

반드시 알아둬야 할 Tip
PB는 고액 자산가를 전담하는 금융 주치의로, 맞춤 전략과 인간관계, 신뢰가 핵심이다.

경계해야 할 핵심 포인트
수익만이 목적이 아닌 신뢰 기반의 장기관계 구축이 핵심 전략임을 잊지 말아야 한다.

불완전판매
(Misselling)

금융 상품 판매 시 상품 특성과 위험을 충분히 설명하지 않아 소비자 피해를 유발하는 행위이다.

　불완전판매는 **금융상품을 판매할 때 위험, 수익 구조, 원금 손실 가능성 등을 충분히 설명하지 않거나, 고객이 제대로 이해하지 못한 채 계약**이 체결된 경우를 말한다. 이는 법적 분쟁, 민원 증가, 기업 이미지 손상으로 이어지며, 금융회사는 '설명의무', '적합성 원칙', '적정성 판단'을 엄격히 지켜야 한다. 특히 고령자, 고위험상품, 복합파생상품은 불완전판매 우려가 높아지고 있다.

 지적대화에 필요한 포인트

설명을 제대로 듣지 못한 고객이 원금손실형 DLF 상품에 가입했다가 손실을 보고 금융감독원에 민원을 제기했다.

반드시 알아둬야 할 Tip
불완전판매는 금융사의 신뢰를 무너뜨리는 가장 위험한 판매 방식이다.

경계해야 할 핵심 포인트
판매자 책임 원칙이 강화되고 있으며, '설명했는가'보다 '이해시켰는가'가 관건이다.

리스크 프리미엄
(Risk Premium)

투자자가 무위험 자산 대신 위험 자산에 투자할 때 추가로 요구하는 보상 수익률이다.

투자자는 무위험 자산 대신 위험 자산에 투자할 때 추가 수익을 기대한다. 이 기대 **초과수익률**이 리스크 프리미엄이다. **위험도가 높을수록 더 큰 보상을 요구**한다. 기업 실적, 시장 변동성, 금리 환경 등에 따라 변동한다. 리스크 프리미엄은 자산 가격 결정과 포트폴리오 이론의 핵심 개념이다.

 지적대화에 필요한 포인트

국채 금리가 2%인데, A기업 주식의 기대수익률이 8%라면 리스크 프리미엄은 6%이다.

반드시 알아둬야 할 Tip
리스크 프리미엄은 투자위험에 대한 '보상'이다.

경계해야 할 핵심 포인트
미래 기대수익률은 실제 수익률과 차이가 있을 수 있다.

레버리지
(Leverage)

자기자본 대비 차입금을 활용해 투자 규모를 확대하는 전략으로, 수익과 손실을 동시에 증폭시킨다.

자기자본 외에 차입금 등 타인자본을 이용해 투자 규모를 확대하는 기법이다. 투자 수익이 커지지만 손실도 확대돼 위험이 배가된다. 금융기관은 레버리지 한도를 법규로 엄격히 관리한다. 개인은 레버리지 상품 이용 시 추가 증거금 위험을 반드시 고려해야 한다. 레버리지는 수익 기회이자 돌이킬 수 없는 손실의 가능성이다.

지적대화에 필요한 포인트
자기자본 1억 원에 차입금 4억 원을 더해 총 5억 원어치 주식을 매수하면 레버리지는 5배이다.

반드시 알아둬야 할 Tip
레버리지는 수익과 손실을 동시에 증폭시킨다.

경계해야 할 핵심 포인트
주가 하락 시 추가 증거금 요구(마진콜)가 발생할 수 있다.

헤지
(Hedge)

파생상품 등을 이용해 보유 자산의 가격변동 리스크를 상쇄하거나 완화하는 투자 전략이다.

보유 자산의 가격변동 위험을 파생상품 등으로 상쇄하거나 완화하는 전략이다. 선물, 옵션, 스왑 등을 활용해 손익을 균형 맞춘다. 기업은 환율, 금리 변동 리스크를 줄이기 위해 헤지 거래를 빈번히 사용한다. 헤지 비용과 기회비용을 따져야 실효성을 높일 수 있다. 헤지는 '위험 회피'의 수단으로 자리 잡고 있다.

지적대화에 필요한 포인트
달러화 가치 하락 리스크를 회피하기 위해 선물환 계약으로 환율을 고정하는 경우다.

반드시 알아둬야 할 Tip
헤지는 '위험 회피'의 도구이다.

경계해야 할 핵심 포인트
헤지 비용(프리미엄 등)이 예상보다 높게 발생할 수 있다.

Chapter 08
롯데, 신세계 그룹의
시험 면접에 나오는 경제 레시피

롯데 신세계 그룹의 취업, 면접 시험에 나오는 경제용어!
기업이 사용하는 취업, 면접에 나오는 경제 용어만 알아도 성공이다.

파생상품
(Derivatives)

기초자산의 가치 변동을 기초로 만든 금융상품으로, 위험 관리와 투기 목적으로 모두 활용된다.

기초자산(주식, 채권, 통화, 상품 등)**의 가격, 이자율, 환율 변동에 연동돼 가치가 결정되는 금융상품**이다. 선물, 옵션, 스왑 등 구조가 다양하며 위험 관리와 투기 목적으로 모두 활용된다. 파생상품 시장은 거래 규모가 방대해 금융 시스템의 핵심으로 꼽힌다. 복잡한 구조로 인해 위험 요인을 놓치기 쉬워 전문성이 요구된다. 잘 설계된 파생상품은 포트폴리오의 변동성을 크게 낮춘다.

지적대화에 필요한 포인트
유가 상승 위험을 회피하기 위해 원유 선물계약에 투자하는 정유 회사 사례다.

반드시 알아둬야 할 Tip
파생상품은 '위험 관리'와 '투기' 양면성을 가진다.

경계해야 할 핵심 포인트
상품 구조가 복잡해 원금 이상의 손실이 발생할 수 있다.

옵션
(Options)

미래에 정해진 가격으로 기초자산을 사고팔 수 있는 권리를 부여하는 금융상품이다.

미래의 일정 시점 또는 기간에 미리 정한 가격으로 기초자산을 살 수 있는 **콜**과 팔 수 있는 **풋** 권리를 부여한다. 권리만 갖고 의무는 없어 리스크가 제한된다. 옵션 프리미엄을 지불해야 하며, 만기 전, 만기일에 따라 내재가치와 시간가치가 변동한다. 옵션 거래 전략은 헤지, 스프레드, 복합 전략 등 다양하다. 개인 투자자도 비교적 적은 자본으로 다양한 전략을 구사할 수 있다.

지적대화에 필요한 포인트
A주식을 1개월 후 주당 5만 원에 살 수 있는 콜옵션을 매수하는 상황이다.

반드시 알아둬야 할 Tip
옵션은 '권리'만 주고 '의무'는 부여하지 않는다.

경계해야 할 핵심 포인트
프리미엄을 지불했더라도 권리를 행사하지 않으면 휴지 조각이 된다.

선물
(Futures)

미래 특정 시점에 반드시 기초자산을 사고팔아야 하는 표준화된 계약이다.

미래 특정 시점에 정해진 가격으로 기초자산을 반드시 사고팔아야 하는 계약이다. 표준화된 거래소에서 거래돼 신용위험이 상대적으로 낮다. 매일 청산(Clearing)을 통해 손익을 확정하고 증거금을 정산한다. 가격 변동 폭이 크면 증거금 부담이 급격히 늘어나 리스크가 크다. 선물 시장은 가격 발견(Price Discovery)과 위험 이전(Risk Transfer) 기능을 수행한다.

지적대화에 필요한 포인트
3개월 후 KOSPI200 지수를 300포인트에 매도하기로 한 선물계약을 보유하는 경우다.

반드시 알아둬야 할 Tip
선물은 '의무'를 수반한다.

경계해야 할 핵심 포인트
가격 변동이 크면 증거금 요구가 급증한다.

스왑
(Swap)

서로 다른 현금흐름(예: 이자율, 통화)을 교환하기로 약정한 장외거래 계약이다.

이자율, 통화, 상품 등 서로 다른 현금흐름을 교환하기로 약정하는 계약이다. 고정금리와 변동금리를 맞교환하는 이자율 스왑, 통화를 맞교환하는 통화 스왑 등이 대표적이다. 기업, 금융기관은 자금 조달 비용 최적화와 환 리스크 관리를 위해 활용한다. 상대방 신용위험을 관리하기 위해 중앙청산소(CCP)를 이용하는 경우가 많다. 스왑 시장은 OTC(장외) 중심으로 거래된다.

 지적대화에 필요한 포인트

고정금리 부채를 보유한 기업이 변동금리로 교환해 금리 변동에 대응하는 상황이다.

반드시 알아둬야 할 Tip
스왑은 '현금흐름 맞교환'이다.

경계해야 할 핵심 포인트
상대방 신용위험(Counterparty Risk)에 주의해야 한다.

# 상장지수펀드
ETF(Exchange Traded Fund)

주식처럼 거래소에 상장되어 특정 지수를 추종하는 펀드를 가리킨다.

거래소에서 주식처럼 사고팔 수 있는 인덱스 펀드로, 특정 지수 수익률을 추종한다. 낮은 보수와 높은 유동성이 특징이며, 일반 펀드 대비 투자 접근성이 좋다. 실시간으로 매매 가격이 형성돼 시장 상황에 즉각 대응할 수 있다. 분산투자로 위험을 줄이면서도 운용 편의성을 제공한다. 최근 테마 ETF, 레버리지, 인버스 ETF 등 상품 다양화가 활발하게 이뤄지고 있다.

 지적대화에 필요한 포인트

KOSPI200 ETF를 통해 지수 전체에 한 번에 투자하는 개인 투자자가 대표적이다.

반드시 알아둬야 할 Tip
ETF는 실시간, 저비용, 분산투자의 대명사이다.

경계해야 할 핵심 포인트
추종 지수와 운용성과 간 괴리(Divergence)가 발생할 수 있다.

상장지수채권
ETN(Exchange Traded Note)

발행사의 신용에 기반한 만기형 채권으로, 기초지수 수익률을 연동해 수익을 지급한다.

발행자의 신용에 기반한 만기형 채권으로, 기초지수 수익률을 연동해 만기 시 수익을 지급한다. ETF와 달리 기초자산을 보유하지 않아 신용위험이 존재한다. 만기 전에도 거래소에서 자유롭게 매매할 수 있다. 발행사 부도 시 원금과 수익을 모두 상실할 위험이 있다. ETN은 다양한 기초지수와 연계돼 투자 기회를 넓혀준다.

 지적대화에 필요한 포인트

신용등급 A인 증권사 발행 ETN을 매수해 원유 지수 수익률을 추종하는 경우다.

반드시 알아둬야 할 Tip
ETN은 '신용위험'을 수반한다.

경계해야 할 핵심 포인트
발행사 부도 시 원금 손실 우려가 있다.

파생결합펀드
DLF(Derivative Linked Fund)

파생결합펀드로, 기초자산 변동에 연동돼 수익, 손실이 결정되는 고위험, 고수익 상품이다.

파생결합펀드로 기초자산의 가격, 지수, 환율 변동에 연동돼 수익, 손실이 결정되는 펀드이다. 고수익, 고위험 특성으로 주로 기관 및 고액 자산가 대상이다. 상품 구조가 복잡해 설명 의무가 강조되며, 적합성, 적정성 원칙을 준수해야 한다. 최근 DLF 손실 사태로 불완전판매 규제가 더욱 강화되었다. 투자자는 기초조건과 손실 시나리오를 꼼꼼히 검토해야 한다.

지적대화에 필요한 포인트
원/달러 환율이 일정 범위 내 머물면 고정금리를 지급하는 DLF 상품 가입 사례다.

반드시 알아둬야 할 Tip
DLF는 '고수익 뒤에 숨어 있는 큰 손실 위험'이다.

경계해야 할 핵심 포인트
상품 구조를 이해하지 못하면 예상치 못한 원금 손실이 발생한다.

신용부도스왑
CDS(Credit Default Swap)

채무불이행 시 채권 등 신용상품의 부도 리스크를 보험처럼 거래하는 파생상품이다.

채무불이행(디폴트) **발생 시 채권자의 손실을 보전해 주는 신용파생상품**이다. 구매자는 프리미엄을 지급하고, 발행자는 신용사건 발생 시 보상 책임을 진다. 신용 리스크 헤지 수단으로 활용되며, 시장에서는 보험과 유사하게 작동한다. 금융위기 때 CDS 프리미엄 급등이 신용경색을 가속화하기도 했다. 거래는 OTC 시장에서 주로 이뤄진다.

 지적대화에 필요한 포인트

A기업 부도 위기 시 해당 기업 채권에 대한 CDS를 매수해 리스크를 헷지하는 경우다.

반드시 알아둬야 할 Tip
CDS는 채권 리스크를 '보험'처럼 관리한다.

경계해야 할 핵심 포인트
프리미엄 비용이 지속적으로 발생하며, 이벤트가 발생해야만 보상이 이루어진다.

공매도
(Short Selling)

보유하지 않은 주식을 빌려 팔았다가 가격 하락 시 되사서 차익을 얻는 매매 기법이다.

주가 하락을 예상하고 보유하지 않은 주식을 빌려 매도한 뒤, 주가 하락 시 더 낮은 가격에 되사서 차익을 얻는 거래이다. 상승장뿐 아니라 하락장에서도 수익 기회를 제공한다. 대차 대출비용과 이자, 대주제한 제도 등을 고려해야 한다. 과도한 공매도는 시장 불안을 야기할 수 있어 규제가 수시로 변경된다. 개인 투자자는 공매도 이해 없이는 큰 손실에 직면할 수 있다.

지적대화에 필요한 포인트

A주식의 밸류에이션이 과도하다고 판단해 1만 주를 공매도하고, 주가 하락 시 환매하는 전략이다.

반드시 알아둬야 할 Tip

공매도는 하락장에서도 수익을 낼 수 있는 방법이다.

경계해야 할 핵심 포인트

무제한 손실 가능성과 대차 비용이 발생한다.

유동성
(Liquidity)

자산이나 시장이 얼마나 쉽게 현금으로 전환되거나 거래될 수 있는지를 나타내는 지표이다.

시장 또는 자산이 얼마나 쉽게 현금으로 전환되거나 거래가 원활하게 이루어질 수 있는지를 의미한다. 매매 호가 차가 작고 거래량이 많을수록 유동성이 높다. 유동성은 금융시장 안정성과 직결되며, 위기 시 급락 원인이 되기도 한다. 중앙은행은 시장 유동성 조절을 통해 금융 안정을 도모한다. 투자자는 유동성이 높은 자산을 포트폴리오에 포함해 리스크를 줄일 수 있다.

 ### 지적대화에 필요한 포인트
주가가 급락할 때 거래량이 많아 매도 물량을 빠르게 소화하는 시장을 '높은 유동성'이라 부른다.

반드시 알아둬야 할 Tip
유동성은 '거래의 원활성' 척도이다.

경계해야 할 핵심 포인트
위기 시에는 유동성이 급격히 감소할 수 있다.

변동성
(Volatility)

자산 수익률의 표준편차로, 가격 변동 폭이 클수록 높다고 평가되는 위험 지표이다.

　자산 수익률의 표준편차로, 가격 변동 폭이 클수록 변동성이 높다고 한다. **위험 측정 지표로 널리 사용되며, 옵션 가격 산출에서도 핵심 역할**을 한다. 시장 스트레스가 높아지면 변동성이 급등하는 경향이 있다. 금융위기 때 VIX 지수가 급등한 것이 대표적 사례이다. 투자자는 변동성 환경에 맞춰 투자 전략을 조정해야 한다.

 지적대화에 필요한 포인트

A주식의 일일 수익률 표준편차가 3%라면, 비교 대상 B주식보다 변동성이 높다.

반드시 알아둬야 할 Tip
변동성은 위험의 크기를 나타내는 숫자이다.

경계해야 할 핵심 포인트
높은 변동성은 기회이자 리스크이다.

베타
(Beta)

주식 수익률이 시장 전체 변동성에 대해 얼마나 민감한지를 나타내는 계수이다.

주식 수익률 변동성이 시장 전체(벤치마크) **변동성에 비해 얼마나 민감한지를 나타내는 계수**이다. β>1이면 시장보다 크게 움직이고, β<1이면 덜 민감하다. 자본자산가격결정모형(CAPM)에서 기대수익률 산출에 활용된다. 베타는 과거 데이터를 기반으로 산출돼 미래 움직임과 차이가 있을 수 있다. 포트폴리오 구축 시 리스크 관리 지표로 사용된다.

 ## 지적대화에 필요한 포인트
베타가 1.5인 주식은 시장이 1% 오를 때 평균 1.5% 상승한다.

반드시 알아둬야 할 Tip
베타는 '시장 민감도' 지표이다.

경계해야 할 핵심 포인트
과거 데이터를 기반으로 산출되므로 미래와 다를 수 있다.

무위험이자율
(Risk-free Rate)

원금과 이자가 확실히 보장되는 이자율로, 보통 국고채 수익률을 사용한다.

원금과 이자가 확실히 보장되는 이자율로, 국가신용도가 높은 국고채 수익률을 일반적으로 사용한다. 자산 가격 이론과 투자수익률 비교의 기준점이 된다. 금리 변동에 따라 시장 전반의 투자 매력이 달라진다. 중앙은행의 통화정책 방향성이 무위험이자율에 직결된다. 투자자는 다른 자산 수익률을 평가할 때 무위험이자율을 반드시 참조해야 한다.

 지적대화에 필요한 포인트

3년 만기 국고채 금리가 3.2%라면 이를 무위험이자율로 간주한다.

반드시 알아둬야 할 Tip
무위험이자율은 모든 수익률 측정의 기준점이다.

경계해야 할 핵심 포인트
국가신용도 변화에 따라 무위험이자율도 변동될 수 있다.

신용등급
(Credit Rating)

채무불이행 가능성을 평가해 부여하는 등급으로, AAA가 최상, D가 디폴트다.

기업, 국가, 금융상품의 채무불이행 가능성을 평가한 등급이다. AAA가 최상위, D가 디폴트 상태를 의미한다. 등급이 높을수록 조달 비용이 낮아지고 투자 매력이 커진다. 신용등급 기관은 정기적으로 평가해 시장에 정보를 제공한다. 등급 변경은 채권 시장뿐 아니라 주식, 외환 시장에도 영향을 미친다.

지적대화에 필요한 포인트
A기업이 AA등급에서 A등급으로 강등되면 차입 비용이 상승한다.

반드시 알아둬야 할 Tip
신용등급이 곧 '조달비용과 리스크' 척도이다.

경계해야 할 핵심 포인트
등급 하락 전시 리스크 프리미엄이 급등할 수 있다.

마진콜
(Margin Call)

증권, 선물, 옵션 거래에서 유지증거금이 기준 이하로 떨어지면 추가 납부를 요구하는 제도다.

선물, 옵션, 증권 위탁매매에서 계좌 유지증거금이 기준 이하로 떨어졌을 때 추가 증거금 납부를 요구하는 제도이다. 증권사는 포지션 유지 여부를 매일 점검한다. 유지증거금을 채우지 못하면 강제 청산(Forced Liquidation)이 이뤄진다. 투자자는 계좌 잔고와 손익 상황을 실시간으로 모니터링해야 한다. 마진콜은 손실 확대를 막기 위한 보호 장치이다.

 지적대화에 필요한 포인트

유가 선물 포지션 평가손이 커져 계좌잔고가 유지증거금 이하로 내려가면 증권사가 마진콜을 발동했다.

반드시 알아둬야 할 Tip
마진콜은 '증거금 보충' 없이는 포지션 강제 청산이다.

경계해야 할 핵심 포인트
증거금 보충이 지연되면 자동으로 손절 처리된다.

시장효율성 가설
(Efficient Market Hypothesis, EMH)

모든 공개 정보가 즉시 가격에 반영돼 초과수익을 얻기 어렵다는 이론이다.

모든 공개 정보가 즉시 가격에 반영돼 초과수익을 얻기 어렵다는 이론이다. 약형, 준강형, 강형으로 구분하며, 정보 반영 속도와 범위 차이가 기준이다. EMH가 완전하다면 적극적 투자보다 인덱스 투자 전략이 유효하다. 현실 시장에서는 과매수, 과매도, 버블 현상이 반복돼 완전 효율을 부정하는 실증 연구도 많다. EMH는 투자 전략과 시장 구조를 이해하는 기초 틀을 제공한다.

지적대화에 필요한 포인트
기업 실적 발표 직후 주가가 곧바로 변동하는 현상을 EMH가 설명한다.

반드시 알아둬야 할 Tip
EMH = '정보가 가격을 움직인다' 원칙이다.

경계해야 할 핵심 포인트
실제 시장에서는 비효율 현상이 간헐적으로 발생한다.

구조화 상품
(Structured Product)

파생상품을 기초로 위험, 수익 구조를 맞춤 설계한 금융상품이다.

파생상품을 기초로 원금보장, 수익 조건 등을 조합해 설계한 맞춤형 금융상품이다. 투자자의 위험 선호도와 시장 전망을 반영해 다양한 구조를 구현한다. 원금 일부 또는 전부를 보장하거나, 특정 지수 상승 시 고수익을 제공하도록 설계할 수 있다. 발행사와 판매사의 설명 의무가 강화돼 적합성 원칙과 적정성 판단이 중요해졌다. 투자자는 구조를 철저히 이해하고 핵심 위험요인을 점검해야 한다.

지적대화에 필요한 포인트
주가지수가 일정 범위 내에 머물면 원금의 110%를 지급하는 구조화 상품에 가입했다.

반드시 알아둬야 할 Tip
구조화 상품은 '맞춤형 리스크, 수익 프로파일'이다.

경계해야 할 핵심 포인트
상품 구조가 복잡해 핵심 위험요인을 놓치기 쉽다.

담보 가치 대비 대출금 비율
LTV(Loan-to-Value)

담보로 제공된 자산 가치 대비 대출 금액의 비율을 말한다.

LTV(Loan-to-Value)는 **담보물의 시가나 감정가 대비 대출금액이 차지하는 비율**로, 대출의 안정성과 위험도를 평가하는 지표다. LTV가 높을수록 담보 대비 대출 규모가 크다는 의미이며, 금융기관은 높은 LTV 대출에 대해 더 엄격한 심사와 높은 금리를 적용하거나 대출 한도를 제한해 부실 위험을 관리하며, 주로 주택담보대출에서 중요한 기준으로 활용된다.

담보 가치가 5억 원이고 대출이 3억 원이라면 LTV는 60%이다. 대출 한도가 높아질수록 차주 부담이 커지지만, 자금 조달에는 유리하다. 금융당국은 가계 부채 관리를 위해 LTV 상한을 규제한다.

지적대화에 필요한 포인트
집값 6억 원짜리 아파트를 담보로 4억 원 대출을 받으면 LTV는 66.7%이다.

반드시 알아둬야 할 Tip
높은 LTV는 부동산 가격 하락 시 큰 손실 위험을 동반한다.

경계해야 할 핵심 포인트
LTV 규제 변경 시 대출 한도가 갑자기 줄어들 수 있다.

연간 소득 대비 부채 상환액 비율
DTI(Debt-to-Income)

연간 총부채상환액이 연소득에서 차지하는 비율을 의미한다.

DTI는 원리금 상환액을 연 소득으로 나눈 비율이다. DTI(Debt-to-Income)는 개인이 1년 동안 벌어들인 소득 대비 부채 원리금 상환액이 차지하는 비율로, 가계의 채무 상환 능력과 재무 건전성을 평가하는 중요한 지표다.

DTI 비율이 높으면 부채 상환 부담이 크다는 의미로 추가 대출이 제한되거나 신용 등급 하락으로 이어질 수 있으며, 금융기관과 규제 당국은 이를 기준으로 대출 한도와 심사 기준을 관리해 가계부채 리스크를 조절한다. 예를 들어 연간 상환액이 1천만 원이고 연소득이 5천만 원이면 DTI는 20%이다. 높은 DTI는 가계 재무 건전성을 악화시켜 채무불이행 위험을 높인다. 금융기관은 DTI 한도를 설정해 대출 심사 시 차주의 상환 능력을 평가한다.

지적대화에 필요한 포인트
연봉 6천만 원인 차주가 연간 2천만 원을 상환하면 DTI는 33.3%이다.

반드시 알아둬야 할 Tip
DTI는 실제 소득 대비 부채 부담을 직관적으로 보여준다.

경계해야 할 핵심 포인트
소득 변화가 있으면 상환 부담이 갑자기 커질 수 있다.

총부채원리금상환비율
DSR(Debt Service Ratio)

대출자의 연간 원금, 이자 상환액이 연소득에서 차지하는 비율을 말한다.

　DSR은 <u>개인이나 기업이 벌어들인 소득에서 원금과 이자 등 부채 상환에 얼마나 많은 비율을 지출하는지를 나타내는 지표</u>로, 재무 건전성과 채무 상환 능력을 평가하는 데 사용된다.

　높은 DSR은 상환 부담이 크다는 의미로, 추가 대출이 어려워질 수 있으며, 금융기관과 감독당국은 이를 기준으로 신용위험을 관리하고 대출 심사에 반영해 가계부채 및 기업부채 리스크를 통제한다.

지적대화에 필요한 포인트
연소득 7천만 원에 연간 총부채 상환액이 2천만 원이면 DSR은 약 28.6%이다.

반드시 알아둬야 할 Tip
DSR은 차주의 전체 금융채무 상환 여력을 보여준다.

경계해야 할 핵심 포인트
DSR 규제 강화 시 기존 대출자도 추가 대출이 어려울 수 있다.

주가수익비율
PER (Price Earnings Ratio)

주당순이익(EPS)에 대한 주가 비율을 나타내는 지표다. 주가를 주당순이익(EPS)으로 나눈 값으로, 주가수익비율이라 한다.

PER은 **주가를 주당순이익(EPS)으로 나눈 비율로, 투자자가 기업의 1원당 순이익에 대해 얼마를 지불하는지를 나타내는 지표**이며, 기업의 수익성 대비 주가 수준을 평가하는 데 사용된다. PER이 높으면 투자자들이 해당 기업의 성장 가능성을 높게 평가하거나 주가가 과대평가되었을 수 있고, 낮으면 저평가되었거나 성장 전망이 부진하다고 해석할 수 있으며, 산업별 평균 PER과 비교해 투자 판단에 활용된다.

PER가 10배면 주당순이익 1,000원당 주가가 1만 원임을 의미한다. 업종별, 시장 평균 PER와 비교해 투자 매력을 판단할 수 있다. 성장주일수록 미래 기대 이익 반영으로 PER가 높게 형성된다.

지적대화에 필요한 포인트
EPS가 2,000원인 기업의 주가가 4만 원이면 PER는 20배이다.
반드시 알아둬야 할 Tip
높은 PER는 성장성이 기대된다는 의미이나, 거품 우려도 있다.
경계해야 할 핵심 포인트
일시적 이익 변동에 따라 PER가 크게 요동칠 수 있다.

주가순자산비율
PBR (Price Book Ratio)

주가를 주당순자산가치(Book Value Per Share)로 나눈 값으로, 주가순자산비율이라 한다.

　　PBR은 **주가를 주당순자산가치로 나눈 비율로, 기업의 시장가치가 장부가치 대비 얼마나 높은지를 나타내는 지표**이며, 투자자들이 기업의 자산 대비 주가 수준을 평가하는 데 활용된다. PBR이 1보다 크면 시장에서 기업 자산을 고평가하고 있다고 보고, 1보다 작으면 저평가되어 있거나 재무상태에 문제가 있을 가능성을 시사하며, 산업 특성과 성장 전망에 따라 적정 PBR 수준은 달라질 수 있다.

 지적대화에 필요한 포인트

BPS가 5만 원인 기업의 주가가 7만 원이면 PBR는 1.4배이다.

반드시 알아둬야 할 Tip
PBR는 자산 가치 기반 투자 판단에 활용한다.

경계해야 할 핵심 포인트
자산 정보가 왜곡되면 PBR 신뢰도가 떨어진다.

부실채권
NPL (Non-Performing Loan)

연체 기간이 일정 기준을 초과한 부실채권을 의미한다.

   NPL은 **대출 원리금 상환이 90일 이상 지연되거나, 상환 가능성이 낮아져 금융회사가 정상적인 채권으로 보기 어려운 대출**을 의미하며, 금융기관의 자산 건전성과 리스크 관리 상태를 평가하는 중요한 지표다.

   NPL 비율이 높아지면 금융기관의 재무 안정성이 저하되고, 추가 충당금 적립 부담이 커지며, 이는 대출 여력 축소와 신용 경색으로 이어져 경제 전반에 부정적 영향을 미칠 수 있어 관리와 감축이 필수적이다.

지적대화에 필요한 포인트
주택담보대출 연체가 100일째인 경우 해당 대출은 NPL로 분류된다.

반드시 알아둬야 할 Tip
NPL 비율은 금융기관 건전성 척도의 바로미터다.

경계해야 할 핵심 포인트
NPL 급증은 전반적 경기 악화를 시사할 수 있다.

총자산이익률
ROA (Return on Assets)

총자산이익률로, 기업이 자산을 활용해 얼마나 효율적으로 이익을 냈는지 보여준다.

ROA는 **기업이 보유한 전체 자산을 활용해 얼마나 효율적으로 순이익을 창출했는지를 나타내는 지표**로, 순이익을 평균 총자산으로 나눈 비율이며, 자산 운용의 효율성과 경영성과를 평가하는 데 사용된다. ROE(자기자본이익률, Return on Equity)는 주주가 투자한 자기자본 대비 기업이 창출한 순이익의 비율로, 기업의 자본 활용 효율성과 수익성을 보여주며, 투자자들이 기업의 경영 성과와 성장 가능성을 판단하는 핵심 지표로 널리 활용된다. 예를 들어 순이익 500억 원, 총자산 1조 원이면 ROA는 5%다. 자산 기반 비즈니스의 수익성을 평가할 때 유용하다. 제조업, 금융업 등 업종별 ROA 수준 차이를 고려해야 한다. ROA가 높을수록 자산 효율성이 우수하다.

 지적대화에 필요한 포인트

순이익 200억 원, 총자산 4천억 원인 기업은 ROA가 5%이다.

반드시 알아둬야 할 Tip
ROA는 자산 운용 효율성을 보여준다.

경계해야 할 핵심 포인트
자산 구조 변화나 부채 비율에 따라 ROA가 변동될 수 있다.

자기자본이익률
ROE (Return on Equity)

자기자본이익률로, 주주 자본 대비 이익 창출 능력을 나타낸다.

ROE는 **기업이 주주로부터 받은 자본을 얼마나 효율적으로 사용해 순이익을 창출했는지를 나타내는 지표**로, 순이익을 평균 자기자본으로 나눈 비율이다. 높은 ROE는 기업이 자본을 효과적으로 운용해 수익을 내고 있음을 의미하며, 투자자들은 이를 통해 기업의 경영 효율성과 수익성을 평가하고 투자 결정을 내리는데 중요한 기준으로 활용한다.

예를 들어 순이익 300억 원, 자기자본 1,000억 원이면 ROE는 30%다. 주주 관점에서 투자 수익성을 평가하는 핵심 지표다. 레버리지 효과로 ROE가 과도하게 높아질 수 있어 부채 비율을 함께 봐야 한다. 안정적 ROE 유지가 장기 성장성의 열쇠다.

 지적대화에 필요한 포인트

순이익 150억 원, 자기자본 500억 원인 기업은 ROE가 30%이다.

반드시 알아둬야 할 Tip
ROE는 주주 수익성 평가의 바로미터다.

경계해야 할 핵심 포인트
부채 과다 활용 시 ROE는 왜곡될 수 있다.

CAR
(Capital Adequacy Ratio)

자기자본비율로, 은행의 손실 흡수 능력과 건전성을 보여준다.

CAR는 **은행 등 금융회사가 보유한 자기자본이 총위험가중자산에 대해 차지하는 비율로, 금융기관의 재무 건전성과 안정성을 나타내는 핵심 지표**이며, 이 비율이 높을수록 예상치 못한 손실 발생 시 이를 흡수할 여력이 충분하다는 의미다. 국제적으로는 바젤 협약에 따라 일정 기준 이상을 유지해야 하며, 규제당국은 이를 통해 금융시스템의 안정성과 고객 자산 보호를 강화하고, 금융위기 발생 가능성을 낮추는 역할을 수행한다.

지적대화에 필요한 포인트
자기자본 10조 원, 위험가중자산 100조 원인 은행은 CAR가 10%다.

반드시 알아둬야 할 Tip
CAR는 은행 건전성의 안전판 역할을 한다.

경계해야 할 핵심 포인트
위험가중자산 산정 방식에 따라 CAR 수준이 달라질 수 있다.

유동성 비율
(Liquidity Ratio)

단기 지급능력을 평가하는 지표로, 유동자산 대비 유동부채 비율을 의미한다.

유동성 비율은 **기업이 단기 채무를 상환할 수 있는 능력을 나타내는 재무 지표**로, 주로 유동자산을 유동부채로 나누어 계산하며, 이 비율이 높을수록 단기 지급 능력이 양호하다고 평가된다. 유동성 비율은 기업의 재무 안정성과 신용도를 판단하는 데 중요한 역할을 하며, 과도한 비율은 자산의 비효율적 운용을 의미할 수 있으므로 적정 수준을 유지하는 것이 바람직하다.

지적대화에 필요한 포인트
유동자산 5천억 원, 유동부채 4천억 원이면 유동성 비율은 125%다.

반드시 알아둬야 할 Tip
유동성 비율은 단기 지급능력의 바로미터다.

경계해야 할 핵심 포인트
유동자산 구성에 따라 실제 현금 전환 가능성은 달라질 수 있다.

한계효용 체감의 법칙
(Law of Diminishing Marginal Utility)

재화나 서비스 소비가 늘어날수록 추가로 얻는 효용이 점차 감소하는 경제 원칙이다.

한계효용 체감의 법칙이란 **같은 상품을 반복적으로 소비할수록 얻는 만족(효용) 이 점점 줄어든다는 이론**이다. 예를 들어 배고플 때 먹는 첫 번째 빵은 매우 만족스럽지만, 두 번째, 세 번째로 갈수록 그 만족감은 줄어든다. 이는 인간의 욕구가 유한하고 점진적으로 포화되기 때문이며, 소비 선택과 자원 배분의 핵심 원리로 작용한다. 경제학에서 수요곡선이 우하향하는 이유도 이 법칙에 기반하며, 합리적 소비, 선택이론의 출발점으로 등장한다.

지적대화에 필요한 포인트
점심시간에 햄버거를 3개 연속 먹은 민수는 첫 번째 햄버거가 가장 맛있었다고 느꼈고, 마지막 것은 거의 억지로 먹었다.

반드시 알아둬야 할 Tip
효용은 소비량이 많아질수록 감소한다는 것이 바로 합리적 선택의 핵심 원칙이다.

경계해야 할 핵심 포인트
한계효용은 '총효용'과 구별해야 한다. 총효용은 증가할 수 있지만, 한계효용은 줄어들 수 있다.

기회비용
(Opportunity Cost)

한 선택으로 인해 포기한 대안 중 가장 큰 가치를 기회비용이라고 한다.

    기회비용이란 **어떤 선택을 했을 때 포기한 다른 대안 중 가장 큰 가치**를 의미한다. 자원이 한정되어 있는 현실에서 우리는 항상 선택을 해야 하며, 이때 선택하지 않은 대안 중 '가장 가치 있는 것'이 바로 기회비용이다. 이는 단순한 금전적 손해뿐 아니라 시간, 노력, 감정 등 비재무적 요소까지 포함할 수 있는 개념이다. 경제적 합리성은 항상 기회비용을 최소화하는 방향으로 결정된다.

지적대화에 필요한 포인트
시험 전날 친구들과 영화 보러 갈지 공부를 할지 고민한 유나는, 결국 공부를 선택했으며 이때 포기한 '즐거운 영화 시간'이 기회비용이다.

반드시 알아둬야 할 Tip
선택에는 항상 대가가 따르며, 그 대가를 기회비용이라고 한다.

경계해야 할 핵심 포인트
기회비용은 '모든 포기한 것들'이 아니라, 가장 가치 있는 것 하나만 계산한다.

수요의 가격 탄력성
(Price Elasticity of Demand)

가격 변화에 따른 수요량 변화의 민감도를 수치화한 지표이다.

    수요의 가격 탄력성이란 **가격이 변할 때 수요량이 얼마나 민감하게 반응하는지를 나타내는 지표**이다. 계산식은 (%수요량 변화율/%가격 변화율)이며, 값이 1보다 크면 탄력적, 작으면 비탄력적이라 한다. 탄력적인 상품은 사치품, 대체재가 많은 상품이 많고, 비탄력적인 상품은 필수재, 대체가 어려운 품목(예: 생필품, 약)이 많다. 이 개념은 세금 부과, 가격 정책, 기업 마케팅 전략 수립 등에 폭넓게 활용된다.

지적대화에 필요한 포인트
콜라의 가격이 10% 오르자, 수요가 30%나 급감했다면, 이 제품은 수요의 가격 탄력성이 높은 상품이다.

반드시 알아둬야 할 Tip
탄력성이 크다는 것은 가격이 소폭 변해도 수요량이 크게 반응함을 뜻한다.

경계해야 할 핵심 포인트
수요탄력성은 시간, 소득 수준, 대체재 유무 등 다양한 요인의 영향을 받는다. 정적이지 않고, 맥락 속에서 해석해야 한다.

공공재
(Public Goods)

비배제성과 비경합성을 가져 시장에서 민간 공급이 어려운 재화를 뜻한다.

공공재는 **비배제성**(누구나 사용할 수 있고)**과 비경합성**(누가 사용해도 다른 사람 사용을 막지 않는) **특성을 가진 재화**다. 예를 들어 가로등이나 국방처럼, 누군가가 사용한다고 해서 다른 사람이 쓸 수 없게 되는 건 아니다. 민간시장에서 공급이 어려워 정부가 직접 공급하거나 보조하는 이유가 되는 경제적 개념이다. 시장 실패의 대표 사례로 등장하며, 조세를 통한 공급의 정당성도 이 논리 위에 있다.

지적대화에 필요한 포인트
가로등은 주민 누구나 사용할 수 있고, 어떤 사람이 이용한다고 해서 다른 사람의 이용이 방해되지 않는다.

반드시 알아둬야 할 Tip
공공재는 모두가 함께 누리되, 누구도 배제할 수 없는 재화로 모두가 함께 누릴 수 있고, 누구도 배제할 수 없는 재화를 말한다.

경계해야 할 핵심 포인트
공공재는 순수공공재와 준공공재로 나뉘며, 도로처럼 경합성이나 배제성이 부분적으로 나타나는 경우도 있다.

경기순환
(Business Cycle)

확장과 후퇴를 반복하며 경제 활동이 주기적으로 변동하는 현상이다.

경기순환은 **경제가 일정한 주기를 가지고 호황과 불황을 반복하는 현상**을 말한다. 일반적으로 회복→호황→후퇴→불황의 4단계를 거치며, 이는 생산, 고용, 투자, 소비 등 전반적 지표에 영향을 준다. 경기변동의 원인은 다양한데, 수요와 공급 충격, 정부 정책, 글로벌 경제 환경 등이 작용한다. 정부와 중앙은행은 경기순환을 안정화시키기 위해 재정, 통화정책을 적극 활용한다.

 지적대화에 필요한 포인트

소비가 줄고 기업의 생산이 감소하면서 실업률이 높아지자, 정부는 경기 부양을 위해 재정지출을 확대했다.

반드시 알아둬야 할 Tip
경제는 직선이 아니라 파도처럼 움직이며, 이러한 파동을 경기순환이라고 한다.

경계해야 할 핵심 포인트
경기순환은 예측이 어렵고, 모든 산업이 동시에 같은 순환을 겪는 것은 아니다. 산업별 차이도 고려해야 한다.

독점
(Monopoly)

단일 기업이 시장 공급을 지배해 가격 결정권을 갖는 시장 구조이다.

독점은 **하나의 기업이 시장 전체를 지배하며 상품이나 서비스를 유일하게 공급하는 시장 구조**를 말한다. 진입 장벽이 높거나, 정부의 인허가, 특허권, 자원 소유 등으로 인해 경쟁자가 존재하지 않는 상황에서 발생한다. 이 경우 공급자는 가격을 자유롭게 결정할 수 있어 소비자의 후생이 줄고 시장의 효율성이 저해될 수 있다. 정부는 공정거래법, 규제 등을 통해 독점 남용을 감시한다. 독점은 시장 실패의 대표적 사례로 자주 등장한다.

지적대화에 필요한 포인트
전국에 한 곳밖에 없는 수도공급 업체가 요금을 인상해도, 소비자는 다른 선택지가 없어 울며 겨자 먹기로 지불해야 한다.

반드시 알아둬야 할 Tip
독점이란 경쟁이 없는 시장으로, 공급자가 '왕'처럼 군림하는 구조다.

경계해야 할 핵심 포인트
모든 독점이 나쁜 것은 아니다. '자연독점'(전기, 수도처럼 규모의 경제가 큰 산업)은 정부 규제가 핵심이다.

Chapter 09

공기업, 국가직, 지방직 공무원 시험 면접에 나오는 경제 레시피

국가직, 지방직 공무원 취업, 면접 시험에 나오는 경제용어!
공무원 취업, 면접에 나오는 경제 용어만 알아도 성공이다.

국내총생산
Gross Domestic Product)

일정 기간 내 한 국가에서 생산된 재화와 서비스의 총시장가치 합계이다.

GDP는 **일정 기간 동안 한 나라 안에서 생산된 모든 최종 재화와 서비스의 시장가치 총합**이다. 국민의 경제활동 성과를 측정하는 대표 지표로, 명목GDP(시장가격 기준)와 실질GDP(물가 변동 제외 기준)로 나뉜다. 경제성장률, 소득수준, 국가 비교 등 다양한 분석의 기초 자료가 되며, 정책 결정의 핵심 기준이 된다. 단, 환경 파괴나 삶의 질, 소득 분배는 반영하지 않아 '불완전한 지표'로 비판도 있다.

 지적대화에 필요한 포인트

한국의 2024년 실질 GDP 성장률이 2.1%로 발표되면서, 경기 회복세가 확인되었다는 평가가 나왔다.

반드시 알아둬야 할 Tip
GDP는 한 나라 경제의 전체 규모를 보여주는 수치다.

경계해야 할 핵심 포인트
GDP에는 가사노동, 자원봉사, 행복지수, 환경 파괴 등은 반영되지 않는다. 질적 요소까지 포함하지는 못한다.

기축통화
(Key Currency)

국제 무역과 금융 거래에서 전세계적으로 기준 통화로 사용되는 화폐이다.

　기축통화는 **국제 무역이나 금융 거래에서 널리 사용되는 중심 통화**를 말한다. 현재는 미국 달러가 대표적이며, 세계 중앙은행들이 외환보유액으로 달러를 많이 보유하고, 대부분의 원자재, 국제 거래가 달러로 결제된다. 기축통화국은 거래 수수료, 외환 안정성, 낮은 금리 조달 등에서 절대적 이점을 가지며, 달러의 위상이 흔들릴 경우 세계 경제 전체가 영향을 받는다.

 지적대화에 필요한 포인트

러시아가 서방 제재를 받으면서 달러 대신 위안화나 루블화를 사용하려 했지만, 대부분의 거래처가 여전히 달러를 요구했다.

반드시 알아둬야 할 Tip
기축통화란 전 세계가 신뢰하고 사용하는 화폐이며, 현재 그 자리를 달러가 차지하고 있다.

경계해야 할 핵심 포인트
달러 중심 체제는 강하지만, 최근 위안화, 암호화폐 등의 도전도 무시할 수 없다.

소비자물가지수
(CPI – Consumer Price Index)

대표 소비재, 서비스 가격 변동을 종합해 산출한 물가지표이다.

CPI는 **소비자가 실제 구입하는 상품과 서비스의 가격 변동을 측정하여 물가 상승률을 계산하는 지표**다. 통계청이 매월 발표하며, 기준 시점을 100으로 했을 때 얼마나 가격이 변했는지를 보여준다. 국민 실생활에 밀접한 생필품, 외식, 교통, 교육비, 주거비 등이 포함된다. CPI는 금리 결정, 임금 조정, 복지 혜택, 세제 기준 등에 광범위하게 활용된다.

 지적대화에 필요한 포인트

4월 CPI가 전년 동월 대비 3.6% 상승하면서, 한국은행이 기준금리 인상을 고려했다.

반드시 알아둬야 할 Tip
CPI는 체감 물가를 공식 수치로 나타낸 버전으로, 장보는 비용이 얼마나 올랐는지를 보여주는 지표다.

경계해야 할 핵심 포인트
CPI는 도시 소비자 기준이며, 실제 체감 물가와 차이가 날 수도 있다.

수요, 공급의 법칙
(Law of Supply and Demand)

수요량과 공급량의 상호작용이 시장 가격을 결정한다는 원리이다.

　수요, 공급의 법칙은 **가격이 수요와 공급에 따라 결정되며, 가격은 수요량과 공급량을 일치시키는 역할을 한다는 시장의 기본 원리**다. 가격이 오르면 공급은 증가하고 수요는 감소하고, 반대로 가격이 내리면 공급은 줄고 수요는 증가한다. 이 상호작용으로 시장균형가격과 균형수량이 형성된다. 자유시장경제 체제의 핵심 원리이며, 정부 개입이 없을 경우 시장이 스스로 조정된다는 고전학파적 시각에 기반한다.

지적대화에 필요한 포인트
계란값이 급등하자 농가에서 생산량을 늘렸고, 시간이 지나면서 가격은 다시 하락했다.

반드시 알아둬야 할 Tip
가격은 수요와 공급이 만나는 교차점에서 결정되며, 시장은 스스로 균형을 찾아 조정하는 자율조정 기능을 가진다.

경계해야 할 핵심 포인트
수요, 공급 곡선은 가격 외의 요인이 변하면 '이동'이 아니라 '이동곡선 자체가 바뀜'을 이해해야 한다.

스태그플레이션
(Stagflation)

경기 침체와 고물가가 동시에 나타나는 비정상적 경제 상황이다.

    스태그플레이션은 **경기 침체(불황)와 물가 상승(인플레이션)이 동시에 발생하는 복합 경제위기 상황**이다. 일반적으로 물가는 경기가 좋을 때 오르지만, 스태그플레이션은 경제는 침체 중인데 물가는 오르는 모순적 상태이다. 원유, 원자재 가격 상승 같은 공급 충격이 주 원인이다. 이 상황에서는 금리를 낮춰도 물가가 더 오르고, 금리를 올리면 경기는 더 나빠지는 '정책 딜레마'가 발생한다.

지적대화에 필요한 포인트
세계 경제가 둔화되던 중 국제 유가가 급등하면서 생산비와 생활비가 오르고, 실업률도 높아졌다.

반드시 알아둬야 할 Tip
스태그플레이션은 불황과 물가 상승이 동시에 발생하는 현상으로, 한쪽만 잡으려는 정책이 다른 쪽을 더 악화시킨다.

경계해야 할 핵심 포인트
스태그플레이션은 통화정책만으로 해결하기 어렵다. 공급 측면의 구조개혁과 병행해야 한다.

생산가능곡선
(Production Possibility Frontier, PPF)

자원 한계 하에서 최대 생산 조합을 보여주는 곡선이다.

생산가능곡선은 <u>한 나라가 가진 자원을 최대한 효율적으로 활용했을 때 생산할 수 있는 두 재화 간의 조합을 보여주는 곡선</u>이다. 이 곡선은 기회비용, 한계 대체율, 자원 효율성을 설명하는 대표적 경제 그래프다. 곡선 위의 점은 '효율적', 안쪽은 '비효율', 바깥은 '불가능'을 나타낸다. 한 재화를 더 생산하려면 다른 재화를 일정량 포기해야 하며, 기회비용의 시각화로 자주 등장한다.

 지적대화에 필요한 포인트

한국이 모든 자원을 반도체 생산에 투입하면 자동차 생산이 줄어든다. 이 트레이드오프를 곡선으로 표현한 것이 PPF다.

반드시 알아둬야 할 Tip
PPF는 선택과 포기를 시각화한 그래프로, 기회비용을 한눈에 보여주는 곡선이다.

경계해야 할 핵심 포인트
곡선이 '우하향'하는 이유는 기회비용이 증가하기 때문이라는 해석을 꼭 기억하자.

경기지표
(Economic Indicators)

경제 활동의 방향성과 상태를 파악하기 위해 산출되는 통계 지표이다.

경기지표는 **경기 상황을 진단하거나 예측하기 위해 사용하는 수치나 지표**를 말한다. 선행지표(예: 주가지수, 소비자심리지수), 동행지표(예: GDP, 산업생산지수), 후행지표(예: 실업률, 소비자물가지수)로 나뉜다. 정부, 기업, 투자자들은 이 지표들을 바탕으로 정책 결정, 투자 판단, 경영 전략을 수립한다. 경기지표는 복합적으로 해석해야 하며, 하나의 수치만 보고 결론 내리는 것은 위험하다.

 지적대화에 필요한 포인트

KDI가 주가지수와 소비심리지수가 하락했다며 경기선행지표가 꺾였다고 발표했다.

반드시 알아둬야 할 Tip
경기지표는 경제의 체온계로, 선행, 동행, 후행 지표로 구분된다.

경계해야 할 핵심 포인트
모든 지표가 '동시에 같은 방향'을 보이지 않는다. 각 지표의 '시차'와 '의미' 구분이 중요하다.

유효수요
(Effective Demand)

실제 구매력에 의해 실현된 수요를 의미한다.

유효수요란 **실제로 구매할 수 있는 능력**(소득)**과 의지를 모두 갖춘 수요**를 말한다. 단순한 '욕구'와는 다르며, 시장에서 실제 거래로 연결될 수 있는 수요만이 유효수요다. 이 개념은 케인스 경제학의 핵심 개념으로, 유효수요가 부족하면 생산이 줄고, 고용이 감소하며, 경제가 침체된다고 본다. 고전학파는 공급이 수요를 만든다고 봤지만, 케인스는 수요가 경제를 움직이는 '시동열쇠'라고 강조했다.

지적대화에 필요한 포인트
실업자가 많아 국민들의 소득이 줄어들자, 자동차 수요가 있어도 실제로 구매하지 못해 생산이 줄고 기업이 고용을 축소했다.

반드시 알아둬야 할 Tip
유효수요란 소비자가 사고 싶은 마음과 살 수 있는 돈을 모두 갖추었을 때 비로소 진정한 수요로 인정되는 것이다.

경계해야 할 핵심 포인트
단순한 잠재 수요와 달리, 시장에 실질적 영향을 미치는 것은 오직 구매력 있는 유효수요뿐이다.

재정정책
(Fiscal Policy)

정부의 조세, 지출 정책을 통해 경제를 조정하는 수단이다.

　재정정책은 **정부가 세금과 지출을 조절하여 경기 상황에 영향을 주는 정책 수단**이다. 경기가 침체되면 정부 지출을 늘리거나 세금을 줄여 소비, 투자를 자극하고, 경기 과열 시에는 세금을 늘리거나 지출을 줄여 과열을 억제한다. 이는 케인스 이론에 기반하며, 경기순환을 완화하고 사회복지를 증진하는 핵심 수단이다. 확장적 재정정책과 긴축적 재정정책으로 나뉘며, 경기 대응 외에도 소득재분배, 공공서비스 제공 등 다층적 목적을 갖는다.

지적대화에 필요한 포인트
경기 불황기에 정부가 대규모 일자리 창출 프로젝트를 통해 건설 분야에 재정을 투입했다.

반드시 알아둬야 할 Tip
재정정책이란 정부가 세금과 지출을 통해 경제의 물꼬를 트는 정책을 말한다.

경계해야 할 핵심 포인트
지출 확대는 국가채무 증가로 이어질 수 있다. '재정건전성'도 항상 함께 고려해야 한다.

통화정책
(Monetary Policy)

중앙은행이 금리와 통화량을 조절해 경제 안정을 도모하는 정책이다.

통화정책은 **중앙은행이 시중의 통화량과 금리를 조절하여 경제에 영향을 미치는 정책 수단**이다. 기준금리 인상은 통화량을 줄이고 물가를 안정시키며, 금리 인하는 소비, 투자를 촉진한다. 공개시장조작(국채 매매), 지급준비율 조정, 여수신 정책 등도 포함된다. 통화정책은 일반적으로 단기적 경기 조절에 효과적이며, 물가안정, 실업률 개선, 환율 안정 등의 목표를 동시에 추구한다.

 지적대화에 필요한 포인트

인플레이션 우려가 커지자 한국은행이 기준금리를 0.25%포인트 인상하면서 대출금리가 전반적으로 상승했다.

반드시 알아둬야 할 Tip
통화정책이란 한국은행이 금리를 조정해 경제의 균형을 맞추는 경기 조절 수단이다.

경계해야 할 핵심 포인트
통화정책은 '시차'가 있다. 효과가 바로 나타나지 않기 때문에 예측과 타이밍이 중요하다.

정부실패
(Government Failure)

정부 개입이 오히려 자원 배분 효율성을 저해하는 현상이다.

정부실패는 **정부가 시장의 실패를 교정하기 위해 개입했지만, 그 결과가 오히려 더 비효율적이거나 사회적 비용을 증가시키는 현상**을 말한다. 정보 부족, 관료주의, 이해관계 개입, 과잉규제 등이 원인이 될 수 있다. 예를 들어 시장에 너무 과도하게 개입하거나, 민간보다 비효율적인 방식으로 자원을 운용하면 정부실패가 발생한다. 이 개념은 공공선택이론에서 강조되며, 정부 개입이 항상 정답은 아니라는 경고의 의미도 담고 있다.

지적대화에 필요한 포인트
정부가 곡물 가격 안정을 위해 쌀을 비싼 가격에 계속 매입했지만, 공급과잉이 반복되어 예산만 낭비되었다.

반드시 알아둬야 할 Tip
정부도 실수할 수 있으므로, 규제가 항상 옳은 해법은 아니다.

경계해야 할 핵심 포인트
정부실패는 시장실패를 보완하려다 더 큰 문제를 만들 때 발생한다. 따라서 개입의 정도와 수단의 효율성이 중요하다.

Chapter 10

한화그룹
시험, 면접 등에 나오는 경제 레시피

한화그룹 취업, 면접 시험에 자주 나오는 경제용어!
기업이 사용하는 취업, 면접에 나오는 경제 용어만 알아도 성공이다.

외부효과
(Externality)

시장 거래가 제3자에게 의도치 않은 편익이나 비용을 발생시키는 효과이다.

외부효과란 **어떤 경제주체의 행위가 제3자에게 의도치 않은 이득**(외부경제)**이나 손해**(외부불경제)**를 주는 현상**이다. 예를 들어, 공장이 매연을 발생시키면 근처 주민들이 피해를 입지만, 이 피해는 시장가격에 반영되지 않는다. 이는 시장 실패의 원인이 되며, 정부의 개입(세금, 보조금, 규제)의 정당성 근거가 된다. 외부효과를 내재화시키기 위해선 피구세(Pigovian Tax), 환경규제, 거래권 제도 등이 활용된다.

지적대화에 필요한 포인트
기업이 친환경 설비를 도입해 지역의 공기질이 좋아졌지만, 이 이득은 공짜로 지역 주민에게 돌아갔다.

반드시 알아둬야 할 Tip
외부효과란 시장 밖의 보이지 않는 영향력으로, 손해든 이익이든 가격에 반영되지 않는 영향을 말한다.

경계해야 할 핵심 포인트
외부효과는 보이지 않지만 사회적 비용/편익에는 직접적 영향을 준다. 따라서 이를 시장 논리만으로 해결하기 어렵다.

ESG 경영
(Environmental, Social, Governance)

환경, 사회, 지배구조 요소를 고려해 지속가능성을 추구하는 기업 경영 방식이다.

ESG는 **기업이 지속 가능한 성장을 위해 환경**(E)**, 사회**(S)**, 지배구조**(G) **측면을 고려하는 경영 방식**을 말한다. 단순한 이윤 추구를 넘어서, 기후변화 대응, 인권 보호, 윤리경영, 투명한 지배구조 등을 실천함으로써 기업의 사회적 책임(CSR)을 강화하고 투자자 신뢰를 높인다. 최근 글로벌 투자사와 연기금들은 ESG 평가를 투자 기준으로 삼기 때문에, 기업 입장에서도 ESG는 생존을 위한 필수전략이 되고 있다.

지적대화에 필요한 포인트
한화그룹은 태양광, 수소에너지에 집중 투자하며 '기후친화적' 이미지를 강화했고, ESG 등급도 상승했다.

반드시 알아둬야 할 Tip
ESG란 환경, 사회, 투명성까지 모두 챙기는 '착한 기업 전략'이다.

경계해야 할 핵심 포인트
ESG는 단기 실적에는 부담일 수 있다. '이미지 관리' 수준에 머무르지 않도록 실질적 실행이 중요하다.

RE100
(Renewable Energy 100%)

기업이 사용하는 전력량을 100% 재생에너지로 조달하겠다는 캠페인이다.

　RE100은 **기업이 사용하는 전력의 100%를 재생에너지로 전환**하겠다는 글로벌 이니셔티브다. 애플, 구글, 마이크로소프트 같은 글로벌 기업들이 참여하고 있으며, 공급망에 참여하는 국내 기업들도 압박을 받고 있는 상황이다. 한화그룹처럼 태양광 사업에 집중하는 기업은 RE100을 기회로 삼고 있으며, RE100 참여는 수출 경쟁력과도 직결되는 문제다.

 지적대화에 필요한 포인트
한화큐셀이 RE100 목표를 내세워 유럽, 미국 시장에서 친환경 기업 이미지를 강화했다.

반드시 알아둬야 할 Tip
RE100은 기업이 사용하는 전력 전량을 재생에너지로 전환하겠다는 글로벌 약속이다.

경계해야 할 핵심 포인트
재생에너지 조달 인프라가 부족한 국내 기업은 목표 설정보다 실행력이 관건이다.

탄소배출권
(Carbon Credit)

기업이 할당량을 초과한 탄소 배출에 대해 매매 가능한 권리를 말한다.

탄소배출권은 **온실가스 감축을 위해 정부가 기업별로 설정한 배출 허용량을 의미하며, 여유분은 거래 가능하다.** 즉, 적게 배출한 기업은 남은 권리를 팔 수 있고, 초과한 기업은 구매해야 한다. 이는 '배출권 거래제(ETS)'에 기반한 시장 메커니즘으로, 환경 규제와 동시에 비용 효율성도 추구하는 방식이다. 탄소배출권 가격은 시장 수요, 공급에 따라 달라진다.

 지적대화에 필요한 포인트

한화솔루션은 태양광 설비를 확대해 탄소배출량을 줄였고, 배출권을 타 기업에 판매해 수익을 얻었다.

반드시 알아둬야 할 Tip
탄소배출권은 환경을 사고파는 자산이 되는 시대를 뜻한다.

경계해야 할 핵심 포인트
배출권은 투기, 과잉 매매가 발생할 수 있어서 정책 기준과 실제 감축의 연계성이 중요하다.

에너지 믹스
(Energy Mix)

다양한 에너지원 비중을 조합해 안정적이고 효율적인 에너지 구조를 구성하는 개념이다.

에너지 믹스는 **한 나라 또는 기업이 사용하는 에너지원의 구성비율을 의미하는 개념**이다. 전통적으로는 석유, 석탄이 중심이었지만, 재생에너지(태양광, 풍력), 원자력, 수소 등 다양화된 에너지 전략이 요구되고 있다. 에너지 안보, 탄소중립, 수급 안정성 등의 측면에서 균형 잡힌 믹스가 핵심 과제로 떠오른다.

 지적대화에 필요한 포인트

한화는 태양광을 중심으로 하되, 수소, 풍력, ESS(에너지저장장치)까지 포함한 새로운 에너지 믹스를 구성 중이다.

반드시 알아둬야 할 Tip
에너지 믹스는 에너지의 안정적 공급과 친환경 가치를 동시에 추구하기 위한 전략적 조율이다.

경계해야 할 핵심 포인트
친환경 위주로만 설계하면 공급 안정성이 흔들릴 수 있다. 기술, 시장, 정책 변화에 유연하게 대응해야 한다.

방산수출
(Defense Export)

국내 방위 산업 제품을 해외에 수출해 산업 연계 효과를 창출하는 활동이다.

방산수출은 **무기, 군사 장비를 해외로 수출하는 산업 활동으로, 단순 수출을 넘어 국가 외교, 전략 동맹, 기술 경쟁력과 밀접하게 연결된 고위험, 고수익 산업**이다. 특히 한화그룹처럼 항공, 로켓, 정밀기술 분야에 강점이 있는 기업은 방산을 미래 핵심 성장축으로 삼고 있다.

 지적대화에 필요한 포인트

한화에어로스페이스가 유럽 국가에 자주포, 미사일 체계를 수출하면서 글로벌 국방 기업으로 부상했다.

반드시 알아둬야 할 Tip
방산 수출은 단순한 무기 판매를 넘어 국가 브랜드 경쟁력의 상징이다.

경계해야 할 핵심 포인트
정치, 외교 리스크, 수출 통제, 글로벌 제재 등 비경제적 변수가 크다는 점에 주의해야 한다.

공급망 재편
(Supply Chain Restructuring)

글로벌, 국내 공급망을 재조정해 효율성과 안정성을 높이는 전략이다.

공급망 재편이란 **지정학적 갈등, 전염병, 기후 위기 등으로 인해 기존의 글로벌 공급망이 흔들리면서, 생산, 조달 체계를 지역 중심으로 재배치**하는 흐름을 말한다. 특히 미중 무역 갈등, 우크라이나 전쟁 이후 '탈중국화', '국산화', '리쇼어링' 등 전략이 부각되고 있다. 기업들은 리스크 분산, 전략적 자원 확보, 생산 안정성을 위해 핵심 소재, 부품 공급망을 다변화하고 있다.

지적대화에 필요한 포인트
한화는 항공, 방산 부문의 부품 공급을 중국 의존에서 벗어나기 위해 국내 및 동남아 업체와의 계약을 확대했다.

반드시 알아둬야 할 Tip
공급망 재편은 위기 이후 기업 생존의 핵심 전략이다.

경계해야 할 핵심 포인트
너무 급격한 리쇼어링은 비용 증가, 공급 차질을 초래할 수 있으므로 단계적 전환과 다변화 전략이 중요하다.

인수합병
(M&A, Mergers and Acquisitions)

기업의 성장, 지배력 강화를 위해 다른 기업을 인수하거나 합병하는 거래이다.

인수합병(M&A)은 **기업이 다른 기업을 사들이거나 합쳐서 규모를 키우고 경쟁력을 강화하는 전략적 활동**이다. 수직계열화(공급망 확보), 수평합병(시장 확대), 역량보완(신기술 확보) 등 다양한 목적이 있다. 한화는 적극적인 M&A로 항공, 우주, 신재생에너지 등에서 미래성장 동력을 빠르게 확보하고 있다. 특히 M&A는 자산뿐 아니라 인력, 네트워크, 기술까지 한 번에 흡수할 수 있다는 장점이 있다.

지적대화에 필요한 포인트
한화그룹은 대우조선해양 인수를 통해 방산, 해양 부문을 통합 강화했다.

반드시 알아둬야 할 Tip
M&A는 시간 단축과 기술 확보, 시장 장악을 위한 지름길이다.

경계해야 할 핵심 포인트
합병 이후 조직문화 충돌, 인력 구조조정 등의 후유증 관리가 중요하다.

고정비와 변동비
(Fixed Cost & Variable Cost)

생산량과 무관하게 발생하는 비용과 생산량에 비례해 변동하는 비용을 구분하는 개념이다.

고정비는 생산량에 관계없이 발생하는 비용(예: 임대료, 감가상각비), **변동비는 생산량에 따라 늘고 줄어드는 비용**(예: 원자재비, 전기료 등)을 말한다. 기업은 이 두 비용 구조를 잘 파악해야 손익분기점 분석, 가격 전략, 생산 계획을 효율적으로 세울 수 있다. 특히 공장을 신설하거나 설비를 확대할 때는 고정비 비중이 커지므로 주의해야 한다.

지적대화에 필요한 포인트
한화솔루션은 고정비 비중이 높은 태양광 생산라인의 가동률을 높이기 위해 장기계약을 유치했다.

반드시 알아둬야 할 Tip
고정비는 매달 지출되는 기본 요금이고, 변동비는 사용할수록 늘어나는 추가 요금이다.

경계해야 할 핵심 포인트
고정비 비중이 클수록 매출이 줄었을 때 손실폭이 더 커지므로 리스크 관리가 필요하다.

자본조달
(Capital Raising)

기업이 운영, 투자를 위해 주식, 채권 등을 통해 자금을 확보하는 활동이다.

자본조달은 **기업이 사업에 필요한 자금을 외부에서 끌어오는 모든 활동**을 말한다. 방법에는 주식 발행(자기자본), 채권 발행, 대출(타인자본) 있으며, 자금의 성격, 상환 부담, 기업 가치 희석 등 다양한 요소를 고려해 결정한다. 한화는 신사업 진출이나 M&A 시기에 해외 채권 발행, 유상증자 등 다각적 자본조달 전략을 구사하고 있다.

지적대화에 필요한 포인트
한화에어로스페이스는 글로벌 방산 확대를 위해 1조 원 규모의 회사채를 발행해 투자금을 확보했다.

반드시 알아둬야 할 Tip
자본조달이란 사업의 연료가 될 자금을 끌어오는 과정이다.

경계해야 할 핵심 포인트
자본구조가 과도하게 타인자본 위주가 되면 재무건전성 악화 위험이 있다. 비율 조절이 중요하다.

손익분기점
(Break-Even Point)

총매출액이 총비용과 같아 이익도 손실도 발생하지 않는 지점이다.

　　손익분기점은 **총수입과 총비용이 같아지는 지점으로, 이 시점을 넘어서야 이익이 발생**한다. 고정비와 변동비 구조를 파악하여 이 시점을 계산하고, 판매 전략이나 마케팅, 생산량을 조절한다. 손익분기점 분석은 신제품 출시, 설비 투자, 가격 전략 등 거의 모든 경영 판단의 기본 도구다.

 지적대화에 필요한 포인트

한화시스템이 위성통신 서비스 출시에 앞서 예상 수요를 분석해 손익분기점을 3년 차에 넘기는 계획을 수립했다.

반드시 알아둬야 할 Tip
손익분기점이란 이제부터 이익이 발생하는 기점으로 기업 의사결정의 나침반이다.

경계해야 할 핵심 포인트
손익분기점만으로 판단하면 시장 성장성, 브랜드 가치 같은 비계량적 요소를 놓칠 수 있다.
보완지표와 병행해야 한다.

소비자물가지수
(CPI, Consumer Price Index)

가계의 대표적 소비재, 서비스 가격 변동을 종합한 지수이다.

CPI는 기준 연도의 품목별 가격을 기준시점 100으로 해 매월 발표한다. 도시 가구의 소비 패턴을 반영해 계산하며, 생필품, 주거비, 의료비 등 460여 개 품목으로 구성된다. 물가 상승률(인플레이션) 판단의 핵심 지표이다. 중앙은행의 통화정책(금리 결정)과 정부의 복지 정책 설계에 활용된다. 계절조정 지수와 근원 CPI(식료품, 에너지 제외)도 함께 발표한다.

 지적대화에 필요한 포인트

CPI가 전년 동월 대비 3% 상승했다면, 물가가 평균 3% 올랐다는 의미다.

반드시 알아둬야 할 Tip
CPI는 체감 물가와 공식 물가를 연결하는 중요한 통계이다.

경계해야 할 핵심 포인트
대표 품목 바스켓 변경 시 비교 가능성이 떨어질 수 있다.

국내총생산
(GDP, Gross Domestic Product)

일정 기간 동안 한 국가 내에서 생산된 재화와 서비스의 시장가치 합계이다.

국민총생산은 **한 나라의 국민이 국내외에서 일정 기간 동안 생산한 최종 재화와 서비스의 시장가치 총액**을 의미한다. 즉, 국내에서든 해외에서든 국민 소유의 생산 요소로 벌어들인 모든 소득을 포함하며, GDP(국내총생산)에 해외에서 벌어들인 소득을 더하고, 외국인이 국내에서 가져간 소득을 뺀 수치다. 예를 들어, 한국 기업이 해외 공장에서 벌어들인 수익은 GNP에 포함되지만, 외국 기업이 한국에서 벌어간 수익은 제외된다. GNP는 한 나라 국민이 창출한 총경제 활동의 범위를 국민 기준으로 본 지표로, 국민소득(NI)과 밀접하게 연결되어 소득 분배, 생활수준, 정책 방향 분석에 활용된다.

 지적대화에 필요한 포인트
전년 대비 실질 GDP가 2% 성장했다면, 경기 회복 국면임을 시사한다.

반드시 알아둬야 할 Tip
명목과 실질 GDP를 구분해 보는 것이 필수이다.

경계해야 할 핵심 포인트
부문별 세부 내역 없이 전체 수치만 보면 경제 구조를 오해할 수 있다.

실업률
(Unemployment Rate)

경제활동인구 중 일자리가 없는 사람의 비율을 의미한다.

실업률은 **경제활동인구 중 일할 능력과 의지가 있지만 일자리를 구하지 못한 사람의 비율을 뜻한다. 보통 실업자 수÷경제활동인구×100으로 계산되며, 한 나라의** 고용 상황과 경기 흐름을 파악하는 중요한 지표로 사용된다. 실업률이 높다는 것은 노동시장이 위축되었음을 의미하고, 실업률이 낮을수록 경제가 안정적으로 일자리를 제공하고 있음을 나타낸다. 다만, 단순 수치만으로 판단하면 안 되고, 비경제활동인구 증가나 구직 단념자 증가처럼 숨은 실업 문제도 함께 고려해야 고용 상황을 정확히 이해할 수 있다.

지적대화에 필요한 포인트

이번 달 실업률이 4%라면, 경제활동인구 100명 중 4명이 구직 중임을 뜻한다.

반드시 알아둬야 할 Tip

장기 실업률 추세를 함께 보면 경기 회복 여부를 정확히 판단할 수 있다.

경계해야 할 핵심 포인트

구직 단념자(잠재 실업자)는 통계에서 제외된다.

생산자물가지수
(PPI, Producer Price Index)

기업이 제품을 출하할 때 받는 가격 변동을 종합한 지수이다.

생산자물가지수는 **기업이 생산한 상품이나 서비스가 시장에 출하될 때의 도매단계 가격 변동을 측정한 지수**다. 즉, 소비자가 아닌 생산자 입장에서 체감하는 물가를 나타내며, 원재료·중간재·최종재 등 단계별로 구분되어 집계된다.

PPI는 소비자물가지수(CPI)보다 먼저 반영되므로, 선행지표로서 인플레이션 추세를 예측하는 데 활용된다. 예를 들어, 생산자 가격이 오르면 결국 소비자 가격도 오를 가능성이 높아 중앙은행의 금리정책 판단에 중요한 참고 지표가 된다. 하지만 PPI는 세금이나 유통마진이 포함되지 않아 실제 소비자 체감 물가와는 다를 수 있다는 점도 함께 고려해야 한다.

지적대화에 필요한 포인트
원자재 가격 급등으로 PPI가 전월 대비 5% 상승했다면, 향후 CPI 상승 압력으로 작용할 수 있다.

반드시 알아둬야 할 Tip
PPI가 CPI를 선행해 물가 흐름을 예측할 수 있다.

경계해야 할 핵심 포인트
국제 원자재 가격 변동이 심할 때는 국내 물가지수와 괴리가 발생할 수 있다.

근원 물가지수
(Core CPI, Core Consumer Price Index)

식료품, 에너지를 제외한 소비자물가지수이다.

Core CPI는 **변동성이 큰 식료품, 에너지 가격을 제외해 산출한다.** 기저효과나 일시적 충격 제거를 통해 **기조적 인플레이션 추이를 파악**하는 데 유용하다. 중앙은행의 정책 기준금리 결정 시 주요 참조 지표로 활용된다. 분기별 비교와 월별 변동 추이를 함께 살펴본다.

 지적대화에 필요한 포인트

식료품 가격 급등에도 Core CPI가 1% 상승에 그쳤다면, 일시적 영향으로 해석할 수 있다.

반드시 알아둬야 할 Tip
정책 결정에는 전체 CPI보다 Core CPI가 더 중요하다.

경계해야 할 핵심 포인트
식료품, 에너지 제외로 실제 체감 물가와 다를 수 있다.

스태그플레이션
(Stagflation)

고물가와 경기 침체가 동시에 발생하는 현상이다.

　스태그플레이션은 **물가 상승률이 높으면서 GDP 성장률은 낮거나 마이너스인 상태**다. 1970년대 오일쇼크 시기에 대표적으로 나타났다. 물가 안정과 경기 부양 정책이 상충해 대응이 어렵다. 공급 충격, 통화 정책 실패 등이 원인으로 지목된다.

 지적대화에 필요한 포인트

물가상승률 8%, GDP 성장률 0% 시 스태그플레이션 상태로 본다.

반드시 알아둬야 할 Tip
동시 대응이 어려워 정책 딜레마가 발생한다.

경계해야 할 핵심 포인트
공급 측 요인을 중심으로 구조적 해결책을 모색해야 한다.

Chapter 11

SK그룹
시험, 면접 등에 나오는 경제 레시피

SK는 ESG, 친환경, ICT, 바이오, 반도체 등 혁신 중심 산업을 강조하는 만큼 시험에서도 트렌디하면서도 본질을 찌르는 경제 개념이 자주 나온다.

기준금리
(Policy Rate)

중앙은행이 기준으로 삼아 금융기관에 제공하는 대표 금리이다.

기준금리는 **은행 간 초단기 자금 거래금리에 직접 영향력을 행사**한다. 통화정책 수단으로 인플레이션, 경기 과열을 억제하거나 경기 침체를 완화하는 데 활용된다. 한국은행은 금융통화위원회에서 기준금리를 결정해 발표한다. 시장금리, 대출금리, 예금금리에 파급 효과가 크다.

지적대화에 필요한 포인트
중앙은행이 기준금리를 0.25%p 인상하면 시중 대출금리가 상승한다.

반드시 알아둬야 할 Tip
기준금리 변화는 즉각적으로 시장 기대 인플레이션에도 영향을 준다.

경계해야 할 핵심 포인트
금리 인상 시 가계, 기업의 이자 부담이 늘어난다.

DJSI
(다우존스 지속가능경영지수)

기업의 ESG 성과를 평가해 글로벌 지속가능경영 우수 기업을 선정하는 지수이다.

DJSI는 **미국 다우존스사와 S&P 글로벌이 평가하는 지속가능경영 글로벌 지표**로, ESG 관점에서 재무성과 + 비재무적 요소를 통합해 분석한다. SK그룹은 DJSI 편입 여부를 주요 경영성과로 삼을 정도로 중시하고 있으며, 글로벌 투자자에게는 신뢰 지표가 된다. 환경, 윤리, 공시 투명성, 이해관계자 대응 등이 주요 평가 항목이다.

 지적대화에 필요한 포인트

SK이노베이션이 4년 연속 DJSI World 지수에 편입되며 ESG 리더십을 인정받았다.

반드시 알아둬야 할 Tip
DJSI는 ESG를 기반으로 한 글로벌 지속가능 경영 우수기업 인증서다.

경계해야 할 핵심 포인트
단순한 환경 캠페인보다 투명한 공시와 실적 개선이 핵심 평가 기준이다.

데이터 중심 경영
(Data-Driven Management)

데이터 분석 결과를 바탕으로 의사결정을 체계화하는 경영 방식이다.

　데이터 중심 경영이란 **의사결정, 예측, 운영 등 모든 경영활동에서 데이터를 기반으로 전략을 수립하는 방식**이다. 특히 SK는 DT(디지털 트랜스포메이션)를 추진하며 각 계열사에서 AI, 빅데이터, 클라우드 분석을 통해 의사결정 효율성을 높이고 있다. '감'이 아닌 '팩트'로 판단하는 것이 특징이다.

 지적대화에 필요한 포인트

SK바이오팜은 신약 개발 프로세스를 AI 기반 분석 시스템으로 전환해 임상 실패 확률을 줄이고 있다.

반드시 알아둬야 할 Tip
데이터 경영이란 감이 아닌 근거를 바탕으로 움직이는 전략의 뼈대이다.

경계해야 할 핵심 포인트
데이터만 보고 판단할 경우 창의성, 직관적 판단이 희생될 수 있으므로 균형이 중요하다.

탄소중립
(Carbon Neutrality)

배출한 온실가스 양만큼 감축 또는 흡수해 순배출량을 0으로 만드는 상태이다.

탄소중립은 **인간 활동으로 배출된 이산화탄소를 포함한 온실가스를 다른 수단(흡수, 제거 등)으로 상쇄해 '실질적으로 0'으로 만드는 상태를 의미**한다. 넷제로의 궁극적 목표이며, 국제사회와 ESG 투자에서 가장 중시하는 경영지표 중 하나다. SK는 2040년까지 그룹 차원의 탄소중립 실현을 목표로, 배출 감축, CCUS, 친환경 전환, PPA 확대 등 전방위적 전략을 펼치고 있다.

지적대화에 필요한 포인트
SK E&S는 액화수소 생산, 수소 트럭 충전소 구축 등으로 탄소중립 에너지 포트폴리오를 실현 중이다.

반드시 알아둬야 할 Tip
탄소중립이란 배출은 하되 지구에 남기지 않는 배려를 뜻한다.

경계해야 할 핵심 포인트
단순 나무 심기로는 부족하고 정확한 계측, 감축 목표, 실행 로드맵이 필수다.

이중구조 해소
(Resolving Dual Structure)

대기업, 중소기업, 정규직, 비정규직 간 불균형을 완화하는 정책 목표이다.

　이중구조는 **대기업 중심의 경제 시스템에서 원청과 하청 간의 생산성, 임금, 안전 수준이 극단적으로 차이 나는 구조**를 말한다. 특히 SK는 협력사와의 상생을 중요한 경영 가치로 보며, 공정거래, 동반성장, 기술 공유 등으로 이 구조를 해소하고자 노력 중이다. 사회적 책임뿐만 아니라, 장기적으로는 공급망 안정성과 브랜드 가치 제고에도 영향을 준다.

 지적대화에 필요한 포인트
SK하이닉스는 반도체 부품 협력사에 대한 기술 교육과 성과 공유 시스템을 구축했다.

반드시 알아둬야 할 Tip
이중구조 해소란 함께 잘 가는 지속가능한 생태계를 만드는 것이다.

경계해야 할 핵심 포인트
일시적 지원보다 자생력 강화와 시스템 개선이 병행돼야 진정한 해소로 이어진다.

클라우드 전환
(Cloud Transformation)

IT 인프라와 애플리케이션을 클라우드 환경으로 이전해 운영 효율을 높이는 과정이다.

클라우드 전환이란 **기업이 자체 서버를 사용하는 대신, 인터넷 기반의 클라우드 서비스로 IT 인프라를 이전**하는 것을 말한다. 이를 통해 비용 절감, 탄력적 운영, 데이터 관리 효율성을 높일 수 있다. SK ICT 계열사는 빠르게 클라우드 전환을 추진하며, AI, 빅데이터와 결합해 디지털 역량을 강화 중이다.

 지적대화에 필요한 포인트

SK C&C는 금융, 통신사를 대상으로 클라우드 구축 및 전환 컨설팅을 진행하며 사업을 확장하고 있다.

반드시 알아둬야 할 Tip
클라우드는 무거운 컴퓨터 대신 가볍고 유연한 디지털 뇌 역할을 한다.

경계해야 할 핵심 포인트
보안 이슈와 데이터 통제권 확보가 중요하며, 민감 정보는 하이브리드 클라우드 전략이 유리하다.

파이낸셜 스토리
(Financial Story):

기업의 과거 실적, 현재 전략, 미래 비전을 유기적으로 연결한 재무 내러티브이다.

   SK그룹 고유의 경영철학 중 하나로, **'매출, 이익 수치' 이상의 미래 성장 가능성과 비전을 스토리로 설명하고, 투자자 설득의 도구로 삼는 전략**이다. 이는 단순 IR을 넘어, 기업의 전략적 정체성, 사회적 가치, ESG 지향점을 통합해 제시하는 방식이다. SK는 이를 통해 글로벌 투자자들과의 신뢰 관계를 강화하고 있다.

지적대화에 필요한 포인트
SK바이오사이언스는 '글로벌 백신 허브로 성장한다'는 파이낸셜 스토리로 IPO 전부터 투자 유치에 성공했다.

반드시 알아둬야 할 Tip
파이낸셜 스토리란 숫자를 넘어 미래와 사회를 설득하는 스토리텔링 경영이다.

경계해야 할 핵심 포인트
실적 없는 '허풍'이 아니라, 정확한 데이터와 실행계획에 기반해야 신뢰를 얻는다.

가치사슬
(Value Chain):

제품 기획부터 서비스까지 부가가치 창출 과정을 단계별로 분석하는 모델이다.

가치사슬은 **기업이 제품이나 서비스를 기획하고 생산해 고객에게 전달하기까지의 모든 과정을 단계별로 나누어 각 활동이 어떻게 부가가치를 창출하는지를 분석하는 개념**으로, 주로 원재료의 구매, 제조, 물류, 마케팅, 판매, 사후 서비스까지 이어지는 전체 흐름 속에서 어떤 단계가 기업 경쟁력과 수익성에 기여하는지를 파악하며, 마이클 포터가 처음 제시한 이 이론은 각 활동의 비용과 효율성을 분석해 불필요한 낭비를 줄이고, 차별화나 원가 우위를 확보하는 전략을 수립하는 데 활용된다.

 지적대화에 필요한 포인트

SK는 반도체 생산(SK하이닉스)과 데이터센터 운영(SK브로드밴드)을 연계해 클라우드 전력을 자체 조달하고 있다.

반드시 알아둬야 할 Tip
가치사슬은 연결된 흐름 속에 숨어 있는 진짜 경쟁력의 길이다.

경계해야 할 핵심 포인트
한 단계만 최적화해도 전체가 엉킬 수 있으므로 전사적 최적화와 협업 체계가 필수다.

실질금리
(Real Interest Rate)

인플레이션을 차감한 후 실제 구매력 기준 금리이다.

실질금리는 **명목금리에서 물가상승률(인플레이션율)을 뺀 값으로**, 돈의 명목 이자가 아닌 **실제 구매력의 변화를 보여주는 지표**이며, 예금자의 경우 실질금리가 플러스면 돈을 맡겨도 그만큼 실질가치가 늘어난다는 뜻이지만, 마이너스일 경우에는 이자를 받아도 물가 상승을 따라가지 못해 실질 자산이 줄어드는 결과를 낳게 되며, 투자자나 중앙은행은 이 수치를 기반으로 금리정책, 소비 촉진, 저축 유도 등을 판단하기 때문에 실질금리는 단순한 숫자 이상의 의미를 지니고, 저금리와 고물가 상황에서는 실질금리가 마이너스로 떨어져 경제 전반의 유동성, 자산시장 흐름, 통화정책의 실효성에 직접적인 영향을 주는 핵심 변수로 작용한다.

지적대화에 필요한 포인트
명목금리 4%–인플레이션율 1.5% = 실질금리 2.5%이다.

반드시 알아둬야 할 Tip
실질금리가 음수면 저축보다 소비를 유도한다.

경계해야 할 핵심 포인트
예상 인플레이션율과 실현 인플레이션율 차이에 주의해야 한다.

환율
(Exchange Rate)
두 국가 통화를 교환하는 비율이다.

환율은 **한 나라의 통화를 다른 나라의 통화로 교환할 때 적용되는 비율로, 외환시장에서 수요와 공급에 따라 실시간으로 변동되며, 단순한 통화 교환 수치를 넘어 한 나라의 경제 체력, 기준금리, 무역수지, 외환보유액, 물가, 투자심리, 지정학적 리스크까지 반영하는 종합적인 경제 지표**이자, 수출입 기업의 가격 경쟁력, 소비자 물가 수준, 해외자산 가치, 중앙은행의 통화정책 방향에까지 영향을 미치는 중요한 변수이며, 원화 가치가 하락하면 수입 물가가 상승해 인플레이션 압력이 높아지고, 반대로 원화 강세는 수출기업에 부담을 줄 수 있기 때문에, 기업과 개인 모두 환율 변동 리스크에 민감하게 반응할 수밖에 없다.

지적대화에 필요한 포인트
원/달러 환율이 1,200원에서 1,250원으로 상승하면 원화가치가 하락한 것이다.

반드시 알아둬야 할 Tip
환율 변동은 무역수지와 물가에도 직접적인 영향을 준다.

경계해야 할 핵심 포인트
단기 외환시장 개입으로 실제 시장 메커니즘이 왜곡될 수 있다.

통화량
(Money Supply, M1, M2)

경제 내 유통되는 화폐, 예금 등의 총량을 의미한다.

통화량은 **한 나라 경제 안에서 유통되고 있는 전체 화폐의 양을 의미**한다. 이는 중앙은행이 관리하며, 물가 수준, 금리, 경기 흐름에 큰 영향을 준다. 통화량은 유동성 정도에 따라 여러 단계로 나뉘며, 가장 대표적인 지표가 M1과 M2다. M1은 즉시 사용할 수 있는 현금성 통화로, 현금, 요구불예금(당좌·보통예금 등)을 포함한다. 즉, 언제든지 바로 인출해서 쓸 수 있는 돈을 뜻한다. M2는 M1에 더해 단기 금융상품까지 포함한 개념으로, 저축성 예금, 정기예금, 적금, 머니마켓펀드(MMF) 등 비교적 유동성이 낮은 자산까지 포함된다. 따라서 M2는 실제 경제에 영향을 주는 총통화 규모를 더 넓게 포착하는 지표다.

지적대화에 필요한 포인트
M2가 전년 대비 8% 증가했다면, 향후 물가 상승 압력이 예상된다.

반드시 알아둬야 할 Tip
광의통화 지표가 경제활동 전반을 더 잘 반영한다.

경계해야 할 핵심 포인트
비은행 금융기관 예금이 증가하면 통화량 지표 해석이 복잡해진다.

생산갭
(Output Gap)

실제 GDP와 잠재 GDP 간 차이를 백분율로 환산한 값이다.

생산갭은 **한 나라의 실제 국내총생산(GDP)이 잠재 GDP, 즉 경제가 과열되지도 침체되지도 않은 상태에서 생산할 수 있는 수준과 얼마나 차이가 나는지를 나타내는 지표**다. 생산갭은 실제 GDP에서 잠재 GDP를 뺀 값으로 계산되며, 값이 플러스면 경기가 과열된 상태, 마이너스면 경기가 침체된 상태로 해석된다. 과열 상태에서는 인플레이션 압력이 높아지고, 침체 상태에서는 실업률 상승과 수요 위축이 나타날 수 있다. 이 지표는 중앙은행이나 정부가 금리 조정, 재정지출 등 경제 정책의 방향을 정할 때 중요한 참고 기준이 된다.

지적대화에 필요한 포인트
생산갭이 +1%라면, 잠재 수준보다 1% 과열된 상태이다.

반드시 알아둬야 할 Tip
잠재 GDP 추정 방법에 따라 생산갭 수치가 달라질 수 있다.

경계해야 할 핵심 포인트
장기 추세 분석 없이 단기 변화만 보면 오판할 수 있다.

재정수지
(Fiscal Balance)

정부의 총수입과 총지출 차이를 의미한다.

　재정수지는 **정부의 수입**(주로 세금)과 **지출**(복지, 국방, 인건비 등) **간의 차이를 나타내는 지표**다. 재정수지=정부 수입−정부 지출로 계산되며, 수입이 많으면 재정 흑자, 지출이 더 많으면 재정 적자라고 한다. 재정수지는 정부의 살림살이 건전성을 보여주는 핵심 지표로, 적자가 너무 크면 국가채무가 늘고, 흑자가 지나치면 경기 진작 효과가 부족해질 수 있다. 이 수지는 통상적으로 두 가지로 구분된다. 하나는 관리재정수지로, 공공기금까지 포함한 넓은 범위이고, 다른 하나는 통합재정수지로, 총수입과 총지출만을 반영하는 기준이다. 재정수지는 단기적 경기 대응과 장기적 재정건전성 사이의 균형을 보여주는 경제정책의 바로미터역할을 한다.

 지적대화에 필요한 포인트

올해 재정수지가 −3%라면, GDP의 3%만큼 적자를 기록했다는 의미다.

반드시 알아둬야 할 Tip
단기 경기부양을 위해서라도 적정 수준의 적자는 허용된다.

경계해야 할 핵심 포인트
지속적 적자는 국가 신용등급 하락으로 이어질 수 있다.

국가채무
(Government Debt)

정부가 누적적으로 발행한 채권, 차입금 등 부채 총액이다.

국가채무는 **정부가 재정 적자를 메우기 위해 국내외에서 빌린 모든 빚의 총액을 의미**한다. 주로 국채 발행을 통해 조달되며, 중앙정부의 채무만 포함하는 국가채무(D1), 지방정부까지 포함한 일반정부 채무(D2), 공공기관까지 확대한 광의의 국가채무(D3)로 구분되기도 한다. 국가채무는 GDP 대비 비율로 평가되며, 이 비율이 너무 높아지면 정부의 상환 능력에 대한 우려로 신용등급 하락, 금리 상승, 외국인 자금 이탈등의 위험이 생길 수 있다. 하지만 단순 채무 규모보다 부채의 용도, 상환 여건, 성장률과의 관계가 중요하며, 지속가능한 재정 운용이 핵심이다.

지적대화에 필요한 포인트
GDP 대비 국가채무 비율이 70%라면, 부채가 GDP의 70% 규모임을 뜻한다.

반드시 알아둬야 할 Tip
단순 비율이 아닌 상환 일정과 금리 비용도 함께 봐야 한다.

경계해야 할 핵심 포인트
외화 표시 채무 비중이 높으면 환율 변동 리스크가 커진다.

무역수지
(Trade Balance)

상품 수출액과 수입액 차이를 나타낸다.

　무역수지는 **한 나라가 일정 기간 동안 상품을 수출한 금액과 수입한 금액의 차이**를 말한다. 무역수지=수출-수입으로 계산되며, 수출이 수입보다 많으면 무역흑자, 수입이 더 많으면 무역적자라고 한다. 무역수지는 경상수지의 가장 큰 비중을 차지하는 항목으로, 수출 경쟁력, 환율, 원자재 가격, 국제 정세등에 따라 크게 영향을 받는다. 흑자는 외환 유입과 경제 성장에 긍정적일 수 있지만, 과도할 경우 무역 갈등이나 환율 압박을 유발할 수 있고, 적자는 소비 중심 구조나 산업 경쟁력 저하의 신호가 될 수 있다.

지적대화에 필요한 포인트
수출 ₩600조, 수입 ₩550조라면 무역수지 흑자 ₩50조다.

반드시 알아둬야 할 Tip
서비스, 투자수지 등 다른 경상수지 항목도 함께 점검해야 한다.

경계해야 할 핵심 포인트
일시적 원자재 가격 변동으로 왜곡될 수 있다.

경상수지
(Current Account Balance)

무역수지, 서비스수지, 본원소득수지, 이전소지 합계이다.

경상수지는 **한 나라가 일정 기간 동안 외국과 주고받은 상품·서비스·소득·이전소득 거래의 수지를 종합한 것을 의미**한다. 주요 구성 항목으로는 무역수지(재화의 수출입), 서비스수지(운송·관광 등), 본원소득수지(배당·이자 등 해외 투자수익), 이전소득수지(송금·원조 등 무상 이전)가 있다. 흑자일 경우 외국에서 벌어들인 돈이 더 많다는 뜻이고, 적자일 경우 외국에 지출한 돈이 더 많다는 의미다. 경상수지는 국가의 대외 수지 건전성과 외환보유액 축적에 영향을 주며, 장기적으로는 환율, 금리, 투자 흐름에도 중요한 영향을 미친다.

지적대화에 필요한 포인트
무역수지 흑자 ₩50조, 서비스수지 적자 ₩10조 등 합계로 경상수지 흑자 ₩40조를 기록했다.

반드시 알아둬야 할 Tip
경상수지 흑자만으로 경제 안정성을 판단하면 안 된다.

경계해야 할 핵심 포인트
본원소득 수지(배당, 이자) 악화가 경상수지에 상당히 영향을 준다.

채권수익률
(Bond Yield)

채권 투자 시 기대되는 연 수익률이다.

　채권수익률은 **채권에 투자했을 때 얼마나 수익을 올릴 수 있는지를 나타내는 비율**이다. 보통 수익률=연간 이자 수익÷채권 가격×100(%)으로 계산되며, 채권 가격이 낮아지면 수익률은 올라가고, 가격이 오르면 수익률은 내려가는 역의 관계가 있다. 대표적인 수익률로는 표면이자율(고정된 이율), 현재수익률(현재 가격 기준 수익률), 만기수익률(YTM, 채권을 만기까지 보유했을 때의 총 수익률)이 있다. 채권수익률은 금리, 물가, 경기 전망에 따라 민감하게 움직이며, 특히 국채 수익률은 시장금리의 기준으로 활용된다. 수익률이 높으면 수익 기대는 크지만, 신용위험이나 금리 변동에 따른 손실 가능성도 함께 고려해야 한다.

지적대화에 필요한 포인트
10년 만기 국채수익률이 2.5%라면, 1년간 약 2.5% 이자를 기대할 수 있다.

반드시 알아둬야 할 Tip
채권 가격 변동성이 크면 수익률 변동폭도 커진다.

경계해야 할 핵심 포인트
인플레이션 기대가 높아지면 실질수익률이 낮아질 수 있다.

플랫폼 경제
(Platform Economy)

디지털 플랫폼이 공급자와 소비자를 연결해 거래와 데이터를 중개하는 구조이다.

온라인 기반의 디지털 플랫폼이 생산자와 소비자를 연결해주는 중심 역할을 하면서 가치와 거래가 창출되는 새로운 경제 구조를 말한다. 대표적인 예로는 쿠팡, 배달의민족, 에어비앤비, 우버 같은 서비스가 있으며, 이들은 상품을 직접 생산하지 않아도 수요자와 공급자의 연결을 통해 수익을 창출한다. 플랫폼은 네트워크 효과를 통해 참여자가 많아질수록 가치가 커지고, 데이터 축적과 알고리즘 분석을 통해 시장 지배력과 소비자 충성도를 강화할 수 있다.

지적대화에 필요한 포인트
SK텔레콤은 'T우주'라는 구독 플랫폼을 중심으로 통신+콘텐츠+물류 생태계를 확장하고 있다.

반드시 알아둬야 할 Tip
플랫폼이란 연결을 통해 가치를 창출하는 디지털 장터이다.

경계해야 할 핵심 포인트
과점화가 심화될 경우 시장 지배, 불공정 거래 등 역효과가 생길 수 있다.

투자수익률
ROI(Return on Investment)
투자 대비 얻은 수익률을 백분율로 나타낸 지표이다.

　ROI(투자수익률)는 **어떤 투자로부터 얼마만큼의 수익을 얻었는지를 백분율로 나타내는 지표**다. 공식은 ROI=(순이익÷투자원금)×100(%)이며, 100만 원을 투자해서 20만 원을 벌었다면 ROI는 20%가 된다. ROI는 단순하고 직관적인 수익성 평가 도구로, 개인 투자뿐 아니라 마케팅, 설비 투자, 프로젝트 평가 등 다양한 분야에서 널리 쓰인다. ROI가 높을수록 효율적인 투자로 평가되지만, 투자 기간이나 위험 수준은 반영하지 않기 때문에 NPV나 IRR 같은 다른 지표와 함께 비교 분석하는 것이 좋다. 특히 ROI는 짧은 기간의 고수익이나, 리스크가 큰 투자도 긍정적으로 보일 수 있으므로 해석할 때는 투자 맥락을 함께 고려해야 한다.

지적대화에 필요한 포인트
100만 원 투자해 120만 원 수익을 얻었다면 ROI는 20%이다.

반드시 알아둬야 할 Tip
ROI는 '투자 효율성의 바로미터'다.

경계해야 할 핵심 포인트
단순 수익만 고려해 장기 가치나 리스크를 간과하면 안 된다.

순현재가치
NPV(Net Present Value)

미래 현금흐름의 현재가치 합계에서 초기투자비용을 뺀 값이다.

NPV(순현재가치)는 **어떤 투자에서 발생할 미래의 현금흐름을 현재 가치로 환산한 뒤, 거기서 초기 투자비용을 뺀 값을 의미**한다. 즉, 투자로 인해 얼마만큼의 순이익이 현재 시점에서 발생하는지를 나타내는 지표이며, NPV=(미래 현금흐름의 현재가치 총합)–(초기 투자비용)으로 계산된다. NPV가 0보다 크면, 그 투자안은 기준 수익률(할인율)을 넘는 수익을 낼 수 있다는 뜻이고, 0보다 작으면 기대 수익에 못 미친다는 의미다. NPV는 시간가치를 반영하기 때문에 단순한 수익률이나 회수기간보다 더 현실적이고 신뢰할 수 있는 평가 기준이며, 특히 프로젝트 투자, 설비 투자, M&A 평가 등에서 자주 사용된다. 단점은 할인율 설정이 결과에 큰 영향을 줄 수 있고, 미래 현금흐름을 정확히 예측하기 어렵다는 점이 있다.

지적대화에 필요한 포인트
초기투자 1,000만 원, 할인율 10%로 계산한 미래 현금흐름 현재가 합계가 1,200만 원이면 NPV는 200만 원이다.

반드시 알아둬야 할 Tip
NPV는 '시간가치 반영 투자 타당성 지표'다.

경계해야 할 핵심 포인트
할인율 설정이 부적절하면 분석 결과가 왜곡될 수 있다.

IRR
(Internal Rate of Return)

NPV가 0이 되도록 하는 할인율을 의미한다.

IRR(내부수익률)은 **어떤 투자 프로젝트의 순현재가치(NPV)를 0으로 만드는 할인율을 의미**한다. 쉽게 말하면, 투자에서 기대할 수 있는 연평균 수익률이라고 볼 수 있다. IRR이 투자 기준 수익률(할인율)보다 높으면 해당 투자는 수익성이 있다고 판단하고, 낮으면 투자 매력이 없다고 본다. 예를 들어 IRR이 10%라는 건, 그 프로젝트에서 매년 평균적으로 10%의 수익을 낼 수 있다는 의미다. IRR은 시간가치를 반영하고, 수익성과 자금 회수 시점을 함께 고려할 수 있어 NPV, 회수기간, ROI 등과 함께 투자안 평가의 핵심 지표로 사용된다.

지적대화에 필요한 포인트
초기투자 1,000만 원, 미래 현금흐름에 대해 IRR이 12%로 산출됐다면, 목표치 10% 대비 우수하다.

반드시 알아둬야 할 Tip
IRR은 '프로젝트 수익성의 기준점'이다.

경계해야 할 핵심 포인트
현금흐름 패턴에 따라 해가 여러 개 나오거나 존재하지 않을 수 있다.

회수기간
(Payback Period)

초기투자비용을 회수하는 데 걸리는 기간이다.

어떤 투자에 들어간 초기 비용을 회수하는 데 걸리는 시간을 의미한다. 즉, 투자로부터 발생하는 현금 유입이 누적되어 원금을 회수하는 데 몇 년이 걸리는지를 계산하며, 예를 들어 1억 원을 투자하고 매년 2천만 원씩 수익이 생긴다면 회수기간은 5년이 된다.

이 지표는 투자안의 안정성과 자금 회수 속도를 파악하는 데 유용하고, 회수가 빠를수록 리스크가 낮은 투자로 간주된다. 다만, 회수 이후의 수익은 고려하지 않고 시간 가치를 반영하지 않기 때문에 NPV(순현재가치), IRR(내부수익률) 등과 함께 사용하는 것이 좋다.

지적대화에 필요한 포인트
연간 현금흐름이 200만 원이면, 1,000만 원 투자시 5년이 회수기간이다.

반드시 알아둬야 할 Tip
회수기간은 '리스크 안전성 지표'다.

경계해야 할 핵심 포인트
할인율을 배제해 장기 프로젝트 비교에 한계가 있다.

EBITDA
(Earnings Before Interest, Taxes, Depreciation & Amortization)

이자, 세금, 감가상각비 차감 전 영업이익이다.

EBITDA는 **기업이 이자, 세금, 감가상각비를 제외하고 벌어들인 영업 현금창출력을 보여주는 지표**다. 우리말로는 법인세·이자·감가상각비 차감 전 영업이익이라고 한다. 즉, EBITDA=영업이익+감가상각비로 계산되며, 회계 처리 방식이나 자산 구조에 관계없이 핵심 영업활동의 수익성과 현금창출 능력을 파악하는 데 초점을 둔다. 이 지표는 기업 간 비교나 가치평가(예: EV/EBITDA 배수), M&A, 투자자 분석에서 자주 활용되며, 특히 설비투자 규모가 큰 산업일수록 EBITDA가 중요하게 여겨진다. 다만 감가상각이나 이자, 세금 부담이 무시되므로 실제 순이익과는 차이가 클 수 있다는 점도 함께 고려해야 한다.

지적대화에 필요한 포인트
매출 10억, 매출원가 및 판관비 차감 후 영업이익 1억, 감가상각비 5천만 원이면 EBITDA는 1.5억 원이다.

반드시 알아둬야 할 Tip
EBITDA는 '실질 현금창출력 지표'다.

경계해야 할 핵심 포인트
비용 통제와 투자 현금흐름은 별도로 분석해야 한다.

손익분기점
(Break-even Point)

총수익과 총비용이 일치하는 매출 수준이다.

손익분기점은 **총수익과 총비용이 일치하여 이익도 손실도 없는 상태를 의미**한다. 즉, 기업이 고정비와 변동비를 모두 회수하고 처음으로 이익이 0이 되는 매출액이나 판매 수량의 기준점이다. 보통 손익분기점=고정비÷(판매가격-단위당 변동비)로 계산하며, 이 수치를 넘으면 이익이 나고, 밑돌면 손실이 발생한다. 손익분기점 분석은 가격 결정, 원가 관리, 판매 전략을 세울 때 매우 유용하고, 특히 창업 초기나 신제품 출시 시 사업 타당성을 판단하는 기준이 된다. 기업은 손익분기점을 가능한 낮추기 위해 고정비를 줄이거나, 단가를 높이거나, 공헌이익률을 개선하려는 노력을 한다.

지적대화에 필요한 포인트
고정비 1,000만 원, 단위당 공헌이익 10만 원이면 손익분기점은 100개 판매다.

반드시 알아둬야 할 Tip
손익분기점은 '수익 전환 시점' 지표다.

경계해야 할 핵심 포인트
시장 가격 변동 시 다시 계산해야 한다.

운전자본
(Working Capital)

유동자산에서 유동부채를 뺀 순운전자본이다.

운전자본(Working Capital)은 **기업이 일상적인 경영 활동을 원활히 수행하기 위해 운용하는 단기 자금을 의미**한다. 보통 운전자본=유동자산−유동부채로 계산하며, 이 값이 양수면 단기적으로 자금 여유가 있다는 뜻이고, 음수라면 유동성 위기에 처할 가능성이 있다는 신호다. 운전자본이 적절히 유지되어야 재고 구매, 급여 지급, 외상 매출 회수 등 일상적인 활동을 중단 없이 이어갈 수 있다. 너무 많으면 자금이 비효율적으로 묶이고, 너무 적으면 유동성 위험이나 대금 지급 차질이 생길 수 있어 적정 수준의 운전자본을 유지하는 것이 재무 관리의 핵심이 된다.

 지적대화에 필요한 포인트

유동자산 5천만 원, 유동부채 3천만 원이면 운전자본은 2천만 원이다.

반드시 알아둬야 할 Tip
운전자본은 '단기 유동성 안전판'이다.

경계해야 할 핵심 포인트
과도한 재고나 매출채권 증가는 운전자본 악화 요인이다.

Chapter 12

중소기업
시험, 면접 등에 나오는 경제 레시피

중소기업 취업시험(인적성, NCS, 면접 포함)에 자주 등장하는 경제레시피!
특히 중소기업은 실무 적용, 비용관리, 정부지원, 시장 경쟁 중심의
개념이 잘 나온다.

현금흐름
(Cash Flow)

일정 기간에 현금으로 유입, 유출되는 금액을 말한다.

현금흐름(Cash Flow)은 <u>기업의 일정 기간 동안 현금이 실제로 들어오고 나간 흐름을 기록한 것을 의미</u>한다. 회계상 이익과는 다르게, 실제로 유입된 현금과 유출된 현금만을 기준으로 하기 때문에 기업의 진짜 돈 흐름, 즉 '숨통' 상태를 보여주는 지표다.

현금흐름은 크게 영업활동 현금흐름(핵심 사업에서 발생한 현금), 투자활동 현금흐름(설비 투자나 자산 매입·매각 등), 재무활동 현금흐름(차입, 주식 발행, 배당 등)으로 나뉜다. 현금흐름이 안정적인 기업은 위기 상황에서도 유연하게 대응할 수 있어 기업의 건전성과 생존력을 평가할 때 매우 중요하게 사용된다.

지적대화에 필요한 포인트
영업활동으로 1억 원 유입, 투자활동으로 5천만 원 유출된 분기다.

반드시 알아둬야 할 Tip
영업활동 현금흐름이 '기업 생존력' 척도다.

경계해야 할 핵심 포인트
회계 이익과 현금흐름 차이를 항상 비교해야 한다.

재고자산 회전율
(Inventory Turnover)

일정 기간 매출원가÷평균 재고자산으로 계산한다.

재고자산 회전율(Inventory Turnover)은 **기업이 일정 기간 동안 재고를 얼마나 자주 판매하거나 소진했는지를 나타내는 지표**다. 공식은 재고자산 회전율=매출원가÷평균 재고자산으로 계산하며, 값이 높을수록 재고가 빠르게 회전하고 있다는 뜻이고, 값이 낮을수록 재고가 과도하게 쌓여 있다는 신호일 수 있다. 이 지표는 재고 관리의 효율성을 보여주는 핵심 수치로, 유통업, 제조업처럼 재고가 많은 산업에서 특히 중요하게 사용된다. 너무 높은 회전율은 재고 부족이나 고객 수요 미충족으로 이어질 수 있고, 너무 낮은 회전율은 자금이 묶이거나 재고 손실 위험이 커질 수 있다.

 지적대화에 필요한 포인트

매출원가 10억, 평균 재고자산 2억 원이면 회전율은 5회다.

반드시 알아둬야 할 Tip
재고회전율은 '자금 운영 효율성' 지표다.

경계해야 할 핵심 포인트
회전율만 높다고 재고 리스크가 완전히 해소되는 것은 아니다.

유동비율
(Current Ratio)

유동자산÷유동부채× 00으로 단기지급능력을 평가한다.

　　유동비율(Current Ratio)은 **기업이 보유한 유동자산으로 1년 이내에 갚아야 할 유동부채를 얼마나 감당할 수 있는지를 보여주는 지표**다. 공식은 유동비율=유동자산÷유동부채 ×100(%)으로 계산하며, 100% 이상이면 단기 지급 능력이 있는 것으로 판단된다. 이 지표는 기업의 단기적인 재무 안정성과 지급 여력을 평가하는 데 널리 사용되며, 보통 200% 이상이면 비교적 안전한 구조로 본다. 다만, 유동자산 안에는 재고처럼 바로 현금화가 어려운 자산도 포함되므로 보다 신속한 지급 능력을 확인할 때는 당좌비율(Quick Ratio)을 함께 보는 것이 좋다.

 지적대화에 필요한 포인트

유동자산 6천만 원, 유동부채 4천만 원이면 유동비율은 150%다.

반드시 알아둬야 할 Tip
유동비율은 '단기지급능력' 척도다.

경계해야 할 핵심 포인트
재고자산 비중이 높으면 실제 현금화 가능성은 낮아진다.

당좌비율
(Quick Ratio)

(유동자산-재고자산)÷유동부채×100이다.

당좌비율(Quick Ratio)은 **기업이 단기 부채를 즉시 상환할 수 있는 능력을 측정하는 지표**다. 유동비율이 재고자산까지 포함하는 반면, 당좌비율은 현금, 예금, 매출채권 등 즉시 현금화 가능한 자산만을 사용해 계산한다. 공식은 당좌비율=(유동자산-재고자산)÷유동부채×00(%)로, 100% 이상이면 단기 지급 능력이 양호하다고 평가된다. 재고는 판매나 처리에 시간이 걸릴 수 있으므로, 보다 보수적인 유동성 평가를 원할 때 당좌비율이 활용된다. 은행, 투자자, 채권자들이 기업의 단기 신용 위험을 판단할 때 중요하게 보는 지표다.

지적대화에 필요한 포인트
유동자산 6천만 원 중 재고 2천만 원, 유동부채 4천만 원이면 당좌비율은 100%다.

반드시 알아둬야 할 Tip
당좌비율은 '초단기지급능력' 측정치다.

경계해야 할 핵심 포인트
단기 금융상품 포함 여부에 따라 결과가 달라질 수 있다.

부채비율
(Debt Ratio)

총부채÷총자산×100으로 재무안정성을 평가한다.

부채비율(Debt Ratio)은 **총자산에서 부채가 차지하는 비율을 나타내는 지표**로, 기업이 자산을 어느 정도 외부 자금(타인 자본)에 의존하고 있는지를 보여준다. 공식은 부채비율=총부채÷자본×100(%) 으로 계산하며, 비율이 높을수록 재무구조가 불안정하거나, 외부 차입 의존도가 높다는 신호가 될 수 있다. 하지만 성장 초기 기업이나 자본 효율성을 높이려는 기업은 일정 수준의 부채를 전략적으로 활용하기도 한다. 보통 100% 이하이면 보수적인 재무구조로, 200%를 넘기면 위험 신호로 해석되는 경우가 많지만, 산업 특성에 따라 적정 수준은 달라질 수 있다.

 지적대화에 필요한 포인트
총부채 3억 원, 총자산 5억 원이면 부채비율은 60%다.

반드시 알아둬야 할 Tip
부채비율은 '재무안정성' 척도다.

경계해야 할 핵심 포인트
일시적 부채 증가나 자산 과대평가로 왜곡될 수 있다.

공헌이익
(Contribution Margin)

매출액에서 변동비를 뺀 금액으로, 고정비 부담 능력을 측정한다.

공헌이익(Contribution Margin)은 **매출액에서 변동비를 뺀 금액으로, 제품이 고정비를 충당하고 이익을 만들어내는 데 기여하는 금액**을 뜻한다. 즉, 제품 1개를 팔 때마다 회사에 얼마나 돈이 남는지를 보여주는 지표이며, 공식으로는 공헌이익=매출−변동비로 계산된다. 공헌이익이 높을수록 제품 하나당 회사에 더 많은 이익을 가져다주기 때문에, 손익분기점 분석이나 제품별 수익성 판단, 가격 결정 등에서 핵심적으로 활용된다. 고정비를 모두 회수하고 남은 공헌이익이 바로 순이익이 되므로, 경영 의사결정에서 매우 중요한 역할을 한다.

지적대화에 필요한 포인트
판매가 10만 원, 변동비 4만 원이면 공헌이익은 6만 원, 공헌이익율은 60%다.

반드시 알아둬야 할 Tip
공헌이익은 '고정비 충당 능력' 지표다.

경계해야 할 핵심 포인트
공헌이익만 보면 고정비 수준을 고려하지 못할 수 있다.

규모의 경제
(Economies of Scale)

생산량 증가에 따라 단위당 평균비용이 감소하는 현상이다.

규모의 경제(Economies of Scale)는 **생산 규모가 커질수록 단위당 생산비용이 감소하는 현상을 의미**한다. 즉, 대량생산을 통해 자원 활용의 효율성이 높아지고, 고정비용이 더 많은 생산량에 분산되면서 평균비용이 줄어드는 효과가 발생한다. 예를 들어, 공장을 확장하거나 설비를 공동으로 활용하면 생산량이 두 배가 되어도 비용은 두 배보다 덜 늘어날 수 있어 결과적으로 경쟁력을 높일 수 있다. 규모의 경제는 기업이 시장 점유율을 확대하고 가격 경쟁력을 갖추는 핵심 요인이 되며, 내부 규모의 경제(조직 내부 효율)와 외부 규모의 경제(산업 전체의 집적 효과)로 나뉘기도 한다.

지적대화에 필요한 포인트
생산량을 두 배로 늘려 고정비 부담이 절반 수준으로 줄었다.

반드시 알아둬야 할 Tip
규모의 경제는 '비용 경쟁력' 핵심이다.

경계해야 할 핵심 포인트
수요 한계 초과 시 규모 확대는 오히려 단위비용 증가를 유발한다.

기회비용
(Opportunity Cost)

어떤 선택을 함으로써 포기한 최고의 대안 가치다.

기회비용(Opportunity Cost)은 **어떤 선택을 할 때 포기하게 되는 가장 가치 있는 대안의 이익을 의미**한다. 즉, 자원이나 시간을 한 가지에 사용함으로써 다른 선택지에서 얻을 수 있었던 잠재적 이익의 손실을 뜻한다. 예를 들어, 1시간을 공부하는 대신 영화를 볼 수도 있었고, 100만 원을 저축하는 대신 주식에 투자할 수도 있었다면, 포기한 쪽의 이익이 바로 기회비용이 된다. 기회비용은 눈에 보이는 직접비용보다 의사결정의 숨은 비용을 이해하는 데 중요하며, 경제적 효율성과 선택의 우선순위를 따질 때 핵심적인 개념으로 쓰인다.

지적대화에 필요한 포인트
A 프로젝트에 투자해 얻는 이익이 B 프로젝트보다 작다면, B의 기회비용이 발생한다.

반드시 알아둬야 할 Tip
기회비용은 '선택 대가' 개념이다.

경계해야 할 핵심 포인트
수량화 어려운 비금전적 대안도 기회비용에 포함해야 한다.

Price Elasticity of Demand
(수요의 가격탄력성)

가격 변동에 따른 수요량 변동 비율을 측정한 값이다.

　수요의 가격탄력성(Price Elasticity of Demand)은 **어떤 상품의 가격이 변할 때, 그 상품의 수요량이 얼마나 민감하게 변하는지를 나타내는 지표**다. 보통 가격이 1% 변했을 때 수요량이 몇 % 변하는지를 계산하며, 탄력성 값이 1보다 크면 탄력적(민감하게 반응), 1보다 작으면 비탄력적(거의 반응하지 않음)이라 판단한다. 예를 들어 사치품이나 대체재가 많은 상품은 가격에 민감하게 반응해 탄력성이 높고, 생필품이나 필수재는 가격이 변해도 수요가 크게 줄지 않아 탄력성이 낮다. 이 지표는 기업이 가격 정책을 세울 때, 또는 세금 부과, 보조금 정책 등 정부의 경제정책 결정에서도 중요한 역할을 한다.

지적대화에 필요한 포인트
가격 10% 인상에 수요가 15% 감소했다면 탄력성은 -1.5다.

반드시 알아둬야 할 Tip
가격탄력성은 '수요 민감도' 지표다.

경계해야 할 핵심 포인트
시장 환경 변화로 탄력성이 시시각각 달라질 수 있다.

SWOT 분석

기업의 강점(Strength), 약점(Weakness), 기회(Opportunity), 위협(Threat)을 평가하는 기법이다.

SWOT 분석은 **조직의 내부 강점**(Strength)**과 약점**(Weakness), **외부 기회**(Opportunity)**와 위협**(Threat)**을 종합적으로 파악하여 전략을 수립하는 데 사용하는 대표적인 환경 분석 도구**다. 강점은 경쟁사보다 우위에 있는 내부 자원이나 역량, 약점은 조직 내 개선이 필요한 취약한 요소들을 뜻한다. 기회는 외부 환경 속에서 활용 가능한 긍정적인 변화나 흐름이고, 위협은 기업이 직면한 외부 위험 요인이나 장애물이다. SWOT 분석은 단순히 나열하는 데 그치지 않고, 강점을 살려 기회를 활용하거나, 약점을 개선해 위협에 대응하는 등 전략적 방향성을 설계하는 데 핵심 도구로 활용된다. 기업뿐 아니라 개인, 브랜드, 제품, 프로젝트에도 모두 적용할 수 있는 분석 프레임이다..

 지적대화에 필요한 포인트

강점: 기술력 우수, 약점: 마케팅 인력 부족 등으로 전략을 도출했다.

반드시 알아둬야 할 Tip
SWOT은 '전략 기획의 출발점'이다.

경계해야 할 핵심 포인트
주관적 판단이 개입되면 왜곡이 발생할 수 있다.

PEST 분석

거시환경 분석 방법으로 정치(Political), 경제(Economic), 사회(Social), 기술(Technological) 요인을 평가한다.

PEST 분석은 **거시 환경에서 기업이나 조직의 경영 전략에 영향을 미치는 외부 요인을 정치(Political), 경제(Economic), 사회(Social), 기술(Technological) 네 가지 측면에서 분석하는 기법**이다. 정치 요인은 정부 정책, 규제, 세제, 정치 안정성 등과 관련되고, 경제 요인은 성장률, 환율, 금리, 물가 등 경제 전반의 흐름과 연결된다. 사회 요인은 인구 구조, 문화, 교육 수준, 소비 트렌드 등이며, 기술 요인은 혁신 기술, 자동화, 연구개발 투자, 기술 인프라 등을 포함한다. PEST 분석은 시장 진입 전략, 신제품 출시, 글로벌 확장 등 주요 의사결정을 내릴 때 외부 환경을 체계적으로 진단하고 리스크를 예측하는 데 효과적이다. 최근에는 환경(Environment), 법률(Legal) 요소를 추가한 PESTEL 분석으로 확장되기도 한다.

지적대화에 필요한 포인트
정부 지원 정책 확대, 인플레이션 상승 등의 외부 변화를 분석했다.

반드시 알아둬야 할 Tip
PEST는 '거시환경 스캐닝' 도구이다.

경계해야 할 핵심 포인트
요인 간 상호작용을 고려하지 않으면 부분적 분석에 그칠 수 있다.

KPIs
(Key Performance Indicators)

조직 목표 달성도를 측정하는 핵심 성과 지표다.

조직이나 개인의 목표 달성 정도를 정량적으로 측정하기 위한 핵심 성과 지표를 뜻한다. 조직의 전략과 연계된 주요 지표를 미리 설정해두고, 성과를 수치화하여 관리함으로써 진행 상황을 구체적으로 평가하고 개선할 수 있도록 도와준다. 예를 들어, 영업 부문에서는 매출 성장률이나 신규 고객 수, 생산 부문에서는 불량률이나 납기 준수율 등이 KPI로 설정될 수 있다. KPI는 단순한 수치가 아니라, 조직의 방향성과 전략적 우선순위가 반영된 지표이기 때문에 목표 설정과 실행, 평가, 보상 등 전 과정에서 매우 중요한 역할을 한다. 올바른 KPI 설정은 구성원에게 명확한 방향을 제시하고, 성과 중심의 효율적인 운영 체계를 만드는 기반이 된다.

 지적대화에 필요한 포인트

월 매출 10% 증가, 고객 만족도 90% 유지 등 KPI를 설정했다.

반드시 알아둬야 할 Tip
KPI는 '성과 관리의 나침반'이다.

경계해야 할 핵심 포인트
지나치게 많은 KPI는 관리 부담을 가중시킨다.

가치사슬
(Value Chain)

원자재 조달부터 최종 고객 가치 창출까지의 활동 흐름이다.

가치사슬(Value Chain)은 **기업이 제품이나 서비스를 기획하고 생산하여 고객에게 전달하기까지의 전 과정을 단계별로 나누어 각 단계에서 어떻게 부가가치가 창출되는지를 분석한 개념**이다. 주로 원재료 구매, 생산, 물류, 마케팅, 판매, 서비스 등 일련의 활동이 포함되며 이 과정 속에서 각각의 활동이 기업 경쟁력과 수익성에 어떻게 기여하는지를 파악하는 데 사용된다. 마이클 포터가 처음 제시한 이 개념은 기업이 내부 활동을 효율화하고 비용을 절감하거나 차별화 전략을 수립할 수 있도록 돕는다. 또한 가치사슬 분석은 특정 단계에서 경쟁우위를 확보할 수 있는 핵심 역량을 찾는 데 유용하며, 오늘날에는 글로벌 공급망과 ESG 경영 등과도 밀접하게 연관되어 있다.

지적대화에 필요한 포인트
원가 절감형 생산 공정 도입으로 제품 경쟁력을 강화했다.

반드시 알아둬야 할 Tip
가치사슬은 '경쟁 우위의 근간'이다.

경계해야 할 핵심 포인트
분절된 평가만으로 전체 프로세스를 개선하기 어렵다.

고정비
(Fixed Cost)

생산량과 관계없이 발생하는 고정 비용을 의미한다.

고정비는 기업의 생산량이나 매출에 상관없이 일정하게 발생하는 비용을 말한다. 대표적으로는 임대료, 감가상각비, 인건비(특히 정규직), 보험료, 리스비용 등이 있으며, 이러한 비용은 회사 문을 열기만 해도 매달 자동으로 지출되는 항목이다. 중소기업 경영에서는 고정비가 차지하는 비중이 클 경우 매출이 감소했을 때 손익 악화 속도가 매우 빨라지는 구조를 만들게 된다.

 지적대화에 필요한 포인트

한 중소 제조업체는 공장을 직접 소유하고 상근 인력을 많이 고용한 상태에서 경기 침체로 주문이 급감하자, 고정비 부담으로 적자가 누적되었고 결국 공장 일부를 임대 전환하거나 인력을 줄여야 했다.

반드시 알아둬야 할 Tip
고정비는 회사가 숨만 쉬어도 발생하는 비용으로, 안정성과 부담 사이의 균형을 맞춰야 한다.

경계해야 할 핵심 포인트
고정비를 무작정 줄이면 기술력, 노하우, 인재가 유출될 수 있고, 반대로 고정비가 과도하면 위기 시 생존 가능성이 낮아진다. 따라서 계절성, 사업모델 특성에 맞춘 적정 비율 설계가 중요하다.

원가절감
(Cost Reduction):

생산 및 운영 과정에서 불필요한 비용을 줄여 이익률을 높이는 활동이다.

원가절감이란 **제품 또는 서비스를 제공하는 데 들어가는 총비용을 줄이기 위한 전략적 노력**이다. 단순히 싸게 만드는 것이 아니라, 동일한 품질 또는 고객가치를 유지하면서 '불필요한 낭비'를 줄이는 행위가 중심이다. 중소기업은 경쟁력 확보를 위해 대기업보다 더 빠르고 효율적인 원가절감이 필요하다. 방법으로는 공정 간소화, 부품 단가 협상, 외주화, 자동화, 재고 관리 개선, 설계 변경(VE, Value Engineering) 등이 있다.

지적대화에 필요한 포인트
한 전자부품 중소기업은 납품 원가가 높아 수익성이 낮았는데, 부품 설계의 일부를 단순화하고 원자재 조달 경로를 바꾸어 제작 단가를 25% 절감하고도 품질을 유지했다.

반드시 알아둬야 할 Tip
원가절감은 생존을 위한 전략적 정비로, 단가 인하보다 낭비 제거가 핵심이다.

경계해야 할 핵심 포인트
무리한 원가절감은 품질 저하→고객 불만→브랜드 손상으로 이어질 수 있으니, 절감 대상은 항상 우선순위와 한계를 설정하고 접근해야 한다.

정부보조금
(Subsidy)

특정 산업이나 계층을 지원하기 위해 정부가 지급하는 재정 지원금이다.

정부보조금은 **국가나 공공기관이 기업 또는 개인에게 특정 목적을 위해 조건부로 지급하는 지원금**이다. 특히 중소기업의 경우에는 기술 개발, 고용 유지, 창업 지원, 수출 촉진, 에너지 절감, ESG 대응 등 다양한 분야에 걸쳐 정부 보조 프로그램이 마련되어 있다. 이러한 보조금은 일반적으로 무상지원이거나, 조건부 상환이 면제되는 대출(정부보증형 융자)의 형태로 제공된다.

 지적대화에 필요한 포인트

한 지역 제조 스타트업이 '스마트공장 구축 지원사업'에 선정되어 자동화 설비 구축 비용 중 70%를 정부 보조금으로 지원받았고, 이를 통해 생산 효율을 40% 향상시켰다. 하지만 결과보고서를 늦게 제출하면서 지원금 일부가 환수되기도 했다.

반드시 알아둬야 할 Tip
정부보조금은 성장의 사다리가 되면서도 위험의 양날검이어서, 받더라도 잘 관리해야 한다.

경계해야 할 핵심 포인트
보조금은 무조건 혜택이 아니라, 정확한 예산 집행, 보고 관리 시스템이 없다면, 도리어 부담과 리스크가 될 수 있다.

납품단가 후려치기
(Unit Price Cutting)

발주처가 하청업체에 일방적으로 낮은 납품 단가를 강요하는 관행이다.

납품단가 후려치기는 **원청**(대기업 등)**이 정당한 사유 없이 협력업체**(중소기업 등)**의 납품단가를 강압적으로 낮추는 불공정 거래 관행을 뜻한다.** 이는 중소기업 입장에서는 수익성 악화로 이어지며, 장기적으로는 기술개발 저해, 고용 축소, 경영 위기로 번지게 된다. 중소기업은 이익을 내기 어려운 단가에 지속적으로 끌려갈 경우, R&D를 포기하거나 품질 하락으로 이어질 가능성이 높다.

지적대화에 필요한 포인트
A 중소부품업체는 B 대기업과의 장기 납품계약이 있었지만, 환율 상승으로 원재료비가 급등했음에도 단가 조정을 거부당했다. 이후 B사는 경쟁업체 제품을 도입하며 A사의 매출이 반토막 났다. 이로 인해 A사는 공정위에 부당단가 인하 피해 사례로 신고했고, 조사 후 시정 권고가 내려졌다.

반드시 알아둬야 할 Tip
납품단가 후려치기는 중소기업의 생존을 위협하는 불공정 거래이며, 계약서와 증거가 가장 강력한 방어 수단이다.

경계해야 할 핵심 포인트
감정에 휘둘리기보다 계약서, 공문, 메일 이력 등 명확한 근거자료를 꾸준히 쌓아두는 것이 가장 현명한 대응책이다.

경상이익
(Ordinary Income)

영업이익에 금융수익, 비용 등 영업외 손익을 더해 본업 수익성을 보여주는 지표이다.

경상이익은 **기업이 본업**(주요 영업활동)**을 통해 얻은 영업이익에다 이자수익, 배당수익 등의 재무수익을 더하고, 이자비용 같은 재무비용을 뺀 결과로 남는 이익**을 의미한다. 쉽게 말해, 기업이 정상적인 경영을 했을 때 남는 실질적인 이익이라고 볼 수 있다. 이는 일시적인 부동산 매각이나 투자 손익처럼 본질적이지 않은 이익/손실은 제외하고 판단하므로, 중소기업 경영의 지속가능성을 평가하는 핵심 지표로 쓰인다.

 지적대화에 필요한 포인트

한 기계부품 제조업체는 신규 수주가 늘어 매출은 전년 대비 30% 증가했지만, 원가 상승과 이자비용 급증으로 경상이익은 오히려 감소했다. 이로 인해 은행 대출 재심사에서 부정적 평가를 받아 금리 인상이 적용되었다.

반드시 알아둬야 할 Tip
경상이익은 기업의 진짜 체력으로 이 수치는 일시적 수익이 아니라 지속 가능한 구조를 보여주는 지표다.

경계해야 할 핵심 포인트
순이익이 크다고 방심하면 안 된다. 자산 처분이나 일회성 이익이 포함된 경우, '경상활동이익'은 오히려 마이너스일 수 있다.

원가회수기간
(Payback Period)

투자액을 회수하는 데 걸리는 기간을 측정해 투자 타당성을 평가하는 지표이다.

원가회수기간이란 **어떤 투자를 통해 투자금(원가)을 회수하는 데 걸리는 시간을 의미한다.** 공장을 증설하거나, 새로운 설비를 도입했을 때 그 투자금이 얼마나 빨리 회수될 수 있는지를 나타내는 지표로 중소기업은 대규모 투자에 대한 리스크가 크기 때문에, '얼마나 빨리 회수되는가'가 매우 중요한 판단 요소가 된다. 원가 회수 기간이 짧다는 것은 위험이 낮고 유동성이 빠르며, 회전율이 좋은 사업이라는 뜻이다. 반대로 회수기간이 길면 불확실성이 커져 현금 흐름 악화 가능성도 커진다.

 지적대화에 필요한 포인트

한 식품회사에서 약 1억 원을 들여 냉동 자동포장기를 도입했는데, 월간 인건비 1,000만 원이 절감되어 약 10개월 만에 투자금이 회수되었다.

반드시 알아둬야 할 Tip
원가 회수 기간은 투자의 위험과 수익의 균형을 시간으로 보여주는 지표로, 투자의 안전성을 확인하는 눈금자다.

경계해야 할 핵심 포인트
짧은 횟수 기간이 무조건 좋은 것은 아니다. 장기적으로 이익이 더 큰데 회수는 느린 경우도 있으니, '총 이익'과 '회수 속도' 사이 균형이 중요하다.

시장점유율
(Market Share)

특정 시장에서 자사 제품, 서비스가 차지하는 매출 또는 판매량 비중이다.

시장점유율은 **특정 시장에서 해당 기업이 차지하는 매출 비중 또는 판매량의 비율**을 말한다. 중소기업에게 시장점유율은 브랜드 인지도, 유통력, 고객 충성도, 경쟁 우위 등 모든 비즈니스의 종합지표라고 할 수 있다. 시장점유율이 높을수록 고정 고객 확보와 가격 협상력, 유통 채널 영향력이 커진다. 반면 시장점유율이 낮다면 틈새전략, 특화상품 개발, 로컬 집중 공략 등이 필요하다.

지적대화에 필요한 포인트
A 화장품 중소기업은 전국 마트 시장의 1%만 차지하지만, 비건 라인에 집중한 결과 해당 세그먼트에서는 15% 이상 점유율을 기록해 투자자들의 주목을 받았다.

반드시 알아둬야 할 Tip
시장점유율이란 단순한 점유율이 아니라 고객의 마음을 얼마나 사로잡았는지를 나타내는 수치다.

경계해야 할 핵심 포인트
전체 시장만 바라보다 보면 자신만의 틈새 고객을 놓칠 수 있다. 수치보다 의미 있는 점유율 확보와 고객군의 질에 주목해야 한다.

소비자물가지수
(CPI, Consumer Price Index)

가계의 대표적 소비재, 서비스 가격 변동을 종합한 지수이다.

CPI는 기준 연도의 품목별 가격을 기준시점 100으로 해 매월 발표한다. 도시 가구의 소비 패턴을 반영해 계산하며, 생필품, 주거비, 의료비 등 460여 개 품목으로 구성된다. 물가 상승률(인플레이션) 판단의 핵심 지표이다. 중앙은행의 통화정책(금리 결정)과 정부의 복지 정책 설계에 활용된다. 계절조정 지수와 근원 CPI(식료품, 에너지 제외)도 함께 발표한다.

지적대화에 필요한 포인트
CPI가 전년 동월 대비 3% 상승했다면, 물가가 평균 3% 올랐다는 의미다.

반드시 알아둬야 할 Tip
CPI는 체감 물가와 공식 물가를 연결하는 중요한 통계다.

경계해야 할 핵심 포인트
대표 품목 바스켓 변경 시 비교 가능성이 떨어질 수 있다.

생산자물가지수
(PPI, Producer Price Index)

국내 생산자가 출하하는 상품, 서비스의 가격 변동을 측정한 지수이다.

소비자물가지수(CPI, Consumer Price Index)는 **가계가 구입하는 대표적인 소비재와 서비스의 가격 변동을 종합적으로 나타낸 지수**다. 보통 생필품, 주거비, 교통비, 교육비, 의료비 등 약 400~500개 품목의 가격을 기준으로 계산되며, 기준 연도 대비 얼마나 올랐는지를 %로 나타낸다. 가계의 체감 물가 수준을 가장 잘 반영하는 지표이기 때문에 정부의 복지정책이나 중앙은행의 금리 조정, 통화정책에 중요한 기준으로 활용된다. 또한, 근원 CPI(식료품·에너지 제외)나 계절조정 CPI 등 다양한 방식으로 분석되어 경기 흐름과 인플레이션 경향을 파악하는 핵심 지표로 사용된다.

지적대화에 필요한 포인트
철강 가격이 상승해 PPI가 4% 오르면 제조업체 비용 부담이 증가한다.

반드시 알아둬야 할 Tip
PPI는 공급 측 물가 압력을 보여준다.

경계해야 할 핵심 포인트
PPI 변동이 항상 소비자 물가에 즉각 반영되는 것은 아니다.

실업률
(Unemployment Rate)

경제활동인구 중 일자리를 구하지만 취업하지 못한 인구 비율이다.

실업률(Unemployment Rate)은 **제활동인구 중 일할 능력과 의지가 있지만 일자리를 구하지 못한 사람의 비율**을 뜻한다. 보통 실업자 수÷경제활동인구×100으로 계산되며, 한 나라의 고용 상황과 경기 흐름을 파악하는 중요한 지표로 사용된다. 실업률이 높다는 것은 노동시장이 위축되었음을 의미하고, 실업률이 낮을수록 경제가 안정적으로 일자리를 제공하고 있음을 나타낸다. 다만, 단순 수치만으로 판단하면 안 되고, 비경제활동인구 증가나 구직 단념자 증가처럼 숨은 실업 문제도 함께 고려해야 고용 상황을 정확히 이해할 수 있다.

 지적대화에 필요한 포인트

경제활동인구 2,600만 명, 실업자 130만 명이면 실업률은 5%다.

반드시 알아둬야 할 Tip
실업률은 경기 상황과 노동시장 건강도를 반영한다.

경계해야 할 핵심 포인트
비자발적 이탈자(구직 포기자)는 실업자로 집계되지 않는다.

자연실업률
(Natural Unemployment Rate)

구조적, 마찰적 요인으로 발생하는 완전고용 수준의 실업률이다.

자연실업률(Natural Unemployment Rate)은 **경기와 관계없이 경제가 완전고용 상태에 있을 때에도 존재하는 실업률**을 뜻한다. 이는 **구조적 실업**(산업구조 변화나 기술 발전에 따른 일자리 미스매치)과 **마찰적 실업**(직장을 옮기기 위해 잠시 실업 상태인 경우)을 포함하며, 노동시장이 가장 효율적으로 작동할 때의 최소한의 실업률로 여겨진다. 경기부양책으로 자연실업률 이하로 실업률을 낮추면 물가상승(인플레이션) 압력이 발생할 수 있어, 중앙은행은 통화정책을 운용할 때 자연실업률을 기준점으로 삼기도 한다. 이 수치는 시대와 국가에 따라 달라지며, 정책·교육·기술 수준 등에 따라 변화한다.

지적대화에 필요한 포인트
자연실업률이 4%로 추정되면, 정책 목표 실업률로 제시된다.

반드시 알아둬야 할 Tip
자연실업률은 완전고용 기준 실업률이다.

경계해야 할 핵심 포인트
추정 방식에 따라 값이 달라질 수 있다.

재정정책
(Fiscal Policy)

정부 수입, 지출을 통해 경기 안정과 자원 배분을 조정하는 정책이다.

　재정정책은 **정부가 세금과 지출을 조절해 경기 변동을 완화하고 고용, 물가, 성장 등을 안정시키는 경제정책으로, 국가가 직접 시장에 개입하여 경제를 이끄는 '큰 손' 역할**을 한다. 경기가 침체될 때는 정부 지출을 늘리고 세금을 줄이는 확장적 재정정책을 통해 수요를 자극하고, 반대로 경기가 과열될 땐 지출을 줄이고 세금을 늘려 긴축적 재정정책으로 물가 상승을 억제한다. 이 정책은 사회간접자본 투자, 복지 지출, 공공부문 일자리 창출 등 다양한 수단을 통해 효과를 발휘하며, 통화정책과 함께 거시경제를 조절하는 핵심 수단 중 하나이다.

 지적대화에 필요한 포인트
경기 침체 시 정부가 공공사업 지출을 늘려 고용을 창출한다.

반드시 알아둬야 할 Tip
재정정책은 수요 측면에서 즉각적 효과를 낼 수 있다.

경계해야 할 핵심 포인트
지나친 재정지출은 국가채무 증가로 이어질 수 있다.

공개시장조작
(OMO, Open Market Operations)

중앙은행이 국채 매매로 시장 유동성을 조절하는 수단이다.

　공개시장조작은 **중앙은행이 국채, 통화안정증권 등 유가증권을 금융기관과 사고파는 방식으로 시중 유동성을 조절하는 통화정책 수단**이다. 채권을 매수하면 시중에 자금이 풀려 통화량이 늘어나고, 채권을 매도하면 시중의 자금을 흡수해 통화량을 줄일 수 있다. 이는 금리, 물가, 경기 상황에 맞춰 정밀하게 유동성을 관리할 수 있다는 점에서 가장 널리 쓰인다. 또한 정책의 신속성과 반복 가능성이 높고, 금융시장에 직접적인 영향을 주기 때문에 중앙은행의 핵심 정책 도구로 간주된다. 물가 안정과 경기 조절을 위한 '정교한 유동성 레버'로 작용하고 있다.

 지적대화에 필요한 포인트
경기 침체 시 중앙은행이 채권 매수로 유동성을 대량 공급했다.

반드시 알아둬야 할 Tip
OMO는 금리와 통화량을 동시에 조율하는 도구이다.

경계해야 할 핵심 포인트
시장 예측 불일치 시 금융시장 변동성이 커질 수 있다.

화폐승수
(Money Multiplier)

기초통화 대비 통화량 확대 비율을 나타내는 지표이다.

　화폐승수는 **중앙은행이 공급한 기초통화(본원통화)가 실제 경제에서 얼마나 많은 통화량으로 확대되는지를 나타내는 지표**다. 예금과 대출의 순환 과정을 통해, 하나의 기초통화가 시중에 몇 배의 통화를 만들어내는지를 측정한다. 예를 들어 시중은행이 고객 예금 중 일부만 지급준비금으로 남기고 나머지를 대출하면, 이 대출이 다시 예금으로 돌아오면서 새로운 통화가 생성된다. 이 승수는 지급준비율이 낮을수록 커지며, 반대로 지급준비율이 높아지면 줄어든다. 경기 부양이나 긴축 정책의 효과를 예측할 때 중요한 통화정책 도구로 활용된다.

지적대화에 필요한 포인트
기초통화 100조 원, M2 1,000조 원이면 화폐승수는 10배다.

반드시 알아둬야 할 Tip
화폐승수는 통화정책 전파 메커니즘 핵심이다.

경계해야 할 핵심 포인트
비은행 예금 등 금융 혁신 상품 등장으로 화폐승수 산정이 복잡해진다.

필립스 곡선
(Phillips Curve)

실업률과 물가 상승률 간 역(反)상관 관계를 나타내는 이론 곡선이다.

필립스 곡선은 **실업률과 물가상승률 사이에 존재하는 상반된 관계를 나타내는 곡선**이다. 이 이론에 따르면 실업률이 낮아질수록 임금이 상승하고, 이는 물가 상승(인플레이션)으로 이어진다. 즉, 경기가 좋아져 고용이 늘어나면 물가는 올라가고, 경기가 침체되어 실업이 증가하면 물가는 안정된다는 것이다. 하지만 1970년대 오일 쇼크와 스태그플레이션을 계기로 이 관계가 항상 성립하지는 않음이 입증되었다. 최근에는 기대 인플레이션, 공급 충격 등을 고려한 '수정 필립스 곡선'이 많이 활용되고 있다. 여전히 통화정책과 물가·고용 목표 간 균형을 설명할 때 중요한 이론으로 남아 있다

 지적대화에 필요한 포인트
실업률이 3%대로 낮아지자 물가 상승률이 4%대로 올라갔다.
반드시 알아둬야 할 Tip
필립스 곡선은 물가, 고용 정책 간 상충 관계를 설명한다.
경계해야 할 핵심 포인트
장기적으로 실업률과 인플레이션 간 전통적 trade-off는 성립하지 않는다.